기도의 멋과 맛과 깊이와 넓이를
새롭게 경험하라

참된 기도 바른 영성

| 김윤홍 지음 |

쿰란출판사

책머리에

　그리스도인 여러분! 여러분의 기도생활에는 기쁨이 있습니까? 여러분의 영성은 안녕하십니까? 여러분의 신앙생활에는 여전히 감사와 감격이 있습니까? 과연 인생의 참된 의미와 가치를 발견하셨습니까? 매일의 일상생활에서 기도하십니까? 일상생활에서 기도에 어느 정도의 비중을 두십니까?
　근래에도 지속적으로 기도 응답을 경험하고 있습니까? 기도 응답이 과거 어느 시점에서의 일회성 경험으로 끝나지는 않았습니까? 오늘, 지치고 힘든 삶의 현실에서 기도 응답을 갈급해 하고 있지는 않습니까? 혹은 여유로운 삶으로 인해 이제 기도의 필요성을 잊고 있지는 않습니까?
　기도는 결코 보통 사람들이 이해하기 어려운 추상적인 종교행위가 아닙니다. 희미한 안개나 뜬구름처럼 붙잡을 수 없는 것이거나 공기에 파문을 일으키고 사라지는 무의미한 소리가 아닙니다. 지푸라기라도 잡는 심정으로 영적 존재를 향해 막연하게 늘어놓는 인간적인 푸념이나 하소연이 아닙니다. 인간이 기도하는 까닭은 창조주 하나님께서 인간의 마음에 하나님을 알 만한 것, 즉 '종교성'을 주셨기 때문입니다. 처음부터 영적 존재로서 하나님과 소통하며 살도록 창조되었기 때문입니다.
　이 땅에서 호흡하며 살아가는 모든 그리스도인 여러분!
　이제 기도에 대한 분명한 이해를 바탕으로 기도 신학을 정립해 보지 않으시렵니까? 기도의 멋과 맛과 깊이와 넓이를 새롭게 경험하고, 옛 선지자 사무엘처럼 나 역시 기도하기를 쉬는 죄를 범하지 않겠노라고 선언해 보십시오. 다윗처럼 "내가 평생에 기도하리로다"라고 결단해 보십시오. 기도를 통해서 하나님께서 우리 각자에게 주신 비전을 이루어 나가십시오. 꿈이 이루어지기까지 기도하십시오. 영적 전사로서 승리하는 삶을 위해 기도로써 영적 능력을 축적해 나가십시오.

특히 건강하고 힘이 있을 때 기도해야 합니다. 어렵고 힘든 고난의 때를 대비하여 기도를 적립하고 저축하는 것이 필요하기 때문입니다. 기도를 통해 우주의 경영자이신 하나님께서 지으신 할 일 많은 이 세상을 품어 보십시오.

기도로써 이론적 신앙을 체험적 신앙으로, 체험적 신앙을 인격적 신앙으로, 인격적 신앙을 실천적 신앙으로 만들어 가십시오. 기도 응답을 통해 하나님의 존재를 확신하고 하나님의 임재를 경험해 보십시오. 내게 주어진 비전이 얼마나 멋진 것인가를 확인해 보십시오. 나의 존재 이유를 알고, 그리스도 안에서 환희와 기쁨과 보람을 만끽하며 살아가십시오. 세상을 향해 내가 믿는 기독교의 신비와 말로 형용할 수 없는 세계의 실체를 낱낱이 보여주십시오. 진정한 기독교는 율법에 얽매여 종교 노예로 살아가는 것이 아니라, 생명과 사랑의 종교이자 참 자유와 기쁨을 주는 삶인 것을 만천하에 선포하십시오.

저는 이 책에서 기도에 대한 새로운 학설을 이야기하고자 하는 것이 아닙니다. 다만 신학대학에서 가르쳤던 것을 정리하여 세상에 내놓고자 할 뿐입니다. 1부 '참된 기도'에 이어, 2부에서는 '바른 영성'의 세계로 여러분을 안내하고자 합니다. 버스를 타고 스쳐 지나가는 풍경이라도 보고자 하는 마음으로 영성의 깊이보다도 영성의 숲길을 함께 여행하고자 합니다. 여러분의 신앙생활에 조금이라도 보탬이 되기를 진심으로 기도드립니다.

2014년 3월 15일
남양주연구실에서
김윤홍 목사

차례

책머리에 • 2

제1부 참된 기도 • 7

제1장 기도 입문 • 8
1. 기도해야 할 이유 • 8
2. 기도에 대한 깨달음 • 15
3. 기도의 의미 • 19

제2장 기도의 실제 • 22
1. 기도에 대한 일반적인 이해 • 25
2. 기도의 방법들 • 29
3. 기도의 이유와 동기 • 33

제3장 구약성경의 기도 • 38
1. 족장들의 기도 • 38
2. 초기 지도자들의 기도 • 41
3. 선지자들의 기도 • 45
4. 이스라엘 왕들의 기도 • 49
5. 성문서의 기도 • 52

제4장 신약성경의 기도 • 54
1. 예수 그리스도의 기도 • 54
2. 기도의 표준 모델 • 57
3. 초대교회와 사도들의 기도 • 66

제5장 기도의 능력 • 67
1. 기도의 필요성과 중요성 • 67
2. 기도에서의 성령의 역할 • 70
3. 기도의 능력 • 73

제6장 응답 받는 기도 • 76
　1. 응답이 있는 기도 • 77
　2. 기도 응답의 형태 • 81
　3. 응답 받지 못하는 기도 • 84

제7장 기도의 유형 • 92
　1. 중보기도 • 92
　2. 금식기도 • 95
　3. 방언기도 • 97
　4. 묵상기도 • 99
　5. 관상기도 • 101
　6. 호흡기도 • 105

제8장 이방종교의 신앙과 기도 • 109
　1. 도교 • 111
　2. 민간신앙(샤머니즘) • 116
　3. 이슬람교 • 122

제2부 바른 영성 • 127

제1장 영성의 이해 • 128
　1. 영성이란 무엇인가? • 128
　2. 기독교 영성이란 무엇인가? • 131
　3. 기독교 영성의 개념과 특성 • 141
　4. 성경을 통해서 본 기독교 영성 • 146

제2장 가톨릭의 영성 • 154
　1. 영성 이해와 영성 생활 • 156
　2. 가톨릭의 기도 • 160
　3. 영적 성장의 도움 요소 • 165
　4. 가톨릭 신앙과 교리 이해 • 170

제3장 영성의 역사 • 180
  1. 초대교회의 영성 • 180
  2. 교부들의 영성 • 182
  3. 중세교회와 수도원의 영성 • 199
  4. 종교개혁기의 영성 • 206
  5. 근대와 현대의 영성 • 211

제4장 주요 영성가들 • 220
  1. 고대의 영성가들 • 224
  2. 중세의 영성가들 • 256
  3. 근대의 영성가들 • 261

제5장 영성 회복과 영성 훈련 • 269
  1. 영성 회복 • 269
  2. 영성 훈련 • 276
  3. 영성 훈련의 실제 • 277

제6장 그리스도인의 영성적 삶 • 286
  1. 심령이 가난한 사람 • 289
  2. 애통하는 사람 • 294
  3. 온유한 사람 • 300
  4. 의에 주리고 목마른 사람 • 304
  5. 긍휼히 여기는 사람 • 309
  6. 마음이 청결한 사람 • 317
  7. 화평하게 하는 사람 • 321
  8. 의를 위하여 박해를 받는 사람 • 326
  9. 또 하나의 복 : 주는 사람 • 335

나가는 글 • 340
참고문헌 • 342
부록 • 345

제1부

참된 기도

제1장 기도 입문

존 버니언은 《하늘 문을 여는 기도》에서 기도를 일곱 가지로 정의하였습니다.

첫째, 기도는 거짓이 없는 신실한 것이다.
둘째, 기도는 분별이 있는 것이다.
셋째, 기도는 예수 그리스도를 통해서 하나님께 사랑의 마음과 영혼을 쏟아 붓는 것이다.
넷째, 기도는 성령의 강력한 힘에 의지해서 그의 도우심으로 하는 것이다.
다섯째, 기도는 하나님께서 약속하셨던 일들을 위해서 그리고 말씀에 따라서 하는 것이다.
여섯째, 기도는 교회의 유익을 위해서 하는 것이다.
일곱째, 기도는 하나님의 뜻에 순종하는 것이어야 한다.

버니언의 이러한 정의는 기도에 대한 포괄적인 이해를 도와줍니다.

1. 기도해야 할 이유

모든 그리스도인은 일상생활의 모든 영역에서 항상 기도해야 합니다. 우리가 기도해야 할 필연적인 이유는 다음과 같습니다.

첫째, 기도는 창조주 하나님과 그의 형상으로 창조된 인간의 영적 소통(communication)이기 때문입니다.
둘째, 기도는 하나님으로부터 무한한 영적 지혜와 능력을 공급받는 유일한 통로(passageway)이기 때문입니다.
셋째, 기도는 위기상황에서의 생명줄이며, 응급상황에서 하나님께 즉각적으로 도움을 요청할 수 있는 핫라인(hot-line)이기 때문입니다.
넷째, 기도는 악령의 세력과 싸워 이길 수 있는 가장 강력한 무기(weapon)이기 때문입니다.

그러므로 우리의 삶의 현실이 어떠하든지, 우리의 감정 상태가 어떠하든지, 형통할 때나 곤고할 때나, 풍부할 때나 궁핍할 때나, 건강할 때나 질병 중이거나 우리의 기도를 들으시는 하나님과의 지속적인 연결고리를 형성하고 소통을 지속하는 것이 가장 중요합니다. 예수 그리스도는 낙심하지 말고, 중단하지 말고, 다른 일보다 우선하여, 늘 깨어서 기도해야 할 것을 강조하셨습니다. 오순절 이후 기도의 능력과 성령의 역사를 체험했던 사도들 역시 기도를 멈추지 말아야 할 것을 권면하였습니다.
우리의 기도에 대한 하나님의 응답은 우리의 감정 상태나 느낌이 아니라 우리를 그의 형상으로 창조하신 하나님 아버지, 인간을 긍휼히 여기시는 하나님의 사랑에 근거합니다. 하나님은 우리가 우리의 필요를 구하기 전에 우리의 필요를 아십니다. 진정으로 우리를 돕고자 하시는 사랑의 하나님이십니다. 하나님은 우리가 그의 도움 없이는 살아갈 수 없는 한계성을 지닌 연약한 존재임을 알고 계십니다.
성경에서 인생은 연기, 안개, 이슬, 질그릇, 들풀, 나그네, 흐르는 물, 쏜 살, 잠깐 잠자는 것 등으로 비유되어 있습니다. 길지 않음과 덧없음을 나타내는 것이며, 시공간의 제약을 받으며 살아가는 연약한 존재임을 나타내는 것입니다.

하나님은 우리가 기도하기를 희망하십니다. 기도는 인간과 하나님의 통신수단이며 네트워킹이기 때문입니다. 영이신 하나님과 영적 존재인 인간이 기도를 통해 소통하는 것은 하나님께서 정하신 불변의 법칙입니다. 예수 그리스도의 십자가를 통한 속죄가 구원의 유일한 방법인 것처럼, 기도는 태초부터 하나님께서 정하신 소통 수단으로서 하나님의 규례이며, 인간이 삶의 자리에서 순간순간 하나님께 나아가는 수단입니다.

물론 기도의 방식은 언어(말)로만 할 수 있는 한정된 것이 아닙니다. 우리의 마음을 열어 놓을 수만 있다면 공식적인 기도뿐만 아니라 비공식적인 기도 역시 효용과 효과가 있습니다. 부르짖는 기도뿐만 아니라 침묵의 기도 역시 얼마든지 효과적일 수 있습니다.

기도는 그리스도인의 특권이며 의무입니다. 초기 한국에 파송된 미국인 선교사들의 구령 열정에 많은 영향을 끼쳤던 미국의 부흥사 무디(D. L. Moody)는 "기도야말로 하나님의 자녀가 가진 가장 강력한 무기"라고 하였습니다. 학문이나 과학기술, 식량이나 에너지, 경제력이나 최첨단 군사력도 무기일 수 있습니다만 기도는 하늘 문을 열고, 하나님의 보좌를 움직이며, 하늘의 천군천사를 동원할 수 있는 보이지 않는 영적 무기이기 때문입니다. 기도는 자연계와 영계를 움직일 수 있는 막강한 무기입니다. 이러한 기도의 위력은 불가능을 가능하게 합니다. 인간의 지식과 상식을 뛰어넘습니다. 기적을 만들어 냅니다.

인간이 고안해낸 철학(哲學)과 수도종교(修道宗敎)의 산물인 금, 은, 동, 철, 목, 석, 플라스틱, 주물로 만든 우상에 대한 숭배나 인도에서 건너온 마음 수련은 인간의 자기 최면이나 착각과 혼돈을 일으켜 환각제나 모르핀 주사처럼 응급처치나 임시방편은 될 수 있을지 모르지만 인간 문제의 근본적인 처방을 제시하지는 못합니다. 그것들에게 기도의 응답을 기대할 수도 없습니다. 인간이 고안한 종교 대상물의 초능력이나 가능성을 신뢰하게 하고, 인간의 종교적 욕구를 충족시키고자 하는 인본주의의 산물인 그것들은 인격적인 신이 아니기 때문입니다.

일반적으로 비그리스도인들이 가장 많이 섬기는 대상은 태양과 달과 별과 같은 천체입니다. 그다음에는 산이나 강이나 바다에서 발견되는 바위와 나무 같은 자연물입니다. 동서양을 막론하고 이것들을 신으로 숭배한 역사는 오랜 옛날 원시시대부터 계속되어 왔으며, 하나님을 반역하고 인간이 스스로를 섬기거나 자기가 만든 신을 섬기고자 하는 것은 오랜 옛날 바빌로니아의 바벨탑 사건 이전부터 시작되었습니다.

그것들은 그리스·로마 신화나 각 나라의 신화(神話)에 반영되어 있습니다. 21세기에도 국기에 담아 자국을 상징하는 이미지로 드러내기도 합니다. 예를 들면 중동지역에서는 달, 일본은 태양, 한국은 음양오행(陰陽五行)의 주역의 원리에서 각기 민족의 우월성과 신앙의 원리를 찾고자 하는 것입니다.

그럼에도 불구하고 인간은 힌두교나 불교에서 나타나는 것처럼 인간 중심적 수도종교의 전통에서 개발한 기도의 방법인 명상(冥想)이나 참선(參禪)을 통한 깨달음이나 요가(yoga) 등으로 잡념이나 공상, 빈뇌에서 벗어나고자 합니다. 그러한 노력이 오늘날에도 지속되고 있습니다.

그들도 나름대로 기도의 응답을 이야기합니다. 그렇지만 수도생활을 통해 정신을 집중하고 마음의 안정을 찾으며, 기도문을 반복하며 정신을 집중하고, 마음의 소원에 대한 환상을 그리며 그것을 이루기까지 최선을 다한다면 사람들의 꿈은 이룰 수도 있을 것입니다.

그것은 일반은총 면에서나 확률적으로 얼마든지 가능한 것이기 때문입니다.

수도종교의 공통적 특징은 샤머니즘(shamanism)이나 불교나 일본의 신도(神道, Shintoism) 등 범신론적 종교나 소크라테스의 가르침에서도 나타납니다. 그들은 우주에 있는 피조물에게 몸과 마음을 정결하게 하고 정성을 다해 자신들의 소원을 빌라고 가르칩니다. 이들의 기도는 가문이나 동족(同族)이나 국가의 안녕과 자손의 번성(繁盛)과 부귀영화(富貴榮華)와 무병장수(無病長壽)와 태평성대(太平聖代)가 기도의 주된 요소입니다. 기도를 통해 적대관계에 있는 사람들을 저주하기도 합니다. 특히 인류애나 보편적 평등을 추구하기보다는 계급사회를 지향하며, 자신들의 공동체 구성원이 아닌 사람들에게는 적대적이며 배타적인 편입니다.

샤머니즘이나 유교가 막연한 신적 존재에게나 조상에게 기도한다면, 수도종교는 스스로의 신념에 불을 붙이고, 깨달음을 얻고자 몸부림치며, 마음을 다스리고자 합니다. 기도의 대상이 있다고는 하나 고행과 노력을 통해 자기 자신을 통제하며 자아도취에 빠지거나 스스로를 우상화합니다. 일반적으로 한국의 전통종교로서 불교를 말하지만 한국의 불교는 중국을 거쳐 들어온 이후 샤머니즘과 유교와 도교가 혼합된 형태로서, 불교 본래의 모습이 아닌 토착화된 불교문화 형태를 띠고 있습니다.

그리스도인들은 하나님께 기도합니다. 인격을 가지신 하나님은 인간과 언약을 맺으신 언약(계약)의 하나님이십니다. 언약의 하나님은 언약에 성실하셔서 언약의 대상자인 인간의 기도에 응답하십니다. 하나님은 살아계신 분이시며 전지전능하신 분이시기 때문입니다. 또한 그분은 초월적이며 내재적인 하나님이시기 때문입니다.

창조주이신 하나님은 통일교에서 주장하는 것처럼 창조하신 만물을 일정한 원리에 맡기고 팔짱이나 끼고 구경하시는 하나님이 아닙니다. 하나님은 역사를 주관하시며 개인과 국가의 흥망성쇠(興亡盛衰)를 주장하시는 섭리주이시며 심판주이십니다. 모든 인간은 그분에 대해서 부분적으로 이해할 뿐입니다. 어느 누구도 하나님에 대한 완전한 지식을 가질 수 없습니다. 그렇지만 분명한 것은 그분은 살아계신 분이시며 전능하신 분이시며 우리를 사랑하신다는 것입니다.

하나님은 전 우주적인 만왕의 왕으로서 인간의 역사와 인생사에 개입하시고 그의 임재를 나타내십니다. 일반적으로 하나님의 임재로 인해 나타나는 현상들은 인간의 이성적 판단과 상상을 초월하는 것이기 때문에 사람들은 그것을 기적으로 받아들이기거나 신비한 현상으로 해석하기도 합니다.

또한 그리스도인들의 기도 응답 경험은 체험적 신앙으로 이어져 견고한 확신을 갖게 합니다. 그렇기 때문에 청교도(淸敎徒)들이나 경건주의자들은 체험적 신앙을 강조했던 것입니다. 체험적 신앙은 무신론(無神論)과 이성주의와 회의주의의 비난과 공격을 허사로 만들기 때문입니다. 그러므로 그리스도인은 언약에 신실하신 하나님의 인격과 약속을 믿고 하나님과의 바른 관계 속에서 살며 인격적 교제 안에서 하나님께 기도할 수 있어야 합니다.

여러분의 주변을 살펴보십시오. 많은 그리스도인들이 신앙생활 과정에서 여러 가지 문제에 직면해 있으면서도 기도의 응답을 경험하지 못하고, 그 구체적인 해결책을 찾지 못하여 방황하고 있지 않습니까? 그 이유는 무엇이겠습니까?

첫째, 구하지 않기 때문입니다.
둘째, 기도가 하나님 보좌 앞에 상달되지 못하기 때문입니다.
셋째, '하나님의 때'가 아직 이르지 않았기 때문입니다.

그러므로 기도하는 사람들은 무면허 운전자와 같이 아무렇게나 기도하면 된다는 생각에 빠지지 말아야 합니다. 기도에 대한 바른 지식이 있어야 합니다. 정처 없이 표류하는 배는 목적지에 도달할 수 없습니다. 조금 기도하다가 마는 정도가 아니라 분명한 방향 설정과 함께 지속성과 인내와 끈기가 있어야 합니다. 그렇다면 반드시 기도 응답의 기쁨을 경험하게 될 것입니다.

그리스도인들 역시 의식주나 자기의 소원 성취나 욕구 충족을 위해서도 기도합니다. 이러한 개인적인 기도를 기복신앙으로 단정하기도 하지만 이러한 기도는 일상의 필요를 구하는 것이며, 이것들을 위해 기도하는 것은 당연한 것입니다. 인생의 가치와 의미를 찾고 자아실현을 꿈꾸는 모든 사람들에게도 지극히 자연스러운 것입니다. 하나님은 인간의 탐욕을 채우실 수는 없지만 언제나 필요를 채우시는 하나님이시기 때문입니다.

그렇다고 항상 이러한 초보단계에 머물러서는 안 될 것입니다. 성숙한 그리스도인들은 개인의 차원을 넘어서 공동체를 위해, 자기를 향한 하나님의 뜻을 알기 위해, 하나님의 뜻을 이루기 위해, 주어진 사명을 감당하기 위해, 중보기도를 필요로 하는 사람들을 위해, 사회적으로 고난과 핍박과 환난 당하는 사람들을 위해, 국가와 민족과 세계 평화를 위해 기도의 영역을 확장시켜 나갈 수 있어야 합니다.

위대한 하나님의 사람들은 일평생 한결같이 기도하는 사람들이었습니다. 《순례의 길》(The way of a Pilgrim)을 쓴 익명의 러시아 수도사는 "쉬지 말고 기도하라"는 말씀을 실천하기 위해 하루에 12,000번씩이나 "주 예수 그리스도 하나님의 아들이시여, 죄인인 저에게 자비를 베푸소서"라고 기도하였다고 합니다.

2. 기도에 대한 깨달음

일평생 기도의 삶을 살았고 기도의 응답을 경험했던 기도의 사람들이 기도에 대해 정의한 내용을 살펴보는 것은 기도를 이해하는 데 있어서 유익한 일이 될 것입니다. 바람처럼 스쳐 지나가는 것이 아니라 되새김질하며 묵상하는 자세로 음미해 봅시다.

"하나님은 그의 영으로 우리에게 내려오시고, 우리는 기도로 말미암아 그에게 올라간다."
- 토머스 왓슨(Thomas Watson)

"하나님은 성경으로 말씀하시고, 우리는 기도로써 올라간다."
- 헤롤드 린젤(Herold Lindsell)

"기도는 하나님과 친교를 맺는 위대한 예술이다."
- 토마스 아 켐피스(Thomas a Kempis)

"기도란 신앙의 유모(乳母)이다."   - 매튜 헨리(Matthew Henry)

"기도는 하나님과 연결하는 스위치이며, 하늘의 동력(動力)을 끌어내리는 철관이다."   - 가가와 도요히코

"참된 기도란 그리스도를 통하여 성령의 능력과 도우심으로 말미암아 하나님의 약속하신 것과 말씀에 따라 교회의 유익을 위해 하나님의 뜻에 믿음으로 순종하여 진실되고, 의미 있고, 사랑이 가득한 마음과 영혼을 하나님께 쏟아놓는 것이다."   - 존 버니언(John Bunyan)

"그리스도인은 모든 문제와 불안과 고통에 대해 기도할 수 있어야 한

다. 기도는 모든 걱정과 근심의 탈출구이며 문제의 탈출구이기 때문이다."

- 존 라이스(John R. Rice)

"기도는 호흡이다. 나는 왜 호흡하는가? 호흡하지 않으면 죽기 때문이다."
- 키에르케고르(Kierkegaard)

"아침의 기도는 하나님의 자비와 축복의 보화창고를 여는 열쇠요, 저녁의 기도는 그의 보호와 안전의 날개 아래로 우리를 가두고 잠그는 자물쇠이다."
- 헨리 비처(Henry Ward Beecher)

"기도는 인생에 있어서 가장 소중한 일이다. 만일 하루라도 기도를 소홀히 한다면 신앙의 열정을 잃게 된다."
- 루터(M. Luther)

"기도는 우리를 지성소로 인도한다. 거기서 우리는 신앙의 가장 깊은 신비 앞에 꿇어 경배한다."
- 리처드 포스터(Richard J. Foster)

"기도는 영적 세계로 들어가는 문이며, 우리의 영적 삶을 하나님께 더욱더 결속시키는 삶의 닻이며, 마음의 밭을 경작하는 과정이다."
- 카니와 롱(Glandion Carney & William Long)

"옷을 만드는 것은 재단사의 일이고, 구두를 수선하는 것은 구두수선장이의 일이고, 기도하는 것은 그리스도인의 일이다."
- 바운즈(E. M. Bounds)

"기도하지 않고 성공했다면 성공한 그것 때문에 망한다. 또 마른 눈 가지고는 천국에 못 들어간다."
- 스펄전(Charles Haddon Spurgeon)

"어려운 환경에서 기도하고 싶은 마음마저 없다면 우리는 짐승만도 못한 사람들이 아닐 수 없다."
- 칼빈(John Calvin)

"하나님의 자녀는 기도로 모든 것을 정복할 수 있다. 사탄이 교인들에게 이 무기를 빼앗거나 그것의 사용을 제지하려고 최선을 다하는 것은 이상한 일이 아니다. 기도는 다른 방법으로 불가능한 역사를 일으키는 권능이다."
- 앤드류 머레이(Andrew Murray)

"기도는 사람이 원하는 일이 아니라 주님이 원하시는 일을 이루는 경우가 대부분이다."
- 유진 피터슨(Eugene H. Peterson)

"기도는 우리를 변화시켜 하나님의 생각을 따라 하나님을 생각하게 하며, 하나님께서 바라시는 것들을 함께 바라게 하며, 하나님의 사랑으로 사랑하게 하며, 하나님과 함께 하나님의 눈으로 하나님께서 보시는 것을 보게 하며, 하나님의 초자연적인 능력을 가지고 살게 한다."
- 오성춘 교수

"기도의 위력은 불의 세력을 정복한 바 노여워하는 사자의 입에 재갈을 물리고, 난세를 정복시켜 고요하게 하고, 전쟁을 종결시키며, 폭풍우를 달래고, 마귀를 내쫓으며, 사망의 결박을 풀고, 질병을 완쾌시키고, 태양을 멈추게 하고, 우레의 진행을 막는다. 기도는 만능의 갑옷이요, 값이 떨어지지 않는 보화이며, 바르시 않는 광산이며, 어떤 구름으로도 흐려지지 않는 파란 창공이요, 폭풍우로도 구겨지지 않는 하늘이다. 기도는 뿌리요, 지반이요, 한량없는 축복의 어머니다."
- 존 크리소스톰(John Chrisostom)

"나는 군대의 말발굽 소리를 두려워하지 않는다. 군대의 총칼도 두렵지 않다. 군대의 숫자가 많은 것도 두렵지 않다. 내가 진정으로 두려워하는 것은 존 녹스의 기도 소리다."   - 피의 여왕 메리(Mary)

"기도는 하나님의 뜻을 꺾는 작업이 아니다. 기꺼이, 자발적으로 베풀어 주시려는 그분의 마음을 붙잡는 행위일 뿐이다."   - 프렌치 대주교

"기도하면 우연한 일이 일어난다. 그러나 기도하지 않으면 아무런 일도 일어나지 않는다."   - 윌리엄 템플(William Temple)

   기도란 무엇일까요? 기도는 어두움 속에서도 하나님을 볼 수 있는 거울입니다. 기도는 지상 순례자들의 나침반이며, 천국을 향한 영혼들의 간절한 소망입니다. 기도는 진정으로 회개한 마음에서 피어나는 달콤한 향기입니다. 기도는 주님의 현존(現存)을 체험하는 인간의 적극적 행동입니다.
   기도는 하나님과의 대화 속에서 우리들의 마음을 공개하고 표현하는 것입니다. 기도는 예수 그리스도의 능력을 붙잡는 손입니다. 영혼을 위한 영적 에너지의 공급원입니다. 하나님을 만난 사람들이 가지고 있는 고도의 테크닉(technic)입니다. 기도는 인간의 영이 하나님의 영(성령)과의 만남을 위해 하나님께서 계시는 성소로 들어가는 신비롭고 비밀스러운 행동입니다.

   조지 뮬러(G. Muller)는 늙어 갈수록 더 많이 기도하라고 하였습니다. 그래야 신령한 일에 냉랭해지지 않기 때문이라는 것입니다. 그는 하나님의 뜻을 아는 기도에 대해 다음과 같이 일곱 가지 원리를 제시한 바 있습니다.

   첫째, 말씀을 정기적으로 묵상한다.

둘째, 기도를 통하여 성령의 내적 음성을 듣는다.
셋째, 성령이 주시는 내적 평강을 소중히 여긴다.
넷째, 하나님 앞에서 자신의 동기를 면밀히 점검받는다.
다섯째, 주님 한 분만을 의뢰하며 바라본다.
여섯째, 성령 안에서 일을 진행해 나간다.
일곱째, 하나님의 손길을 주의 깊게 바라본다.

조지 뮬러는 언제나 하나님께서 자신의 기도에 기꺼이 응답해 주실 것을 확신하였습니다. 일상에서 아무리 작은 죄라도 깨달았을 때는 결코 회개하기를 등한히 하지 않았으며, 기도 응답이 있을 때까지 기도를 멈추지 않았습니다. 그는 생명이 있는 한 앞으로도 계속해서 기도할 것이라고 고백하였습니다.

3. 기도의 의미

우리말 사전은 기도에 대해 정의하기를 '기도는 종교적 행동의 중요한 형식으로 신자가 신앙의 대상에게 비는 것'이라고 규정하고 있습니다.

구약성경에서 최초로 사용된 기도라는 말은 히브리어로 '아탈'(עתר)입니다. 이 말은 희생을 드리기 위해 제물(祭物)을 죽이는 것으로, 구약의 번제(燔祭) 제사에서 유래하였습니다. 그러므로 요한계시록은 기도를 신자들의 향기(香氣)로 묘사하고 있는 것입니다. '라하슈'(לחש)라고도 표현하였습니다. 이 말은 우리말로 기도라 번역하고 있는데 '속삭이다', '귓속말로 하다'는 의미에서 비롯되었습니다.

'테힌나'(תחנה)는 기도를 의미하는 대표적인 단어로 자주 사용되었습니다. 이 말은 시편 17, 86, 90, 102, 142편의 제목으로도 사용되었습니다. 테힌나의 동사형으로 쓰인 '파랄'(לל פ)은 '중재하다', '주선하다', '사이에 들어가다'라는 뜻을 나타내는 것으로, 그 주요 의미는 '간구하다'라는 것입니다. 이 말의 본래 의미는 예배를 위해 자신을 희생한다는 뜻입니다. 테힌나는 헬라어(LXX)로 '프로슈케'(προσευχη)로 번역되었는데, 이 말은 '신뢰하다', '원하다'라는 의미로 사용되었습니다.

신약성경은 기도를 의미하는 단어를 다양하게 사용하였습니다.

프로슈코마이(προσεύχομαι) : 하나님께 기도하다, 기도를 드리다
데오마이(δέομαι) : 모자라다, 기도하다, 간구하다, 탄원하다
아고니죠마이(ἀγωνίζομαι) : 열심히 구하다, 애써 간구하다
유케(εὐχή) : 큰소리로 말하다
엔튜시스(ἔντευξις) : 만남, 청원, 담화, 중재, 탄원
아나데이아(ἀναίδεία) : 성가시게 굴다, 강청의 기도

기도는 대화로서 기본적으로 언어를 필요로 합니다. 하나님께 고한다, 말한다는 것의 의미는 대화(對話)를 나타내는 것이기 때문입니다. 기도가 하나님과의 대화라고 할 때 단순히 도움을 요청하는 이교도들의 기도와는 달리 영적 교제로서 친교(koinonia)의 의미를 가지고 있습니다. 기도란 거듭난 영혼의 자연스러운 욕구이며, 새사람의 거듭난 영이 영이신 하나님을 찾는 행위입니다.

이방종교의 종교행위에서도 볼 수 있듯이 인간은 하나님을 알 만한 것, 즉 종교성을 부여받은 종교적 존재입니다. 인간은 모든 피조물 중에서 유일하게 기도하는 존재입니다. 그럼에도 불구하고 이방종교에 속한 사람들은 기도의 대상을 제대로 찾지 못하고 있기 때문에 혼미하고 막연한 상태에서 애타게 기도하고 있는 것입니다.

사탄은 인간의 타락한 심성을 부추기거나 각 나라의 문화와 전

통과 관습을 이용하는 전술과 전략으로 역사해 왔습니다. 지구상에 나타난 종교의 다양성은 하나님을 떠난 타락한 인류의 어리석음과 비참한 영적 상태를 말해 주는 것이기도 합니다. 그러므로 기독교의 선교를 기도의 관점에서 본다면, 선교란 기도의 대상을 바로 찾아 주는 운동이라고 할 수 있을 것입니다.

제2장 기도의 실제

　기도는 하나님과 그를 아버지라 부르는 신자들의 대화이며 의사소통입니다. 기도는 간구, 탄원, 간청, 고백, 감사, 찬양, 중재의 요소를 가지고 있습니다. 기도에 대한 성경적인 정의는 '하나님과의 만남과 대화'라고 말할 수 있습니다. 구체적으로 기도란 신자가 예수 그리스도의 중보와 성령의 도우심으로 성부 하나님과 영적 교제를 갖는 것이라고 정의할 수 있을 것입니다.

　기도는 본래 하나님의 은사와 베풀어 주신 은혜에 대해 응답하는 인간의 신앙행위를 의미합니다. 그렇지만 샤머니즘적, 원시적 형태의 기도는 마술에 가까운 것으로 기도하는 자가 신이나 혼(魂)을 불러서 초자연적 힘에 의해 자기의 안전과 복을 비는 제해초복(除害招福)의 행위일 뿐입니다.

　구약성경 역시 기도에 대해 마술적 요소가 아니라 하나님과의 인격적인 관계로 묘사하고 있습니다. 초대교회 공동체는 자기들의 기도생활을 전통적인 것이 아닌 새로운 것으로 받아들였습니다. 일반 백성들의 개인기도가 처음부터 일반화되었다기보다는 제사장이나 선지자나 왕을 중심으로 이루어졌던 기도가 점차 일반 백성들에게로 확대된 개념으로 볼 수 있기 때문입니다.

1) 기도는 거듭난 영혼의 호흡입니다

아기가 태어나면 울음을 터뜨리는 것처럼 거듭난 영적 생명을 가진 자는 구원받은 시점으로부터 하나님과 소통 가능한 기도를 시작할 수 있습니다. 전통적 유대교의 규율에 따라 살아왔던 바울은 회심 후 무엇을 하였습니까? 그는 기도하였습니다. 거듭난 영혼은 자연스럽게 시편 기자가 묘사한 바와 같이 목마른 사슴처럼 하나님을 갈급히 찾습니다.

2) 기도는 하나님과의 대화입니다

앤드류 머레이(Andrew Murray)는 "기도는 독백이 아니라 대화이다"라고 했습니다. 독백은 홀로 허공을 향해 하는 말이지만 대화는 듣는 상대가 있어서 주고받는 것입니다. 우리는 기도를 통해 하나님과 교제합니다. 기도를 통해 하나님과의 쌍방향 의사소통이 이루어집니다. 인격적인 대화의 가장 중요한 요건은 마음을 열고 진심으로 다가가서 진정성과 더불어 하나님께 우리의 마음을 쏟아놓는 것입니다.

미국 대통령을 지낸 링컨(Abraham Lincoln)은 기도의 사람으로 알려져 있습니다. 그는 하나님께서 내 편이시라는 것은 확실히 알지만 내가 하나님 편인가 하는 것이 중요한 관건이라고 했습니다.

3) 기도는 하나님께 갈급한 마음으로 도움을 구하는 것입니다

기도는 믿음으로, 성령의 도우심에 의해 중보자 예수 그리스도를 통하여 하나님께 갈급한 마음으로 구하는 것입니다. 목마른 사슴이 시냇물을 찾듯이 사모하는 마음으로, 갈급한 심령으로 하나님께 도움을 구하는 것입니다. 하나님을 향해 마음을 여는 행동입니다.

인간을 포함한 모든 피조물이나 우상(偶像, idol)은 절대로 기도의 대상이 될 수 없습니다. 기도는 오직 삼위일체 하나님께 드리는 것입니다. 가톨릭 교회는 마리아나 요셉, 순교자나 성인(聖人, saint)들에게 대신 빌어 달라고 기도하지만, 그것은 성경이 가르치는 기도의 원리에서 벗어나는 것이며, 바람직한 기도라고 할 수 없습니다. 초대교회가 로마 권력으로부터 핍박을 받을 수밖에 없었던 것은 황제숭배에 대한 거부 때문이었다는 사실을 기억해야 합니다.

그리스도인은 오직 삼위일체 하나님께만 기도할 수 있어야 합니다. 성경에는 성부 하나님께만 아니라 성자 예수님께도 기도한 기록이 있습니다(행 9:14, 7:59; 고전 1:2; 계 22:20). 성령께도 기도한 경우가 나타납니다(살후 3:5). 그렇지만 대부분의 경우 삼위일체 가운데 성부 하나님께 기도하는 것이 원칙입니다. 하나님은 창조주로서 우리의 기도의 대상이시기 때문입니다(사 64:8; 고후 1:3; 엡 1:3). 예수님은 제자들에게 가르치신 기도에서 기도의 대상자는 "하늘에 계신 우리 아버지"이심을 분명히 가르치셨습니다.

4) 기도는 모든 문제해결의 열쇠입니다

인생의 제반 문제와 어려움을 누구와 의논할 수 있습니까? 누가 내 인생의 문제, 가족의 문제, 공동체의 문제, 국가적인 문제, 민족적인 문제, 인류의 문제를 도와줄 수 있겠습니까? 어렵고 힘들고 답답할 때 누가 나에게 손 내밀어 줄 것입니까?

성경은 이렇게 단언합니다. 혹 부모는 자녀를 버릴 수 있어도 하나님은 우리를 외면하지 않으신다고 말입니다. 하나님은 내 편이십니다. 오직 하나님만이 나를 도우실 수 있습니다. 그러므로 기도하라는 것입니다.

독자 여러분! 여러분의 심령이 답답하고 심히 괴로운 상태에 있다면 잠시 이 책을 내려놓으십시오. 지금 이 시간에 그 자리에서 기도해 보십시오. 기도의 자리를 찾아 솔직하고 뜨겁게 그리고 끈질기게 기도해 보십시오. 하나님께서 환경을 변화시키시든지, 기도하는 나를 변화시키시든지, 나를 돕는 자를 보내시든지 분명한 사인(sign)을 보내주실 것입니다.

1. 기도에 대한 일반적인 이해

1) 누가 기도할 수 있습니까?

오랜 옛날에는 기도 행위가 왕이나 제사장 등 특정 계층 사람들만의 종교행위로 취급된 때가 있었습니다. 그렇지만 예수 그리스도의 부활사건 이후, 기도는 특정한 종교인들만의 전유물이 아니라 누구나 할 수 있는 것임을 알게 되었습니다. 오늘날 그리스도인이라면 누구나 자유롭게 기도할 수 있습니다. 루터(M. Luther)가 발견한 만인제사장과 직업소명설을 기도와 관련해 생각해 보면 바로 그러한 의미도 포함되어 있을 것입니다. 기도는 특별한 사람들만의 특별한 행위가 아니라 교회 공동체나 사역자들이나 신자들 모두가 공적으로 또는 사적으로 언제 어디서나 할 수 있는 것입니다.

2) 언제 기도해야 될까요?

기도 시간에 대해 왕을 알현(謁見)하듯이 특정한 시간을 주장하거나 구약 이스라엘 백성들의 제사드리는 시간을 말하는 사람들도 있습니다. 그렇지만 성경은 성령 안에서 항상 기도해야 할 것과 쉬지 말고 기도해야 할 것을 말하고 있습니다(살전 5:17). 기도는 신앙생활에서 결코 간과할 수 없는 가장 중요한 요소이기 때문입니다. 우리가 주일에만 하나님께 나아가는 것이 아니라 주일과 주일 사이에도 일상생활에서 기도하는 것처럼 기도 시간은 특정하게 한정되어 있거나 율법에 의해 정해져 있는 것이 아닙니다. 다만 일상에서의 규칙적인 기도생활이 개인의 신앙생활에 큰 유익이 됨을 기억해야 합니다.

유대인들은 하루 중 기도시간을 따로 정해 놓았습니다. 다니엘은 하루에 세 번씩 창을 열어 놓고 고국을 향해 기도하였습니다. 다윗도 아침(동틀 무렵)과 정오 그리고 저녁(오후 3시, 저녁 제사를 시작할 무렵)에 기도하였습니다. 이러한 전통은 사도들에게까지 이어졌고, 일정 기간 초대교회의 관례가 되기도 하였습니다.

주후 4세기의 교부 히에로니무스는 제3, 6, 9시에 기도하는 것이 교회의 전통이라고 했습니다. 그러나 이후 교회의 전통은 이슬람교 신자들이 메카(Mecca)를 향해 엎드리며 기도의식을 행하는 것처럼 정확한 시간엄수나 조건을 달지 않았습니다. 교부 클레멘스(Clemens)는 특히 이 부분을 강조하였습니다. 기도는 특정한 시간에 속박된 강제적인 것이 될 수 없기 때문입니다.

그렇지만 교회가 시간을 정해 놓고 회집하는 것과 같이 개인에 따라서 규칙적으로 정해진 기도시간을 갖는 것은 신앙에 유익한 습관일 것입니다. 앤드류 머레이(Andrew Murray)는 일정한 기도 시간이 없는 사람은 기도하지 않는 사람이라고 하였습니다.

종교개혁자들이나 부흥운동 주역들의 공통점은 모두가 기도의 용사였다는 것입니다. 그들은 자신만의 기도시간을 정하고 매일 지속적으로 기도했습니다. 기도 시간을 정하지 않으면 분주하다는 핑계로 미루게 되고 지속적인 기도생활을 할 수 없기 때문입니다.

3) 어디서 기도해야 할까요?

기도의 장소에 대한 이야기입니다. 구약성경에서 볼 수 있는 바와 같이 성전에서, 산당(山堂)에서, 사무엘의 미스바 성회에서와 같이 특정한 장소에서 집단적으로 회집하여 합심하여 기도하였습니다. 그러나 가나안 토속종교나 바알이나 아세라 집단들처럼 산에 특정한 의미를 부여한 것으로는 보이지 않습니다.

교회의 세속화를 염려했던 교부들과 일반 신자들은 기도하기 위하여 사막이나 광야나 산속이나 동굴, 공동묘지 주변 등 한적한 곳을 찾았습니다. 은밀한 곳, 즉 기도에 집중하기 좋은 장소를 찾아 기도하였던 것입니다. 중세의 수도원은 중요한 기도처였으며, 수도사들의 주요 일과는 기도하는 일이었습니다.

초대교회 이후 일반 신자들은 가정이나 지붕이나 골방을 기도처로 삼고 개인적으로 기도하였습니다. 그 이유는 기도에 방해를 받지 않을 수 있는 조용한 공간을 확보하기 위해서였습니다. 오늘날도 특정한 장소를 고집하거나 기도의 명당(?)을 찾는 이들이 있습니다. 이러한 경향은 산 기도를 하는 분들의 샤머니즘적 사고에서 비롯된 것입니다. 그렇지만 가정에서는 골방이 좋고, 외부에 나와서는 많은 사람들이 찾는 장소(기도원)가 좋습니다. 신앙의 연륜이 있는 사람들은 조용히 기도할 수 있는 한적한 장소가 바람직하다고 하겠습니다.

4) 무엇을 기도해야 할까요?

기도의 내용은 개인적인 기도, 가족을 위한 기도, 국가와 민족을 위한 기도 등 기도의 목적에 따라 그 내용이 달라질 수 있겠으나 일반적으로 개인의 필요와 문제해결, 가정의 화평을 위해 기도하였습니다. 특히 위대한 신앙의 인물들은 개인의 필요나 평안을 우선순위에 두고 기도하기보다는 기도의 범위를 확대하여 국가와 민족의 안녕과 위기 극복을 위해 하나님의 개입과 도우심을 간구하였습니다.

5) 어떻게 기도해야 할까요?

기도의 방법과 유형을 보면, 구약시대에는 주로 서서 기도하는 형태를 보입니다. 이러한 형태는 오늘날 '통곡의 벽'에서 기도하는 이스라엘 사람들의 모습에서도 발견됩니다. 신약성경에서도 그러한 모습을 찾아볼 수 있습니다.

신·구약 성경에 나타난 또 하나의 공통적인 자세는 무릎을 꿇고 기도하는 것입니다. 마치 하나님께 항복을 선언하듯이 말입니다. 예배의 모습과 같이 사람들은 땅에 엎드려 기도하기도 했습니다. 또 손을 펴서 들어 올리며 하늘을 우러러 기도하기도 했습니다.

이렇게 볼 때 어떤 한 가지 자세만을 고집하거나 유대교나 특정 종파에서와 같이 일정한 복장을 주장하는 것은 바람직하지 않은 것으로 여겨집니다.

초대교회의 기도는 주기도문에 의해 기도의 형식이 일반화되어 갔다고 보는 것이 일반적입니다. 그리고 교회 지도자 등 특정한 사람만이 성령의 감동으로 기도하는 것이 아니라 성령의 중보로 누구나 기도할 수 있다는 생각이 점차 정립되었다고 볼 수 있습니다.

교회 사역자들을 가볍게 여기는 오늘날 그리스도인들의 태도는 전통적인 권위를 부정하는 포스트모더니즘의 영향으로, 절대 바람직한 것이 아닙니다. 사역자나 신자 모두가 서로 귀히 여기고 기도해주는 관계를 형성해 나가야 합니다. 특정인을 중심으로 한 기도공동체는 나중에 이단의 형태로 흘러갈 가능성이 많다고 하겠습니다. 교회사에서 그러한 사례들이 얼마든지 발견되기 때문입니다.

2. 기도의 방법들

1) 기도의 형태

기도가 언제 어디서 어떤 방식을 취하였는가에 따라 우리는 금식기도, 단식기도, 새벽기도, 철야기도, 산기도, 집중기도, 연속기도, 통성기도, 묵상기도, 중보기도, 골방기도(은밀한 기도), 예배기도(공적 기도), 목회기도 등 다양하게 구분할 수 있을 것입니다.

리처드 포스터는 내면기도를 단순한 기도, 성찰의 기도, 눈물의 기도, 포기의 기도, 성숙의 기도, 언약의 기도로 구분하였고, 하나님을 향한 기도를 찬양의 기도, 안식의 기도, 성례의 기도, 묵상기도로 구분하였으며, 타인을 향하는 기도를 일상적인 기도, 간구기도, 중보기도, 치유의 기도, 고난의 기도, 권세 있는 기도 등으로 기도의 형태를 분류하였습니다.

2) 기도의 유형

기도의 유형으로는 마음속으로 하는 침묵기도와 부르짖는 통성기도가 있습니다. 둘 다 절규하는 간절한 기도라 할 수 있습니다. 예를 들어 사무엘의 어머니 한나의 기도가 전자에 속한다면, 시편 3편 4절과 5편 2-3절의 기도는 후자에 속하는 기도라 할 수 있습니다.

또 다른 유형으로는 혼자서 하는 개인기도가 있고, 여럿이 합심하여 드리는 공동기도가 있습니다. 고넬료의 경우처럼 가족이 함께 모여 드리는 기도가 있는가 하면, 예배의 일부로서 드리는 공적 기도가 있습니다. 구약시대에 성막 지성소에서 드린 기도와 솔로몬 성전을 봉헌할 때 드린 기도 등은 공적 기도의 대표적인 사례라 할 것입니다.

예로부터 성전은 '기도하는 집'이었습니다. 신약시대가 시작되면서 초대교회는 모여서 기도하기 시작했고 그 결과 성령의 임재를 경험하였습니다. 사도들은 개인적으로뿐만 아니라 공적인 시간을 정해 놓고 기도하였습니다. 기도가 하나의 일과이며 사역이 된 것입니다. 초대교회 공동체는 사도 베드로가 체포되어 감옥에 갇혔을 때에도 함께 모여서 합심으로 계속해서 기도하였고 응답을 경험하였습니다.

기도는 그 내용에 따라 간구(애원, 탄원기도), 찬양기도, 감사기도, 고백기도, 축복기도, 목적기도, 방언기도 등 다양하게 구분할 수 있습니다. 기도의 순서는 초기 교회에서 시도되었던 것처럼 일반적으로 찬양, 고백, 감사, 중보, 간구 등으로 이어집니다. 주님께서 가르치신 주기도문은 모든 기도의 모델이 됩니다.

일반적으로 우리는 기도할 때 양심을 성찰하고, 죄를 고백하며, 하나님의 말씀에 순종할 것과 선한 행동을 결심하고, 기도한 대로 살아갈 것을 다짐합니다.

전통적으로 기도는 두 유형이 있습니다. 하나는 주 안에서는 불가능이 없다는 식의 긍정적인 기도이며, 또 하나는 무능하고 부족하며 허물 많은 죄인이라는 식의 부정적인 기도입니다. 긍정적인 기도가 하나님과 피조물 사이의 유사성을 드러낸다면, 부정적인 기도는 하나님과 피조물 사이의 차이를 분명히 드러내는 기도라 할 수 있습니다.

수도원의 기도 형태는 부정적인 기도가 많이 사용된 것으로 알려져 있습니다. 그렇지만 기도에 있어서 중요한 것은 자신의 신념으로 하나님을 설득하거나 어떠한 물건을 놓고 상인들이 흥정하듯 하거나 미사여구(美辭麗句)를 나열하는 것을 떠나 진정으로 마음을 열고 하나님께 다가서는 태도일 것입니다.

3) 기도의 구성

사도 바울은 빌립보서 4장 6절에서 기도를 간구, 기도, 도고, 감사로 구분하였습니다. 간구는 탄원에 해당하는 것으로, 오늘날 그 중요성을 더해 가고 있는 중보기도 또는 타인을 위한 기도를 의미합니다. 교부 오리게네스(Origenes)는 이렇게 말했습니다.

"간구란 우리의 필요를 말하는 것이고, 기도는 위기로부터의 구원을 요청하는 것이며, 도고, 즉 중보기도는 하나님께 구하면 받는다는 확신을 갖고 믿음으로 구하는 것이며, 감사는 하나님으로부터 좋은 것을 받았음을 인정하는 것이다."

4) 기도의 자세

루이스(C. S. Lewis)는 기도에 대해 개인이나 가정, 국가나 인류의 문제에 하나님의 개입을 요청하는 행위라고 하였습니다. 기도는 자신의 삶에 하나님을 초청하는 행위인 동시에 자신의 내면을 드러내는 행위이기도 합니다. 기도는 하나님의 마음을 바꾸는 것이 아니라 궁극적으로 기도하는 사람을 바꾸어 놓는 일이기도 합니다.

그러므로 신자의 기도하는 자세는 바리새인처럼 자기의 의를 드러내는 것이 아니라 아브라함이 자신을 먼지와 재(災)로 여기며 꿇어 엎드렸던 것처럼 자기의 쇠약성과 무시와 무가치함과 한계성을 깨닫는 것이 우선입니다. 자신이 보잘것없는 부끄러운 존재라는 사실을 인정하는 겸손한 자세를 가져야 한다는 것입니다.

범죄하고 타락한 인간은 교만하고 자기중심적이며 자기 의존적입니다. 오랜 신앙 연륜이 있더라도 이러한 태도를 지속하는 것은 독립적이고 용감한 것이 아닙니다. 이러한 사람은 언젠가는 신앙생활의 실패를 경험하게 될 것입니다.

우리가 하나님께 기도하는 것이 우리 자신의 의로움에 근거하거나 자기의 의를 드러내고자 함이 결코 아닙니다. 기도는 하나님의 자비와 긍휼을 믿는 믿음에 근거하여 하나님께 나아가는 것입니다. 죄에 대한 회개의 고백과 악에서 구해 주시기를 구하는 탄원입니다. 일용할 양식을 구하라는 말씀에 근거하여 우리의 영적, 육적 필요를 구하는 것입니다. 삶의 여정에서 시시때때로 은혜 주심에 대하여 하나님께 감사와 영광을 돌려 드리는 것입니다.

5) 기도의 순서

기도의 순서는 예배 중에 드리는 공식적인 기도이냐, 개인적인 비공식적인 기도이냐에 따라 그 형식과 순서가 다를 수 있습니다. 일반적으로 기도의 순서는 예수님께서 가르치신 주기도문의 순서를 따르려고 하는 교회의 전통에 따라 찬양과 감사와 회개와 간구로 이어지며 마지막으로 예수 그리스도의 이름으로 기도합니다.

예수 그리스도의 이름으로 기도하는 것은 그분이 우리의 구주이시며 중보자이시기 때문입니다. 이어서 '아멘' 하는 것은 기도의 모든 내용을 하나님께서 들으시고 응답하실 것이라는 믿음과 확신을 나타내는 것입니다.

기도의 순서를 말하는 이유는 하나님은 질서의 하나님이시기 때문입니다. 그렇다고 순서의 유연성을 부정하고 고정적인 순서만을 고집하는 것 역시 바람직한 것은 아닐 것입니다. 하나님은 중언부언하는 기도를 원치 않으십니다. 명확하고 분명한 기도를 원하십니다. 기도의 순서는 질서를 위한 것입니다. 그러므로 기도하는 사람이 응급상황이나 비상시가 아니라 일상적인 기도라면 무엇을 구할 것인가에 대한 생각의 정리, 즉 준비성과 계획성이 있어야 합니다. 물론 기도생활을 오래 지속하다 보면 기도의 제목과 기도의 영역이 넓혀지고, 그렇기 때문에 긴 시간을 기도하게 됩니다. 기도의 넓이와 깊이가 점점 더 확장되는 것입니다.

3. 기도의 이유와 동기

1) 왜 기도해야 할까요?

기도는 예수님이 몸소 본을 보여주신 가르침이고 명령입니다. 사도들은 기도를 사역과 삶의 한 부분으로 여기고 실천하였습니다. 교회사적으로 수많은 믿음의 사람들이 기도를 통해 능력과 지혜와 용기를 얻었고, 문제를 해결 받았으며, 자기반성과 양심의 성찰을 통해 성화되었고, 온전함으로 나아갔습니다.

지금 성경을 펼쳐 보십시오. 그리고 마태복음 6장 9-13절, 7장 7절, 24장 20절, 누가복음 11장 1-13절, 요한복음 15장 16절, 16장 24절, 로마서 5장 15절, 빌립보서 4장 6절, 데살로니가전서 5장 17절, 베드로전서 4장 7절을 찾아 조심스럽게 묵상하며 읽어 봅시다. 하나님께서 우리에게 구하라 하신 것은 구하는 그것을 우리에게 주시겠다는 약속입니다.

마이어(F. B. Mayer)는 인생의 가장 큰 비극은 응답 받지 못한 간구가 아니라 아예 기도하지 않는 것이라고 했습니다. 사람들은 일상의 분주함과 피곤함을 핑계로 기도를 우선순위에서 제외시킬 때가 많습니다.

우리가 기도해야 할 이유는 무엇일까요?

첫째, 기도는 하나님의 명령이기 때문입니다.

둘째, 기도해야 영적 성장이 이루어지기 때문입니다.
셋째, 기도는 신자들의 특권이기 때문입니다.
넷째, 기도해야 사명을 감당할 수 있기 때문입니다.
다섯째, 기도해야 시험에 빠지지 않고 시험을 이길 수 있기 때문입니다.
여섯째, 기도는 모든 문제해결의 열쇠이기 때문입니다.
일곱째, 기도는 구하는 것을 얻는 하나님의 법칙이기 때문입니다.

2) 무엇 때문에 기도해야 할까요?

(1) 고난 극복을 위한 기도

종교개혁자 필립 멜란히톤(Philipp Melanchthon)은 "환난과 곤고가 나를 골방으로 몰아넣어 기도하게 하고, 기도는 그 환난과 곤고를 나의 주변에서 떠나게 했다"라고 고백하였습니다. 루터는 위기에 처해 절망과 낙담에 떨어질 때마다 자신의 절친한 친구였던 필립 멜란히톤을 찾아가 함께 기도함으로 큰 은혜를 힘입고 새로운 능력을 얻었다고 전해집니다.

시편에 나타나는 수많은 기도들은 고난당하는 중에서 하나님의 도우심을 간절히 기대하며 부르짖는 기도들입니다. 사람들은 흔히 위기가 찾아오면 자기 주변 사람들에게 손을 벌리거나 도움을 요청합니다. 그렇지만 진정으로 우리를 도우실 수 있는 분은 하나님뿐이십니다. 물론 하나님은 사람을 통해서 역사하시기도 하고, 주위환경의 변화를 통해서 우리를 돕기도 하십니다. 천사들을 동원하셔서 사람의 상상력을 뛰어넘는 방법으로 개입하시기도 합니다.

(2) 중보(중재)기도

존 녹스(John Knox, 1513-1572)는 기도하는 한 사람은 기도하지 않는 민족보다 강하다고 고백하였습니다. 피의 여왕으로 알려진 메리 여왕(Mary of Scots)은 죽기 전에 이런 말을 남겼다고 합니다.

"존 녹스의 기도가 백만의 대군보다도 두렵도다."

존 녹스라는 한 사람의 기도가 스코틀랜드의 수많은 기독교 신자들의 목숨을 살렸다는 사실은 역사에 길이 남을 기록으로 평가받습니다. 그는 이렇게 기도했다고 알려져 있습니다.

"오 하나님! 스코틀랜드를 주시옵소서. 그렇지 않으면 죽음을 주시옵소서."

1910년대 미국이 1차 세계대전과 대공황, 근본주의와 현대주의의 논쟁으로 어려움을 겪고 있을 때 새로운 희망을 제시한 메이저리그 출신 부흥사 빌리 선데이(William Ashley Sunday)는 "마귀는 기도하는 어머니의 자녀를 빼앗아 가지 못한다"고 하였습니다.

암부로시우스(Ambrosius, 339경-397) 감독은 아우구스티누스의 어머니 모니카(Monica, 332-387)에게 "눈물의 자식은 망하지 않는다"는 유명한 말을 남겼습니다.

(3) **용서를 비는 기도**

예수 그리스도는 사람이 땅에서 매면 하늘에서도 매일 것이요 땅에서 풀면 하늘에서도 풀릴 것이라고 하셨습니다. 사도 베드로 역시 가족들 사이의 불화가 기도를 방해한다는 사실을 주시시키고 있습니다. 원한과 보복이 당연한 것으로 여겨지는 이 세상에서 용서란 결코 쉬운 일이 아닙니다. 그러나 심판을 하나님께 맡기고 용서하며 기도하는 것은 우리의 기도가 막히지 않도록 하기 위해서 반드시 필요한 행동인 것입니다.

사람은 누구나 잘못할 가능성을 가진 불완전한 존재입니다. 그러므로 타인을 용서하고 자신도 용서받으며 살 수 있어야 할 것입니다.

(4) 지혜를 구하는 기도

솔로몬 왕은 하나님께 지혜를 구하였습니다. 지혜란 근원적인 질문에 대한 해답을 말합니다. 이 지혜는 하늘에서 떨어진 것이 아니라 하나님께서 인간에게 주시는 통찰력과 분별력과 판단력입니다. 사람들이 일상생활에서 어려움을 겪는 주된 이유는 지혜가 부족하기 때문입니다. 자원이 부족한 것이 아니라 지혜가 부족한 것입니다.

링컨(Abraham Lincoln)은 이렇게 고백했습니다.

"나는 어려울 때마다 무릎을 꿇고 기도한다. 나는 충분한 지혜가 없지만 기도하고 나면 특별한 지혜가 머리에 떠오르곤 했다."

(5) 병자들을 위한 기도

성경은 병든 환자들을 위한 중보기도의 필요성을 보여주고 있습니다. 환자는 질병으로 인해 생명의 위험을 안고 두려움을 갖고 있는 연약한 존재입니다. 누군가의 도움을 절실히 필요로 하는 사람들입니다.

성경은 하나님께서 인간의 문제를 해결해 주시고자 인간을 찾아오신 힐링 교과서입니다. 그러므로 성경에서 해법을 찾아야 합니다.

질병과 고난 중에 있을지라도 하나님의 손길을 경험하게 된다면 해법이 있습니다. 그러므로 이들을 찾아 심방(尋訪)하고, 도울 방법을 찾아보고, 여호와 라파의 신앙으로 하나님의 도우심을 구하는 것은 하나님의 일을 대리하는 것입니다. 그것이 그리스도인의 사랑을 실천하는 길입니다.

고난 중에 있을 때 사람의 피상적이고 의례적인 위로는 욥의 세 친구들의 이야기처럼 별로 도움이 되지 않을 수 있습니다. 그렇지만 전적으로 주님을 신뢰하고 기도할 때 우리는 여호와 라파, 곧 치료하시는 하나님을 경험하게 될 것입니다. 그러므로 야고보는 선지자 엘리야의 기도 응답을 예로 들면서 병든 자들을 위해서 기도할 것을 권면하였습니다.

"너희 중에 고난 당하는 자가 있느냐 그는 기도할 것이요 즐거워하는 자가 있느냐 그는 찬송할지니라 너희 중에 병든 자가 있느냐 그는 교회의 장로들을 청할 것이요 그들은 주의 이름으로 기름을 바르며 그를 위하여 기도할지니라 믿음의 기도는 병든 자를 구원하리니 주께서 그를 일으키시리라 혹시 죄를 범하였을지라도 사하심을 받으리라 그러므로 너희 죄를 서로 고백하며 병이 낫기를 위하여 서로 기도하라 의인의 간구는 역사하는 힘이 크니라"(약 5:13-16).

(6) 문제해결을 위한 기도

문제해결을 위해 동분서주하기보다 모든 문제를 하나님께 맡기는 것이 지혜로운 선택이라고 단언할 수 있습니다. 물론 위급 상황을 극복하는 방법을 찾아야 합니다. 그렇지만 그리스도인들은 기도하는 것이 최우선이 되어야 합니다.

대부분의 사람들은 문제가 있으면 반드시 해법이 있다는 사실을 믿고 기도하기보다 문제만을 생각하고 그 문제를 해결해 보려고 애를 씁니다. 그렇지만 문제는 예수님의 세 제자가 원했던 것처럼 변화산에 머물러 있다고 해결되는 것이 아니며, 베드로처럼 피도를 두려워하거나 의협심에 칼을 사용한다고 해결 가능한 것도 아닙니다. 어린아이가 문제를 일으키고 나서 울며 어찌할 줄 몰라 하면 부모님이 다가가서 해결하듯이, 우리가 기도하면 하나님께서 개입하십니다. 기도를 이러한 원리로 이해해도 크게 이치에서 벗어난 것이 아닐 것입니다. 하나님은 우리의 아버지이시기 때문입니다.

제3장 구약성경의 기도

성경은 '기도의 책'입니다. 성경을 언약의 관점에서 보면 '언약의 책'이라 할 수 있습니다. 그렇지만 기도의 관점에서 보면 성경에는 수많은 기도가 담겨 있기 때문입니다.

사람들이 하나님께 기도하기 시작한 것은 인류의 조상 아담 때부터일 것입니다. 창세기 4장 26절은 가인이 아벨을 죽인 후 태어난 셋과 그의 자녀 에노스가 살던 시대부터 사람들이 여호와의 이름을 불렀다고 기록하고 있습니다. 이를 근거로 우리는 오랜 옛날 옛적부터 사람들은 기도해 왔던 것을 확인할 수 있습니다. 그 후 창세기는 에녹의 생애를 소개하면서 그가 하나님과 동행하는 삶을 살았다고 하였습니다. 하나님과 '동행'하였다는 말의 의미는 그가 기도하는 삶을 살았다는 것으로 해석됩니다. 기도는 하나님과 교제하고 소통하는 수단이기 때문입니다.

1. 족장들의 기도

1) 아브라함의 기도

창세기 12장을 보면, 아브라함은 가나안 땅에 들어가 세겜(shechem)이라는 곳에 머물면서 제단을 쌓았으며, 그곳에서 여호와의 이름을 불렀다고 전하고 있습니다. 제단은 족장시대에 하나님께 제사하는 본거지였습니다. 그러므로 아브라함은 당연히 이곳에서 하나님께 기도했을 것입니다.

특히 가나안 땅으로 이주할 당시 나이가 75세였음에도 그에게는 아직 자녀가 없었기 때문에 상속자를 위한 기도는 그의 기도의 핵심 주제였을 것입니다. 그가 영적 절망에 빠지게 될 때에는 그의 성실한 청지기인 엘리에셀을 그의 상속자로 삼고자 했습니다. 그러나 하나님은 그의 아내 사라를 통해 상속자를 주시겠다고 약속하셨고 그대로 되었습니다(창 15:4, 17:19).

가나안에 들어온 지 10년쯤 지났을 때에도 후손이 태어나지 않자 인위적인 방법을 생각했습니다. 아브라함은 그의 아내 사라의 몸종이었던 하갈과의 사이에서 아들을 얻게 되는데 그가 이스마엘입니다. 그로 인해 발생한 가정불화는 급기야 하갈을 쫓아내는 단계에 이르지만 하나님은 이렇게 버림받은 여인 하갈에게도 나타나 주시고 그를 배려하시는 것을 볼 수 있습니다. 그것이 '브엘라헤로이', 즉 '감찰하시는 하나님'이라는 말의 배경이 됩니다.

창세기 17장에서 하나님께서는 다섯 번째로 아브라함에게 나타나 주시고, 그가 열국(列國)의 아버지가 될 것을 또다시 확증해 주셨습니다. 하나님과의 언약의 지속성을 위해서는 언약의 준수가 중요한 요건입니다만 하나님의 약속은 그가 100세가 되어서야 비로소 이루어졌던 것을 볼 수 있습니다.

아브라함의 기도는 소돔 성(城)으로 이주해 간 조카 롯의 가정을 위한 기도에서도 나타납니다. 롯을 위한 아브라함의 기도는 중보기도의 전형적인 모습을 보여줍니다. 자신이 티끌과 같은 존재임을 자각하고 엎드리는 모습에서 우리는 하나님께 기도하는 사람의 자세가 어떠해야 함을 배우게 됩니다. 그의 중보기도는 그랄 왕 아비멜렉의 가정에 후손을 허락해 주시기를 간구하는 기도에서도 지속됩니다.

특히 그의 기도가 구체적인 행동과 실천으로 이어질 때마다 하나님은 그에게 나타나 주시고 그와의 언약을 구체화해 나가시는 것을 볼 수 있습니다. 우리는 여기서 진정한 기도는 구하는 것으로 끝나서는 안 된다는 사실을 배웁니다. 기도하는 중에 얻은 응답과 영감과 깨달음을 마음에 간직하고만 있을 것이 아니라 행동을 통해 구체화해 나가는 것이 중요하다는 것입니다. 참된 기도는 행동하는 기도, 실천이 뒤따르는 기도가 되어야 합니다.

2) 이삭과 야곱과 요셉의 기도

아브라함의 아들인 이삭의 배우자를 위한 기도와 장자를 위한 기도는 이 시대를 살아가는 청년들과 노인들에게 무엇을 위해 기도해야 할지를 가르쳐 줍니다.

밧단아람으로 향하던 중 노숙자 신세가 된 야곱이 깨어나서 드린 서원기도는 그의 생애의 전환기이자 일생일대의 갈림길에서 하나님께 대한 충성 맹세의 성격을 띠고 있습니다. 야곱은 그의 일생에서 오직 하나님만 섬길 것과 하나님의 전을 세울 것과 십일조에 대해서 약속하지만 20년 동안 그 약속을 제대로 이행하지 못하고 좌충우돌하다가 결국 귀국을 결심합니다. 밧단아람에서의 역경과 시련을 통해 그곳이 그가 영원히 머물 곳이 아니라는 것을 깨달았기 때문입니다.

고향을 향해 돌아오는 길에 형 에서와 외삼촌 라반의 공격으로 진퇴양난(進退兩難)의 위기를 만났을 때에도 그가 선택한 것은 기도였습니다. 생존을 위한 계략으로 인간적인 지혜를 써 보기도 하지만 겸손히 하나님께 엎드리는 야곱의 태도에서 우리가 위기상황을 만났을 때 어떻게 대처해야 할지를 배우게 됩니다.

얍복 강가에서의 밤을 지새우는 필사적인 기도는 하나님과의 맞닥뜨림으로, 그가 신현(神顯, theophany, 하나님의 임재)을 경험한 것이

틀림이 없습니다. 성경은 이 사건을 천사와의 씨름으로 묘사하였습니다.

야곱이 그의 인생 말년에 요셉의 두 아들 에브라임과 므낫세에게 행한 축복기도와 다른 아들들을 위한 축복기도는 마지막까지 족장(族長)으로서의 그의 본분을 다하기 위한 것으로 평가할 수 있습니다.

요셉의 생애에 대한 이야기에서 기도에 대한 자세한 설명은 없지만 그의 신앙과 지혜와 고난 극복의 힘은 기도였음이 분명하다고 하겠습니다. 그가 축복의 통로로서 족장들의 아름다운 신앙을 후손들에게 남긴 감동적인 사례를 우리는 그의 유언에서 살펴볼 수 있습니다. 그의 유언에 따라 가나안을 향해 가는 출애굽의 행렬에 요셉의 유해도 함께했다는 것은 의미심장한 일이 아닐 수 없습니다. 진정으로 기도하는 사람은 자신을 위해 현실과 적당히 타협하며 안락한 삶을 꿈꾸는 것이 아니라 멀리 보고 민족의 미래를 위해서 기도하는 사람일 것입니다.

2. 초기 지도자들의 기도

요셉이 죽고 난 후 정치적 변혁기를 맞이하면서 이스라엘 백성은 노예로 전락하고 말았습니다. 그들이 소망을 잃고 고통 중에 부르짖을 때 하나님은 모세를 준비시키시고 지도자로 보내셔서 해방을 맞이하게 하셨습니다. 출애굽의 현장은 하나님께서 고통당하는 자, 그 고통으로 인하여 탄식하며 부르짖는 자의 소리를 들으신다는 사실에 대한 확실한 증거입니다.

성경에 나타난 기도는 인격적 대화로 묘사되기도 하지만 때로는 탄식과 신음소리, 고통과 위기에서의 울부짖음, 감사의 고백, 찬양의 형식을 띠기도 하며, 원망과 불평의 모습으로 나타나기도 합니다.

이스라엘 백성들은 홍해를 건넌 기쁨으로 하나님의 은혜를 찬양하였습니다. 그렇지만 얼마 지나지 않아 '목이 곧은 백성'이라 책망을 받는 처지가 되어 버렸습니다.

노예근성 또는 숨겨진 부패성과 교만이 드러난 것입니다. 이때 이스라엘 백성을 인솔하여 가나안으로 인도해야 할 책임을 부여받은 모세는 하나님 앞에서 허심탄회하고도 적나라한 기도를 드렸습니다. 이스라엘 백성들의 범죄에도 불구하고 하나님은 모세의 기도에 응답하셨습니다. 중심을 보시는 하나님은 정직하고도 단순한 기도를 더 원하십니다.

아말렉 세력과의 치열한 전투 중 위기에 처한 백성들을 위해 기도하는 모세와 그와 뜻을 함께한 아론과 훌의 태도는 이 시대의 그리스도인들이 본받을 만한 협력기도 또는 합심기도라 하겠습니다. 특히 여호수아의 전사로서의 역할까지 종합적으로 판단해 볼 때, 오늘날 그리스도인들에게도 기도와 행동의 균형이 중요하다고 하겠습니다.

이집트에 열 가지 재앙이 차례로 임할 때에 바로(파라오)는 뇌성과 우박 재앙이 물러가도록 모세에게 중보기도를 요청하는 정치적인 술수를 통해 위기를 모면하려 했습니다. 바로의 이러한 태도는 오늘날 정치인들의 모습에서도 드러나고 있습니다. 관용 또는 어용기도는 기도에 대한 오해를 불러일으킬 수도 있다는 것을 경고하고 있는 것입니다. 동서고금을 막론하고 정치와 종교는 밀접한 관계 속에서 공존을 모색해 왔기 때문입니다.

그렇지만 중심을 보시는 하나님은 전심으로 그를 의지하는 갈급한 심령들의 기도에 응답하십니다. 가식적이고 형식적이며 허울뿐인 기도는 물리치십니다. 그 누구도 하나님을 속일 수는 없기 때문입니다.

1) 모세의 기도

　모세는 사명을 위해 기도했습니다. "어찌 날 보내셨나이까? 내가 이 백성을 어떻게 하리이까?" 이러한 질문기도는 사명자로서 하나님의 뜻을 깨닫기 위한 한두 마디의 기도는 아니었을 것입니다.
　그는 사죄(赦罪)를 위한 기도를 멈추지 않았습니다. 아론을 위해 기도했고, 백성들을 위해서도 40주야의 금식기도를 했으며, 우상숭배자들을 처형한 후에도 죄 사함을 구하는 기도는 계속되었습니다. 다베라에서의 백성들의 원망과 불 심판 후에도 기도했습니다. 원망하고 불평하며 반역한 형제를 위해서도 기도했습니다. 자신을 비난한 미리암의 문둥병을 고쳐 주시기를 기도했습니다.
　가데스바네아에서 백성들의 거역과 불순종으로 마음이 상한 가운데서도 애굽으로 돌아가자는 반역자들로 인하여 하나님께서 진노하시자 그는 힘써 기도하였습니다. 출애굽 여정의 마무리 단계에서 불뱀으로 인한 아수라장 속에서도 백성들을 위해 기도했습니다.

　모세는 하나님의 공의와 임재와 축복을 위해서도 기도했습니다. 고라당의 반역에 대해서 하나님의 공의를 구하며 기도했습니다. 법궤가 이동할 때에도, 출발할 때나 멈출 때에도 기도하였습니다. 신명기를 통해 하나님께 예물을 드릴 때에도 신앙고백과 함께 감사기도가 뒤따라야 함을 가르치고 있으며, 민수기에 기록된 제사장들의 축복기도를 통해서 사역자들의 기도가 어떠해야 하는지에 대한 모형을 보여주고 있습니다.

　모세는 그의 사역을 마무리하는 단계에서도 기도했습니다. "나로 건너가게 하소서"라는 그의 마지막 소원기도는 가나안을 바라보는 것에 그치지 않고 그 땅에 들어가기를 원하는 갈망을 보여주고 있습니다.

2) 여호수아의 기도

모세를 그림자처럼 따라다니며 사역을 함께 분담했던 여호수아 역시 기도의 사람이었습니다. 그는 모세의 뒤를 이어 지도자가 되었을 때에도, 아이 성 전투의 패배 후 상심한 가운데서도 기도하였고, 가나안에서의 전투 중에도 외치는 기도를 하였습니다.

"태양아 너는 기브온 위에 머무르라 달아 너도 아얄론 골짜기에서 그리할지어다"(수 10:12).

3) 사사들의 기도

사사시대는 범죄(우상숭배), 전쟁(고난), 회개, 지도자(사사)를 통한 회복이 주기적으로 반복되는 시기였습니다. 범죄와 타락의 주된 원인은 말씀과 신앙교육의 부재에 있었습니다. 그렇지만 멸종위기에 처한 동족 베냐민 지파를 위한 기도는 이스라엘의 공동체 정신이 살아있음을 반증하는 것이었습니다.

사사들 가운데 기드온은 미디안 침략과 약탈로 인한 고통 속에서도 기도하였습니다. 하나님의 사역자로 나서기 전 하나님의 뜻을 보다 분명하게 알게 되기를 갈망하며 표징(sign)을 구하는 기도를 드리기도 했습니다.

입다는 블레셋과 암몬의 침략으로 인한 고난 중에도 백성들과 함께 회개하며 기도했습니다. 특히 입다의 그릇된 서원기도는 이방종교의 영향을 받은 혼합종교의 모습을 보여주고 있습니다.

삼손 부모의 자녀를 위한 기도와 나실인으로서 소명을 받았으나

갈팡질팡하는 삼손의 모습에서 모태신앙의 불안전성을 발견할 수도 있습니다. 삼손의 최후의 기도는 이러했습니다.

"이번만 나를 강하게 하사…… 원수를 단번에 갚게 하옵소서"(삿 16:28).

사무엘은 최초의 선지자이기 이전에 사사이며 제사장이기도 했습니다. 미스바에서 백성들과 함께 금식하며 부르짖은 구국기도에서 그리스도인은 국가와 국민을 위해서도 기도해야 한다는 것과 그것이 애국일 수 있음을 발견하게 됩니다. 그는 블레셋으로부터 침공을 당했을 때에도 하나님의 구원하심을 바라며 최선을 다해 기도했습니다. 특히 초심을 잃고 고난의 길을 자초한 사울 왕을 위한 철야기도에서, 기도는 개인적인 감정을 초월하는 사역인 것을 발견하게 됩니다.

우리는 그의 어머니 한나의 서원기도를 통해서도 배울 수 있습니다. 한나는 불임(不姙)으로 인한 치욕을 안고 살면서 그것을 운명으로 받아들이기보다 기도해야 할 문제로 인식하고 아들을 주시도록 통곡하며 서원기도를 했습니다. 또한 기도 응답 이후 서원을 이행하는 본을 보여주었습니다. 한나의 기도는 찬양기도로 바뀌었고, 낮은 자를 높이시는 하나님께 영광을 돌렸습니다. 인간의 행동을 저울로 달아 보시는 하나님이심을 찬양했습니다.

3. 선지자들의 기도

일반적으로 선지자들은 활동 선지자와 문서 선지자로 구분하기도 합니다. 전형적인 활동 선지자 엘리야는 이론에 치우쳐 번뇌하는 선지자가 아니라 행동하는 믿음의 사람이었습니다. 엘리야의 기도를 통해 하나님의 능력이 드러났습니다. 사르밧 여인의 죽은 아들을 살리기도 했습니다. 기적의 이면에는 기도가 있었습니다. 그리고 기도 응답은 "내가 이제야 당신은 하나님의 사람이시요 당신의 입에 있는 여호와의 말씀이 진실한 줄 아노라"(왕상 17:24)라는 고백을 듣게 했습니다.

엘리야는 갈멜 산의 기도에서 전투적인 기도를 보여주었습니다. 그는 기도 응답을 통해 누가 참 신인지 나타내 보여달라고 기도했습니다.

큰 승리 이후에도 자만하기보다 3년 반이나 가뭄에 목말라 있던 나라에 비를 주시기를 필사적으로 기도했습니다. 꿇어 엎드려 얼굴을 무릎 사이에 넣고 기도했던 것입니다. 여러분도 그런 자세를 한번 따라 해 보십시오. 보통 사람으로서 가능한 일이 아닐 것입니다.

이러한 엘리야에게 죽음의 위협이 따라다녔습니다. 그는 공허함과 탈진과 두려움으로 인하여 이세벨을 피해 도주할 수밖에 없었고, 로뎀 나무 그늘 아래 앉아서 죽기를 구했습니다. 여기서 우리는 강하고 담대했던 엘리야에게서도 연약한 모습을 보게 됩니다.

"내 생명을 취하소서! 오직 나만 남았습니다!"

그는 호렙 산에 이르러서도 기도했습니다. 하나님은 세미한 음성으로 응답해 주셨습니다. 사명자는 주어진 사명을 다하기까지 기도하는 것밖에 다른 방법이 없습니다. 하나님은 그가 혼자가 아님을 알게 하시고 새로운 사명을 주시고 엘리사를 후계자로 세우게 하셨습니다.

우리는 엘리사에게서도 하나님의 능력을 보게 됩니다. 갑절의 영감을 구했던 엘리사를 통해 하나님께서 역사하신 것입니다. 수넴 여인의 죽은 아들을 살리기 위한 기도, 불 말과 불 병거 환상 등 상식을 초월한 신비한 역사는 기도의 능력이었습니다. 기도는 불가능을 가능하게 하기 때문입니다.

"그의 눈을 열어서 보게 하옵소서······저 무리의 눈을 어둡게 하옵소서"(왕하 6:17-18).

선지자 이사야는 늘 성전에서 기도하던 제사장 출신이었습니다. 제사장들의 일과는 제사와 더불어 기도가 주류를 이루었습니다. 성전에서 일하는 레위 지파 사람들도 아침과 저녁으로 기도에 헌신했습니다. 성전에서 기도하던 이사야는 환상과 음성을 통해 하나님의 실존을 체험하고 "화로다 나여 망하게 되었도다"(사 6:5)라고 고백했습니다. 그는 사명을 깨닫고는 이렇게 고백했습니다. "나를 보내소서"(사 6:8). 특히 하나님이 듣지 아니하시는 기도, 기도의 응답을 가로막는 저해요소가 죄이며, 죄는 가장 심각한 응답의 방해물임을 깨달았습니다(사 59:1-2). 그는 기도를 권면했습니다.

"너희는 여호와를 만날 만한 때에 찾으라 가까이 계실 때에 그를 부르라 악인은 그의 길을, 불의한 자는 그의 생각을 버리고 여호와께로 돌아오라 그리하면 그가 긍휼히 여기시리라"(사 55:6-7).

'눈물의 선지자'로 알려진 예레미야는 국가의 위기가 백성들의 죄 때문이며, 그 죄는 하나님을 등진 것임을 파악하고 백성들에게 회개를 촉구했습니다. 국가와 민족의 위기를 온몸으로 겪으면서 슬픔의 기도를 드렸습니다. 그 역시 이해하기 힘들었던 악인의 형통에 대해서 실문기도를 했습니다. 이산, 기근, 감시, 포로 등 절망적인 상황에서도 기도했습니다. 권력자들과 거짓 선지자들에게 생명의 위협을 당하면서도 기도했습니다. 포로 이후 남은 자를 위해서도 기도했습니다.

다니엘은 느부갓네살의 꿈 해석 문제로 왕 앞에 불려가게 되었으나 문제해결의 키는 오직 하나님뿐인 것을 깨닫고 친구들과 합심하여 기도했습니다. 기득권층의 음모로 인한 위기 중에도 예전과 같이 시간을 정해 놓고 기도했습니다. 생명이 위협받는 상황에서도 하루에 세 번씩 무릎을 꿇고 기도하는 일을 멈추지 않았습니다. 그 결과 기도의 능력을 체험했습니다. 사자 굴에서도 함께하시는 하나님의 기적을 체험했습니다.

바벨론 왕궁에 머물러 있을지라도 그는 개인의 안위를 생각하지 않고 민족의 회복을 위해 기도했습니다. 때로는 금식하며 베옷을 입고 재를 무릅쓰면서 민족의 죄를 회개하며 기도했습니다.

"주여 들으소서 주여 용서하소서 주여 귀를 기울이시고 행하소서"(단 9:19).

에스라 역시 회개와 중보기도를 멈추지 않았습니다. 르훔과 심새의 지속적인 방해에 불구하고 기도했습니다. 무릎을 꿇고 하나님을 향하여 손을 들고 기도했습니다. 에스라의 이러한 태도에 감명을 받은 백성들도 통곡하며 기도에 동참했습니다.

크리스천 리더십의 본보기가 된 느헤미야 역시 조국을 위한 비탄의 금식기도를 드렸습니다. 산발랏과 도비야의 방해로 인한 계속되는 어려움과 견디기 어려운 분노 중에도 기도했습니다(느 4:7-9). 특히 백성들의 신앙과 도덕성 회복을 위해 금식하며 회개하며 기도했고, 사명을 마무리하면서도 모든 욕심을 버리고 하나님을 의지하며 기도했습니다.

4. 이스라엘 왕들의 기도

우리는 사울 왕에게서 불순종의 기도를 보게 됩니다. 기도의 형태는 갖추었으나 순종하지 않는 자의 기도를 하나님은 듣지 않으십니다. 사울 왕의 기도가 응답 받지 못한 원인이 무엇이었겠습니까?(삼상 14:35-42) 그것은 불순종과 교만 때문이었습니다.

사울의 기도에 대해 하나님은 꿈으로도, 우림으로도, 선지자로도 응답하지 않으셨습니다(삼상 28:6). 결국 사울은 회개하기보다 신접한 무당여인을 찾아갔습니다.

하나님은 너무 멀리 계셔서 듣지 못하는 것이 아니며, 손이 짧아서 능력이 모자라서 구원하지 않으시는 것이 아닙니다.

반면에 다윗에게서 기도 응답의 이유를 발견할 수 있습니다. 그 역시 실수와 허물이 있고 큰 죄를 범했지만 죄를 회개하고 하나님을 의지했기 때문입니다. 그는 왕으로서 권위를 내세우기에 앞서 항상 하나님께 엎드렸습니다. 하나님의 뜻을 묻고 지혜를 구했습니다.

"여호와께 여쭈어 아뢰되……어디로 가리이까"(삼하 2:1).
"내가 블레셋 사람에게로 올라가리이까……"(삼하 5:19-25).

다윗은 불의한 방법으로 밧세바에게서 얻은 자녀를 살리기 위해 필사적으로 기도했습니다. 그러나 그가 죽자 하나님의 뜻으로 받아들였습니다. 다윗은 항상 하나님의 축복을 갈망하며 기도했습니다(삼하 7:18-29).

"종의 집에 복을 주사 주 앞에 영원히 있게 하옵소서……영원히 복을 받게 하옵소서"(삼하 7:29).

법궤에 대한 두려움의 기도에서 다윗이 하나님을 경외하는 자였음을 확인할 수 있습니다(대상 13:12). 또한 다윗은 하나님의 은혜를 잊지 않고 감사하며 기도했습니다. 인구조사 후 온역으로 7만여 명이나 사망하는 국가적 재난을 당했을 때에도 망연자실하고 있는 것이 아니라 위기극복을 위해 진심으로 회개하며 기도했습니다(삼하 24:1-12). 다윗은 기근을 단순히 자연재해로 여기지 않았습니다. 재난의 원인을 하나님의 진노로 해석하고 자신의 교만을 회개했던 것입니다(삼하 24:10-17).

"내가 이 일을 행함으로 큰 죄를 범하였나이다……청하건대 주의 손으로 나와 내 아버지의 집을 치소서"(삼하 24:10, 17).

그의 문제해결 방식은 하나님의 긍휼을 의지하는 것이었습니다. 하나님의 징벌은 오늘날도 기근과 전쟁과 온역 등 자연재해의 형태로 나타나기도 합니다. 그러므로 이러한 현상을 단순한 자연현상으로 보는 것은 진정한 그리스도인들의 태도가 아니라 하겠습니다. 그리스도인들은 자연현상을 영적 안목으로 이해할 수 있어야 할 것입니다.

솔로몬에게서 우리는 정략결혼으로 인한 문제를 비롯한 인간적인 허물을 많이 발견할 수 있지만 그는 정치인으로서 분별력을 갖기를 원하며 하나님의 지혜를 구하였습니다(왕상 3:9-10). 성전을 봉헌할 때에 회중 앞에서 무릎을 꿇고 하늘을 향해 손을 펴고 기도하는 모습에서 하나님께 대한 경외하는 마음을 보게 됩니다(왕상 8:22-30). 그의 회고록이라 할 수 있는 전도서에서 좌충우돌하던 그의 생애를 통해 교훈을 얻게 합니다.

히스기야 왕은 위기에 처한 국가를 위해 기도했습니다(왕하 18:13-19:35). 오늘날에도 이런 지도자가 많이 있었으면 좋겠습니다. 그는 앗수르 왕 산헤립의 침략을 받자, 옷을 찢고 굵은 베를 입고 여호와의 전으로 가서 기도했습니다(사 37:1, 14-20). 개인적으로 건강에 문제가 생겼을 때에는 질병을 고쳐 주시도록 기도했습니다(왕하 20:1-7). 그는 생명 연장을 위한 기도의 응답으로 15년을 더 살 수 있었습니다.

"내가 네 기도를 들었고 네 눈물을 보았노라"(사 38:5).

그 이후에 왕위에 오른 아사 왕이나 여호사밧 왕 역시 주변 나라의 침공을 당하는 국가적 위기에서 나라와 민족을 위해 기도했습니다(대하 14:11, 20:3-23).

"우리 하나님 여호와여 우리를 도우소서 우리가 주를 의지하오며 주의 이름을 의탁하옵고 이 많은 무리를 치러 왔나이다"(대하 14:11).
"우리 하나님이여……오직 주만 바라보나이다"(대하 20:12).

유다 왕 므낫세는 12세에 즉위하여 55년 동안이나 통치했던 왕입니다. 그는 선지자 이사야를 죽인 역대 이스라엘 왕 중에서 가장 포악한 왕이었으며 바알과 아세라, 몰록 신을 숭배했던 우상숭배자였습니다. 그럼에도 불구하고 죄를 참회하며 회개할 때 하나님은 이런 사람까지도 용서하시고 긍휼을 베푸셨습니다(대하 33:10-13).

5. 성문서의 기도

1) 욥의 기도

욥은 매일의 일상생활에서 기도하였고, 고난 중에도 기도하는 사람이었습니다. 물론 시련을 극복하기까지 많은 우여곡절이 있었으나 끝까지 기도하며 인내함으로 고난을 극복하였습니다. 그는 고난 중에도 하나님을 원망하지 않고 기도했습니다(욥 1:20-22). 하나님의 공의를 인정하고 자비를 구하며 기도했습니다(욥 6:8). 고난의 이유를 알고자 기도했고(욥 10:2), 극한 고난 중에 죽음을 구하는 기도를 하기도 했습니다(욥 14:1-22). 그러던 중 깨달음을 얻게 되었습니다.

> "내가 가는 길을 그가 아시나니 그가 나를 단련하신 후에는 내가 순금 같이 되어 나오리라"(욥 23:10).
> "나는 비천하오니 무엇이라 주께 대답하리이까 손으로 내 입을 가릴 뿐이로소이다"(욥 40:4).
> "무지한 말로 이치를 가리는 자가 누구니이까 나는 깨닫지도 못한 일을 말하였고 스스로 알 수도 없고 헤아리기도 어려운 일을 말하였나이다 내가 말하겠사오니 주는 들으시고 내가 주께 묻겠사오니 주여 내게 알게 하옵소서"(욥 42:3-4).

2) 시편의 기도

다섯 권의 책, 150편의 시로 구성된 시편은 곡조 붙은 기도입니다. 시편의 기도를 구분하자면 공동체적인 재난, 전쟁, 흉년, 질병, 또한 대적하는 자들의 박해, 학대, 비난, 불행 등 개인적인 고난에 직면하여 하나님께 회개하며 구원을 간구하는 호소의 기도와 감사기도와 찬양기도로 분류할 수 있습니다.

(1) 호소하는 기도

호소의 기도는 "하나님이여!" 하면서 하나님을 부르며, 자신의 어려움을 토로하며 도우심을 간구하는 형태로 이어집니다. 그리고 구원을 기다리는 기도로 끝을 맺습니다(시 44, 60, 74, 79, 80, 83, 85, 3, 5, 6, 7, 13, 17, 22, 25, 26, 27, 28, 31, 35, 38, 39, 40, 42, 43, 51, 54, 55, 56, 57, 59, 61, 64, 68, 69, 70, 71, 86, 88, 102, 109, 120, 130, 140, 141, 142, 143편 등).

(2) 감사하는 기도

감사하는 기도에는 공동체의 승리에 대한 감사의 기도가 있으며(시 124, 129편 등), 개인적인 감사의 기도가 있습니다(시 18, 30, 32, 34, 40, 41, 66, 92, 100, 107, 116, 118, 138편 등). 감사의 기도는 고난 중에 구원해 주심에 대해 회상하면서 감사하고 있으며, 감사의 기도는 찬양의 기도로 승화되고 있음을 볼 수 있습니다.

(3) 찬양하는 기도

시편의 찬양하는 기도에는 창조주 하나님의 위대하심을 찬양하는 기도가 있습니다(시 8, 19, 29, 104편 등). 시온의 아름다움을 찬양하는 기도가 있습니다(시 46, 48, 76, 84, 87, 122, 137편 등). 구원의 역사를 찬양하는 기도가 있습니다(시 78, 81, 105, 106, 111, 114, 135, 136편 등). 하나님의 왕국을 찬양하는 기도가 있습니다(시 24, 27, 68, 93, 97, 98, 99편 등). 그리고 하나님의 율법을 찬양하는 기도가 있습니다(시 1, 19, 119, 33, 103, 113, 115, 145-150편 등).

제4장 신약성경의 기도

1. 예수 그리스도의 기도

예수 그리스도는 공생애 사역을 시작하기 전에 기도로 준비하셨습니다. 사역 초기 광야에서의 40일 금식기도는 생사를 넘나들며 생사를 건 기도전쟁이었습니다. 밤낮의 기온 차와 뜨거운 태양 아래서의 굶주림과 목마름을 견디며 이겨내야 하는 시간이었습니다. 사탄의 유혹은 기도현장의 상황을 잘 대변해 주고 있습니다.

예수님은 기도로 하루를 시작하셨으며, 식사할 겨를도 없을 만큼 분주했으나 그의 모든 사역에서 기도가 최우선이었습니다. 일상생활로서 기도하는 습관을 가지셨습니다. 예루살렘에 머무실 때에는 주로 감람산을 즐겨 찾으셨는데, 감람산은 자주 찾아가는 기도 장소였습니다. 십자가에 처형당하시기 직전 잡히시던 날에도 겟세마네 동산에서 기도하셨습니다. 운명하시기 전까지 골고다 십자가에서도 기도하셨습니다. 십자가에 달려 있는 와중에도 예수 그리스도는 친히 기도하셨고, 기도를 들으셨으며, 기도를 가르치셨고, 기도 응답을 약속하셨습니다.

왜 예수님은 그토록 기도에 몰입하셨을까요? 기도는 생명의 원천이신 하나님과의 소통의 연결고리이기 때문입니다. 기도는 강력한 자의식과 사람과 사물과 사건에 대한 통찰력을 제공하기 때문입니다. 기도는 자신의 사역이 하나님의 일이라는 것을 파악할 수 있게 하였기 때문입니다.

  공생애 사역에 나타난 예수님의 능력은 지속적인 그의 기도생활에서 나온 것이었다고 해도 과언이 아닐 것입니다. 예수님은 고요한 가운데 빈 들이나 산으로 나가 아버지 하나님의 음성을 듣고자 하셨습니다. 하나님의 뜻을 기꺼이 받아들이셨습니다. 그러므로 예수님은 이 시대를 살아가는 우리에게 기도의 모델이십니다.

1) 친히 기도하셨습니다

  광야에서 40일 금식하며 기도하셨습니다. 한밤의 고요한 시간에 홀로 산에서 기도하셨습니다. 새벽기도와 산기도는 그의 사역에서 중요한 부분이었습니다. 습관적으로 한적한 곳을 찾아 기도하셨습니다. 밤을 지새우며 기도하셨습니다. 그렇지만 변화산 사건에서 보여 주듯이 기도하는 그 자리에 머물러 계시지 않았습니다.

2) 기도의 본을 보이셨습니다

  아버지의 영광을 위해 기도하셨습니다. 자신은 물론 제자들과 교회를 위해 기도하셨습니다. 겟세마네의 기도는 오늘날 우리에게도 동일한 기도의 주제가 됩니다.

  "나의 원대로 마시옵고 아버지의 원대로 하옵소서"(미 26:39).

  예수님의 기도는 십자가상에서도, 부활 이후에도 계속되었고, 천상에서도 이어지고 있습니다.

3) 기도를 가르치셨습니다

주기도문을 통해 기도를 가르치셨습니다(마 6:9-13).

"구하라……찾으라……두드리라"(마 7:7).

강청의 기도(눅 11:5-8, 18:1-8)와 바리새인과 세리의 비교되는 기도(눅 18:9-14)를 통해서도 가르치셨습니다.

4) 기도에 응답하셨습니다

백부장의 기도(마 8:5-13) : "네 믿은 대로 될지어다!"
풍랑 속에서의 기도(마 8:23-27) : "바다야 잔잔하라!"
회당장 야이로의 딸을 살리심(마 9:18-19, 23-26) : "달리다굼!"
혈루증 걸린 여인의 기도(마 9:20-22) : "딸아 안심하라 네 믿음이 너를 구원하였다."
귀먹고 말 더듬는 자를 위한 기도(막 7:31-37) : "에바다!"

5) 기도의 응답을 약속하셨습니다

"내 이름으로 무엇이든지 내게 구하면 내가 행하리라"(요 14:14).

"너희가 내 안에 거하고 내 말이 너희 안에 거하면 무엇이든지 원하는 대로 구하라 그리하면 이루리라"(요 15:7).

"지금까지는 너희가 내 이름으로 아무것도 구하지 아니하였으나 구하라 그리하면 받으리니 너희 기쁨이 충만하리라"(요 16:24).

2. 기도의 표준 모델

예수님이 제자들에게 가르치신 기도의 표준 모델을 우리는 '주기도문'이라고 합니다. 주기도문은 공동체적 기도의 모형으로, 그 가치와 의미를 잘 이해하지 못하고 습관적으로 암송하거나 그 가치가 퇴색되어 있습니다. 그렇지만 주기도문은 기도의 구체적인 방법뿐만 아니라 주님을 따르는 사람들의 지상에서의 사명을 가르쳐 주고 있습니다. 그러므로 주기도문의 참된 의미가 무엇인지를 새롭게 발견할 수 있어야 할 것입니다. 여기서 주기도문을 통해 가르치고자 하신 교훈의 핵심을 이해할 수 있기를 바랍니다.

1) 하늘에 계신 우리 아버지여!

기도의 대상은 아버지이신 하나님입니다. 기도하는 사람이 기도의 대상을 제대로 알지 못한다면 무슨 소용이 있겠습니까? 그리스도인의 기도의 대상인 하나님은 하늘에 계신다고 했습니다. 여기서 하늘은 우주공간을 의미하는 것이 아니라 하나님이 계시는 신적인 공간(장소)을 의미하는 동시에 하나님은 가장 높고 위대하신 분이라는 사실을 나타냅니다.

성경에는 여호와(야훼), 엘로힘, 엘 샤다이, 아도나이 등 하나님의 다양한 호칭이 나타나 있습니다. 그런데 예수님은 제자들에게 유대인들이 거의 사용하지 않았던 '아버지'라는 호칭을 가르치셨습니다. '아버지'는 아람어로 '아빠'(Abba)라 하는데, 흥미롭게도 우리 말 아빠와 같습니다.

아버지는 하나님과 예수님의 영원 전부터의 특수한 관계를 나타내는 호칭이며, 하나님의 부성을 나타내는 용어이지만, 이제 하나님을 경외하는 모든 사람들이 하나님의 가족으로서 아버지라 할 수 있는 특권을 부여받았음을 나타냅니다(요 1:12; 갈 4:6; 롬 8:15). 아버지란 자녀가 아버지를 부르거나 제자가 스승을 부르는, 매우 가족적이고 친근하며 가까운 관계를 표현하는 용어입니다. 그러므로 기도하는 사람은 기도할 때에 하나님께 대한 경외감과 친밀감을 가지고 기도할 수 있어야 할 것입니다.

2) 이름이 거룩히 여김을 받으시옵소서!

하나님의 이름은 하나님 자신을 가리키며 그의 인격을 의미합니다. 하나님은 스스로 존재하시며, 시간적으로 영원(무궁)하시고, 공간적으로 무한하시며, 변하지 않으시는 분이십니다. 전능하시고 지혜로우시며, 거룩하시고 공의로우시고 인자하시며 진실하신 하나님이십니다. 우주와 만물을 창조하신 조물주이십니다. 하나님께서 창조하신 우주만물은 맹목적으로 존재하는 것이 아니라 하나님의 절대주권에 따라 하나님의 뜻(의지)과 섭리 가운데 창조되고 유지되고 있는 것입니다.

그러므로 하나님은 만물의 창조자로서 위엄과 명예와 영광에 합당하게 존귀와 찬양과 영광을 받으시는 것이 마땅합니다(시 145:10). 그래서 하나님께서 하나님의 이름에 합당하게 예우를 받으시기를 원하십니다.

아버지의 이름이 거룩히 여김을 받는다는 것은 피조물이 창조 목적에 따라 하나님을 우러러 높이며 찬양하는 것입니다. 만물이 하나님의 본래 목적과 뜻에 따라 존재하며 기능하는 것을 말합니다.

그리스도인의 삶의 목적은 하나님께 영광을 돌리는 것입니다(고전 10:31). 하나님께 영광을 돌리는 것이란 하나님께서 하나님 대접을 받으시는 것입니다. 우상이나 권력자나 뛰어난 자연경관이나 사나운 동물이나 사탄의 세력이 하나님 노릇을 하거나 하나님 대접을 받아서는 안 된다는 것입니다.

그렇지만 현실은 정반대인 경우가 많습니다. 하나님의 영광이 빛나기보다 인간의 능력을 더 높이 평가하며 슈퍼스타로 예우하기 때문입니다. 스포츠, 연예를 비롯한 사회 각 분야에 상(賞)이나 패(牌), 훈장(勳章)이나 메달을 통해 인간이 대단한 존재인 양 떠받들어지기도 합니다. 이러한 행위들은 어쩌면 헤롯처럼 하나님의 영광을 가로채는 행동일지도 모릅니다.

창조주이신 여호와 하나님의 이름은 세계 만민이 존귀하고 거룩하게 여기며 불러야 할 귀한 이름입니다(시 9:10). 그렇기 때문에 십계명은 하나님 여호와의 이름을 망령되이 부르지 말아야 함을 경고하고 있는 것입니다. 하나님의 아름답고 존귀한 이름이 더럽혀져서는 안 된다는 것입니다(레 22:32; 시 8:2, 10).

3) (하나님의) 나라가 임하게 하시옵소서!

그리스도인은 하나님의 나라에 대한 분명한 개념을 갖고 있어야 합니다. 하나님의 나라는 구약성경의 긴 역사에 잘 나타나 있습니다. 하나님의 나라는 죽어서 가는 막연하고 추상적인 공간개념이나 내세적이고 현실도피적인 개념으로 이해할 것이 아닙니다.

하나님의 나라는 하나님의 통치(다스리심)와 하나님의 절대주권이 미치는 모든 통치영역을 말합니다. 이 나라는 예수님을 통해 시작되었고, 현존하며 신행 중인 미완성의 상태이나, 예수님의 새 림으로 완성될 나라로서 현재진행형이며 미래형이기도 합니다.

이 나라의 성격은 정치권력이나 무력이나 경제력으로 지배하려는 집단이 아니라 인간의 심령을 변화시키고 자유와 행복을 주는 영적인 특성을 가지고 있습니다. 인간이 주도하는 권력다툼과 폭력과 거짓과 기만과 고통의 나라가 아니라 왕이신 주님께서 다스리시는 사랑과 정의와 평화가 가득한 새로운 의미의 세계인 것입니다.

하나님의 통치는 주님과 동행하는 삶, 죄에서의 해방과 구원, 하나님의 사랑과 정의와 평화, 성령 안에서의 치유와 행복, 하나님과의 관계회복 등의 특성을 가집니다. 예수님은 "내 나라는 이 세상에 속한 것이 아니니라"고 하셨는데, 이 말씀은 하나님의 나라가 이 세상 나라와 상관이 없음을 의미하는 것이 아니라 '내 나라는 이 세상으로부터 유래하지 않는다'는 것입니다. 즉, 하나님 나라의 기원이나 역동성이 이 세상의 권력이나 문화나 정치로부터 시작된 것이거나 발전된 것이 아니라는 것입니다(요 18:36).

우리가 하나님의 나라가 임하기를 기도하는 것은 하나님의 통치를 받아들이는 것이며, 하나님 나라의 시민권과 지상나라의 국적을 가진 자로서 정의와 사랑이 넘치는 사회를 소망하는 것이며, 그러한 세상을 만드는 것이 그리스도인의 사명이라는 것을 인식하는 것입니다. 세상을 악의 소굴로 보고 세상을 등지고 버리는 것이 아니라 이 세상을 선교영역으로 보고 이 세상에서 빛과 소금의 삶을 살아가는 것입니다.

4) (하나님의) 뜻이 하늘에서 이룬 것같이 땅에서도 이루어지게 하소서!

하나님의 뜻은 인간을 포함한 모든 피조세계에 대한 하나님의 계획과 설계입니다. 분명한 목적과 방향이 있는 하나님의 의지적 결정으로서, 그 실현과정을 우리는 섭리(攝理)라고 말합니다. 그러므로 하나님의 뜻은 협상이나 타협의 여지가 없으며, 영원불변하고 효과적이며 포괄적이고 무조건적입니다. 반드시 그 뜻대로 이루어지는 필연적인 것입니다.

이러한 하나님의 뜻에는 우주와 만물을 향한 하나님의 뜻과 인간

(나)을 향한 뜻이 있습니다. 이러한 하나님의 뜻은 성경을 통해 계시되어 있습니다. 그러므로 그리스도인들은 영적 분별력과 통찰력으로 하나님의 뜻을 이해할 수 있어야 합니다. 하나님은 성경을 통해서뿐 아니라 성령의 감동과 감화와 강권함, 사람과 사건을 통한 인도하심, 기도와 상담을 통해서도 그의 뜻을 깨닫게 하십니다.

하나님은 그가 창조하신 만물이 그의 창조 목적에 따라 시작되고 진행되며 완성되기를 원하십니다. 그러므로 이 기도의 목적은 태초에 하나님께서 계획하셨던 하나님의 창조 목적이 이 땅에서 구현되어야 한다는 것입니다. 아직 하나님의 뜻이 이루어져야 할 영역이 많이 남아 있음을 의미하기도 합니다. 사탄의 세력들과 반(反)복음적인 세력들로 인해 방해받고 있고 도전받고 있다는 것입니다.

특히 우리의 기도는 내 뜻을 강요하는 것이 아니라 하나님의 뜻을 알고 하나님의 뜻에 순종하기 위한 것이어야 합니다. 예수님의 겟세마네의 기도는 우리의 기도의 태도가 어떠해야 함을 보여줍니다. 그러므로 우리는 각자가 처한 삶의 현장에서 나를 향한 하나님의 뜻을 알고자 애쓰고, 또한 그 뜻이 나를 통해서 이루어지도록 기도할 수 있어야 합니다.

예수님은 하늘과 땅의 주님이십니다(마 11:27, 28:18). 하늘에서와 같이 이 땅에서도 이루어지기를 기도하는 것은 예수님의 주된 관심사가 바로 이 땅(세상, 인간)이라는 것입니다. 그러므로 하늘에서 하나님의 통치가 완벽하게 현존하고 그분의 뜻이 절대적으로 이루어진 것처럼 땅에서도 그렇게 되기를 기도하라는 것입니다. 그것은 인간의 노력에 의해서가 아니라 하나님의 능력으로만 가능한 것이기 때문입니다.

5) 오늘 우리에게 일용할 양식을 주시옵소서!

공중의 새와 들풀까지도 먹이시고 입히시는 하나님은 인간의 필요를 아십니다. 여기서부터는 '우리'의 필요와 관련된 기도입니다. 개인뿐만 아니라 모든 그리스도인들의 공동체를 위한 기도이기도 합니다. 왜냐하면 일용할 양식은 육의 양식과 영의 양식 등 삶의 기본적인 필요와 관련된 것이기 때문입니다.

출애굽한 이스라엘 백성들에게 만나를 일용할 양식으로 주셨던 것처럼 일상의 필요를 채워 주실 것이기에 내일을 위해 걱정하지 말라고 하십니다(마 6:19-34). 하나님은 인간의 탐욕은 채우실 수 없지만 기도하는 사람들의 필요를 채우시는 분이십니다(시 104:27-28, 145:15-16). 매일의 삶에 필요를 구하는 것은 초보 신자들만의 기도가 아닐 것입니다. 그것은 모든 것이 주님께로부터 온다는 사실, 즉 하나님이 만물의 주인이시라는 것을 인정하는 것이며, 하나님께 대한 절대적인 신뢰인 것입니다.

일용할 양식에 대한 기도는 모든 양식이 인간의 수고를 통해 얻어진 것일지라도 그것이 하나님의 선물이라는 인식의 변화가 있어야 함을 깨우쳐 줍니다. 또한 일용할 양식이 없는 가난한 사람들과 함께 나눌 수 있어야 한다는 가르침을 줍니다(약 2:15-16).

6) 우리가 우리에게 죄지은 자를 사하여 준 것같이 우리의 죄를 사하여 주시옵소서!

죄란 하나님께 대한 불순종과 하나님의 뜻을 거스르고 거역(반역)하는 모든 행동을 말합니다. 이러한 죄는 십계명과 율법의 613가지로 상세하게 규정하고 있어서, 그 누구라도 죄에서 벗어나 완전한 삶을 추구할 수 없는 어쩔 수 없는 죄인임을 드러내고 있습니다. 그것은 단순히 종교적 의무에 대한 불이행이 아니라 하나님과의 관계를 파괴하는 것입니다. 그래서 성경은 "의인은 없다"고 선언하고 있는 것입니다.

죄는 사회생활에서 인간과 인간 사이의 관계에서 만들어지는 것이 다반사입니다. 죄는 사회적이며 구조적인 요소를 갖고 있어서 이웃에게 물질적 손해나 정신적 피해를 입힌 것 모두가 죄입니다. 죄는 사람에게서 평안과 기쁨을 빼앗아 가고 행복을 파괴하는 암세포와도 같습니다. 그러므로 죄의 문제는 반드시 해결되어야 합니다.

예수님의 십자가는 우리의 죄 문제를 해결하여 우리를 구원하신 역사적 사건이었습니다. 그러므로 우리는 우리의 죄를 용서해 주시는 주님께 죄 용서를 기도하는 것입니다. 십자가에서의 단번에 원죄에 대한 죄 사함이 이루어졌지만 우리의 삶은 일용할 양식을 구하듯 죄 용서를 위한 기도를 지속할 수밖에 없을 것입니다. 우리는 육체를 입고 있는 동안 죄에서 완전히 벗어날 수 없는 부패성을 지닌 인간으로서, 용서를 필요로 하는 존재이기 때문입니다.

타인을 용서하는 것은 하나님의 용서를 구하는 전제조건이 됩니다. 그것은 공로나 도덕적 능력의 탁월함이 아니라 우리가 다른 사람들을 용서하는 것이 우리에 대한 하나님의 용서와 밀접하게 관련되어 있기 때문입니다(마 6:14-15). 하나님의 용서만이 구원을 가능하게 하는 것처럼 인간 상호간의 용서만이 개인과 개인, 개인과 공동체를 회복시킬 수 있는 유일한 방법이기 때문입니다.

죄의 용서는 빚(부채)의 면제(탕감)와 깊은 관련이 있습니다. 그리스도인은 죄 사함을 받은 죄인들입니다. 큰 빚(하나님께 대한 죄)을 탕감 받은 자들로서 작은 빚(이웃의 잘못)을 탕감해 주도록 요구받고 있습니다(마 18:23-35).

갈수록 생존경쟁이 치열해지고 이기주의가 팽배해져 가는 세상에서 갈등과 분노의 감정에서 빠져나오는 길은 하나님께 용서를 구하고, 우리에게 행악하는 자들에 대한 심판을 하나님께 맡기는 것입니다. 십자가에서 용서가 무엇인지를 보여주신 예수님처럼 용서하는 방법밖에 없습니다. 그렇지 않으면 분노와 적대감으로 인한 보복의 악순환이 계속될 수밖에 없기 때문입니다. 용서는 궁극적으로 우리 자신의 영적 건강을 위해서도 필수적인 요소입니다.

7) 우리를 시험에 들게 하지 마시고 악에서 구하옵소서!

사탄의 세력으로부터의 유혹에 빠지지 않고 구원해 주시기를 간구하는 기도입니다. 사탄의 유혹은 언제나 파괴적입니다. 사탄은 때로는 광명한 천사로, 우는 사자로 변신하여 우리를 위기에 빠뜨리려 합니다. 그러므로 그리스도인들은 사탄의 정체를 분명히 파악하고 항상 깨어 있어야 하며, 신앙과 진리로 무장하고 있어야 합니다(마 26:41).

인류의 고통과 불행은 인간의 대표였던 아담이 사탄의 유혹을 물리치지 못하고 굴복한 데서 시작되었습니다. 사탄의 시험은 예수님의 탄생으로부터 광야 시험과 공생애 그리고 십자가에서의 죽음을 앞둔 자리에까지 계속되었습니다.

이러한 사탄의 세력은 강력하고 노골적이며 두려움의 대상이기도 합니다. 사탄은 추상적인 막연한 존재가 아니라 이미 자기에게 굴복한 악한 사람을 통해 역사하며, 우연히 마주치는 악한 자가 아니라 의도적이며 계획적으로 우리에게 접근하여 유혹하는 세력입니다. 우리는 자신의 수행이나 노력으로 이길 수 없는 것이기에 하나님의 도우심을 기도해야 하는 것입니다. 하나님의 능력을 힘입어야 승리할 수 있기 때문입니다.

예수님을 괴롭혔던 사탄은 그 누구라도 유혹을 통해 악의 세계로 이끌어 갈 수 있습니다. 갈라디아서 5장 17-20절의 죄의 목록과 고린도후서 12장 20절의 교회 공동체 내에서 벌어지는 부정적인 어둠의 행위도 사탄이 그 배후인 것입니다. 예수님은 사탄의 유혹에 굴복하지 않으셨습니다. 그것들과 맞서 투쟁하셨고 승리하셨으며 악에서 벗어나셨습니다. 누구나 유혹을 받을 수 있으나 그 유혹에 굴복하지 말아야 합니다.

사탄의 유혹으로부터 면제받은 사람은 없습니다. 사탄의 유혹은 육신의 정욕과 안목의 정욕과 이생의 자랑을 통해 침투합니다. 하나님께 대한 불순종의 요소들은 사탄이 접근하는 미끼이며 통로가 되기 때문에 오감(五感)을 통해 옵니다. 그러므로 마음의 악과 악업(惡業)과 악한 행위를 버리고 죄를 멀리할 수 있어야 합니다. 사탄에게 빌미를 제공하지 말아야 한다는 것입니다.

항상 하나님 편에 서며 하나님을 가까이하며 살 수 있어야 합니다. 옛 사람과의 갈등에서 벗어나 악의 세력과 악의 성향으로부터 벗어나야 합니다. 세상의 논리와 기준을 따르기보다 하나님의 말씀에 귀기울여야 합니다. 번쩍이는 세상 영광에 도취되지 않도록 절제하고, 세상의 부귀영화와 사리사욕에서 벗어나야 합니다. 불의한 자들의 성공과 형통을 부러워하지 말아야 합니다. 하나님께서 원하시는 길을 끝까지 따라갈 수 있어야 합니다. 그렇지 않으면 어리석은 부자와 같이 되고 말 것이기 때문입니다.

8) 나라와 권세와 영광이 아버지께 영원히 있사옵나이다

이것은 주기도문의 송영(찬송) 부분으로 하나님의 영광을 위한 기도입니다. 고대 사본에는 이 부분에 대한 기록이 보이지 않아 후대에 첨가한 것으로 보기도 하나 앞선 기도에 대해 찬양으로 마무리하는 의미를 주고 있습니다.

여기 송영은 하나님 나라의 주권이 하나님께 있음을 다시 한 번 선언하고, 하나님의 권세와 영광이 영원하다는 것을 노래합니다. 인간 세상의 그 어떤 권력이나 사상도 영원할 수 없습니다. 바빌론, 앗시리아, 페르시아, 그리스, 로마가 그러했고 전제주의, 군국주의, 나치, 공산주의, 독재주의 또한 그러했습니다. 그것들은 유효기간이 있고 유통기간이 있을 뿐입니다. 그러나 하나님의 나라, 하나님의 권세, 하나님의 영광은 영원할 것입니다.

3. 초대교회와 사도들의 기도

사도들과 초기 그리스도인들은 약속의 성령을 기다리며 기도에 집중했습니다. 마가 다락방에서 성령을 기다리며 기도했고, 전도와 치유사역이 활성화되도록 합심하여 기도했습니다. 투옥되어 있는 베드로를 위해 기도했습니다. 매일의 일상에서 기도했습니다.

일정한 시간을 정해 놓고 기도했습니다. 베드로와 요한, 백부장 고넬료의 기도생활이 보여주듯이 시간을 정해 놓고 기도했습니다. 최초 순교자가 된 스데반은 죽어 가면서도 기도했으며, 바울과 실라는 옥중에서 기도했고, 난파선 위에서도 기도했습니다.

무엇보다도 사명을 감당하기 위해 기도했습니다. 사도들의 주요 사역은 기도와 말씀 전하는 것이었기 때문입니다.

안디옥 교회는 선교사 파송을 위해서도 금식하며 기도했습니다 (행 13:2-3). 요한은 유배지 밧모 섬에서도 기도를 멈추지 않았습니다.

제5장 기도의 능력

1. 기도의 필요성과 중요성

기도에 관한 많은 저술을 남긴 바운즈(E. M. Bounds)는 "기도는 기도하는 사람을 특별한 은총의 세계로 인도하며, 하늘의 능력과 부를 땅으로 끌어내려 유한한 인간을 도와준다"고 하였습니다. 그는 그의 저서에서 이렇게 선언했습니다.

"오직 기도의 사람 외에는 어떤 사람도 위대하고 영원한 하나님의 일을 감당할 수 없다."

역사에 흔적을 남긴 기도의 사람들은 기도의 필요성과 중요성을 아는 사람들이었습니다. 기도의 사람들은 기도를 통해 전쟁에서 승리함으로 불의의 세력들을 물리칠 수 있었고, 사자들의 입을 막으며 칼날을 피하기도 하면서 함께하시는 하나님의 능력을 보았고, 하나님의 기적을 체험하였습니다.

"의인의 간구는 역사(役事)하는 힘이 크니라"(약 5:16).

성경은 이와 같이 선언적으로 논증하고 있습니다. 이 말씀은 이론이 아니었습니다. 구약시대 많은 권능을 나타내 보였던 선지자 엘리야에게만 한정된 것이 아닙니다. 그러므로 종교개혁자 루터(M. Luther)나 녹스(J. Knox)나 청교도 혁명가 크롬웰(Oliver Cromwell) 역시 일평생 무릎을 의지했던 것입니다.

기도는 그 어떤 성령의 은사나 남다른 재능보다 낫다고 단언할 수 있습니다. 기도는 하나님의 보좌를 움직이는 힘이기 때문입니다. 기도는 하나님께서 그리스도인들에게 명하신 최상의 일이기도 합니다. 그러므로 우리의 일상에서 그 어떤 일보다 먼저 해야 할 일이 기도입니다.

기도는 무한한 하늘의 자원을 끌어들이는 것이며, 그 위대한 자원을 활용하는 것입니다. 기도는 최상의 양약(良藥)이며 치료제입니다. 기도는 성공의 비결이기도 합니다. 모든 문제의 해답이 기도를 통해 얻어지기 때문입니다. 그러므로 기도는 삶의 최우선순위를 차지해야 하며 습관화되어야 하고 생활화되어야 한다. 신앙의 연륜과 깊이를 더할수록, 자신에게 맡겨진 사명이 무거울수록 기도의 분량은 정비례하여야 합니다.

기도는 하나님을 경외하는 믿음의 표현입니다. 기도는 행동하는 믿음입니다. 기도는 그 자체로 위대한 사역입니다. 우리는 기도를 통해 하나님을 가까이함으로 자연스럽게 경건의 훈련이 이루어지는 것을 경험하게 됩니다. 기도를 통해 하나님의 뜻을 분별하여 알게 되고, 전능하신 하나님께 순종하며 헌신하는 삶을 살게 됩니다. 순종과 헌신의 삶에 필요한 에너지는 주님께서 공급해 주실 것을 믿기 때문에 염려할 것이 없습니다.

기도하는 일에 시간을 보내는 것은 아까운 세월을 허송하는 것이 아닙니다. 기도는 쓸데없는 혼잣말이나 넋두리가 아닙니다. 그야말로 겸손히 하나님의 은혜를 구하는 인간의 가장 고상한 행위입니다. 하나님의 보좌를 움직이는 방법입니다. 개개인의 심령에 내재된 악의 쓴 뿌리를 제거하고 평안과 자유를 얻으며 하나님의 긍휼과 은혜를 입는 통로입니다. 하나님께 통회자복하면 용서해 주시고, 위로와 평안과 치료의 은총을 베풀어 주시기 때문입니다.

기도를 통해 우리의 연약한 믿음이 강한 믿음으로 변화되고 성장하게 됩니다. 기도를 통해 영적 세계에 더 깊은 관심을 갖게 됩니다. 거룩하신 하나님의 형상을 닮아 가게 되어 덕망 있는 사람의 모습으로 변모하게 됩니다. 또한 기도함으로 죄를 회개합니다. 죄를 싫어하고 증오하며 멀리하게 됩니다. 신자들을 시시각각으로 유혹하는 사탄의 세력을 제압할 수 있게 됩니다. 기도함으로 하나님의 천군과 천사의 도움을 받게 됩니다. 기도생활에 전력투구하는 만큼 거짓과 불의를 멀리하게 됩니다. 말과 생활이 성결해지고 고상해지게 됩니다.

그러므로 기도를 게을리 하지 말아야 합니다. 기도하다가 중단하지 말고 응답이 있을 때까지 기도할 수 있어야 합니다. 하나님은 하나님께서 정하신 때가 되면 어떤 형태로든지 응답하실 것이기 때문입니다.

하나님께 구하여서 얻는 것이 기도의 법칙입니다

우리는 너 나 예외 없이 기도를 통해 마음의 무거운 짐을 내려놓고 기도할 수 있어야 합니다. 마음을 열어 놓고 기도할 수 있어야 합니다. 기도 응답을 경험하고 진리 안에서 자유와 즐거움을 누리며 살 수 있어야 합니다. 그리스도를 본받기 원하는 신자들이라 할지라도 일상에서 경건과 성결을 추구하지만 여전히 죄로 더럽혀진 세속에 살고 있기 때문입니다. 기도는 분명 이 악한 세상에서 영적 전쟁의 강한 무기로서 자신을 지키고 중보기도를 통해 다른 사람을 지킬 수 있는 무기임에 틀림이 없습니다.

2. 기도에서의 성령의 역할

성령은 인격을 가지신 삼위일체 하나님이십니다. 신자는 성령의 조명(illumination)으로 하나님을 인식하고 하나님의 뜻을 알게 됩니다. 성령의 역사는 이성 만능주의적 인식으로는 알 수 없는 것이 많습니다. 우리가 기도하는 것은 인간의 필요와 욕구를 채우기 위한 심리적 활동 그 이상이기 때문입니다.

기도는 하나님의 말씀을 청종하고 하나님의 뜻에 순종하기 위함이지, 그 이상도 그 이하도 아닌 것입니다. 그러므로 신자는 세상의 이치를 파악하고 사물의 특성을 이해하는 이성적 능력을 소유하는 것 외에도 성령의 역사에 민감할 수 있어야 합니다.

기도하는 사람이 성령의 임재를 체험하게 될 때 영적 소생과 활력과 기쁨을 얻게 됩니다. 신바람 나는 인생을 살게 됩니다. 초대교회는 성령 중심이었습니다. 윤리학자 바네트(H. H. Barnette)는 성령의 역할에 대해 "성령은 그리스도인의 삶 전체에 관련되어 있다"고 했습니다. 그러므로 성령의 도우심과 인도하심이 없는 그리스도인의 삶은 공허할 뿐입니다.

1) 성령은 우리의 사정을 아십니다(고전 2:11)

성령은 인간의 가련함과 본성적 비참함을 깨닫게 하십니다. 죄를 깨달았어도 죄 문제를 해결하고 죄에서 벗어나 새사람의 길을 가는 대전환점에서 성령의 도우심은 절대적입니다. 성령은 중생과 회개와 거듭난 자의 삶을 살아갈 수 있도록 도우시는 하나님이시기 때문입니다. 우리가 무엇을 구해야 할지 알지 못하나 성령께서 우리를 도우십니다(롬 8:26-27).

왜 성령의 인도와 도우심이 필요하겠습니까? 우리의 기도가 자기의 욕구를 채우고자 하는 수준에 머물 수 있기 때문입니다. 성령 안에서 기도할 때 자기중심적인 초보수준의 기도에 머물지 않고 하나님의 뜻에 일치된 기도를 드릴 수 있습니다.

성령 안에서 기도한다는 것은 예수 그리스도를 통하여 기도한다는 의미입니다. 하나님의 사랑 안에서 기도하는 것과 같은 의미이기도 합니다. 성령은 보혜사(Comforter)로서 그 누구보다도 우리의 사정을 아시며 돕고자 하십니다. 동시에 성령은 상황과 처지와 사건 속에서 우리에게 하나님의 뜻을 분별하여 알게 하십니다.

2) 성령은 간구의 영이십니다(슥 12:10)

성령은 보혜사로서 그리스도와 더불어 우리의 중보자가 되십니다(롬 8:34, 26-27; 히 7:25). 우리를 위하여 항상 기도하시는 분이십니다. 우리에게 하나님을 아바 아버지로 부르게 하시며 진리를 따라 살아가도록 인도하십니다.

모든 사람은 나이나 신앙의 연륜에 상관없이 선악의 분별력이 약화되고 유혹에 빠질 위험성에 노출되어 있습니다. 그러므로 성령의 도우심 없이는 우리가 범죄할 수밖에 없고 타락할 수밖에 없는 것입니다. 그러므로 구원받은 사람들은 성령의 감동과 감화와 인도하심에 따라서 살아갈 수 있도록 영적 채널을 고정하고 성령의 인도하심에 순응해야 합니다. 그렇지 않으면 성령을 거스르는 결과를 가져오는 경우가 허다합니다.

3) 성령은 우리의 연약함을 도우십니다(시 86:11)

많은 사람들은 구하여도 얻지 못하고 응답이 없는 기도생활을 반복하고 있습니다. 우리의 마음을 감찰하시고 우리의 영적 세계까지도 감찰하시는 성령은 우리가 하나님의 뜻을 따라 기도하기를 원하고 계십니다. 무엇을 그리고 어떻게 기도해야 할지를 알게 하시고, 진정으로 효력이 있는 기도를 할 수 있도록 도우십니다.

그러므로 우리는 성령 안에서 기도해야 합니다(엡 6:18). 성령께서 구할 바를 알게 해달라고 도우심을 구해야 합니다. 성령의 도우심이 없이는 그 누구도 하나님의 뜻과 진리를 바르게 분별할 수 없고, 성령의 도우심이 없이는 그 누구도 하나님께 나아갈 수 없기 때문입니다(엡 2:18).

우리가 믿음이 있다고 할지라도 성령의 도우심이 없다면 우리는 중언부언할 수밖에 없고, 진리에 순종하며 살아갈 수도 없습니다. 믿음과 행위가 일치된 삶이 불가능하다는 것입니다. 많이 기도하여도 거짓된 기도, 위선적인 기도를 할 수밖에 없습니다. 하나님은 이러한 기도를 가증스럽게 여기십니다(마 23:14; 막 12:40; 눅 18:11-12; 사 58:2-3). 그러므로 올바른 기도와 응답 받는 기도는 모두 성령의 도우심으로만 가능한 것임을 인식해야 합니다.

기도자여! 성령을 따라 행하십시오! 성령을 따라 행하는 것이란 자신의 감정과 생각에 의존하는 것이 아니라 진리(계시) 의존적 사색과 성령의 인도하심을 사모하며 실제적으로 조심스럽지만 결단력 있게 행동하는 것입니다. 성령의 충만을 받으십시오! 성령 충만은 여러 의미로 해석될 수 있지만 자기 아집과 욕망을 추종하기보다 진리의 성령께 사로잡힌 삶을 사는 것입니다. 성령의 열매를 맺으십시오! 성령의 열매는 성령을 따라 산 결과물이며, 성령 충만의 산물로서 하나님과의 관계, 이웃과의 관계, 자아와의 관계에서 성령으로 말미암아 변화된 모습입니다.

하나님과의 신비한 만남의 세계인 기도여행에서 방해되는 요소는 지나친 자아 의존입니다. 특히 기도하는 자들은 기도 응답과 성공에 관심을 두지만 하나님은 기도의 응답 여부에 상관없이 우리의 성숙에 더 관심을 두신다는 사실을 알 수 있어야 합니다.

기도하는 사람은 때때로 자아를 깨뜨려야 하며 자존감을 버릴 줄 알아야 합니다. 때로는 유익한 것을 포기해야 하고 손해를 감수할 수 있어야 합니다. 은혜를 더 받아 누리기 위한 노력보다도 고난당하는 이웃의 필요에 더 관심을 가질 수 있어야 합니다. 기도는 기도의 자리가 아닌 삶의 현장에서 실제화되는 것이기 때문입니다.

3. 기도의 능력

창세기의 이야기 속으로 들어가 보면, 기도로 아담의 아들 아벨이 하나님께 드린 제물이 열납(accept)되었으며, 방주를 예비하느라 일생을 걸었던 믿음의 사람 노아는 홍수를 이겨냈습니다. 믿음의 조상 아브라함을 통해 이스라엘 민족이 형성되었으며, 그의 아내 사라는 잉태할 수 없는 조건에서도 자녀를 낳게 되었습니다. 기도로 야곱은 하늘 문이 열리고 하늘까지 닿은 사다리를 보았습니다. 고향을 떠날 때는 빈손이었으나 크나큰 부요를 얻게 되었습니다.

출애굽기의 이야기로 들어가 보면, 기도로 모세는 지도자의 임무를 완수하였고, 이스라엘 백성들은 애굽에서 벗어났으며, 홍해가 갈라졌고, 만나가 내렸으며, 쓴 물이 달게 되었습니다. 기도로 바위에서 물이 솟아났으며, 아말렉을 물리칠 수 있었고, 부정한 자들은 파멸되었습니다. 기도로 요단 강에 길을 내었고, 해와 달이 멈추었고, 가나안을 정복했으며, 기도로 예루살렘 성전이 세워졌습니다.

기도로 기드온은 하나님의 뜻을 분별했고, 기도로 한나는 생명을 잉태했으며, 기도로 사무엘은 위대한 지도자가 되었습니다. 엘리야의 기도로 하늘이 닫히고 또 하늘이 열렸습니다. 기도로 이스라엘 왕 히스기야는 15년을 더 생존할 수 있었습니다. 기도가 깊은 바다 속 요나를 살리고, 죄악의 도시 니느웨를 살렸습니다. 선지자의 기도로 적의 군대를 섬멸시켰으며, 기도로 다니엘의 세 친구들은 타오르는 불 가운데서도 살 수 있었고, 기도로 다니엘은 사자 굴에서도 살 수 있었습니다. 범죄로 인하여 강대국에 의해 멸망당했던 나라 이스라엘이 기도로 회복되었고, 기도로 느헤미야는 무너진 성벽을 복구할 수 있었으며, 기도로 성전이 다시 건축될 수 있었습니다. 기도로 페르시아의 왕비 에스더는 전멸 위기에 처한 민족을 살려냈습니다.

　기도로 마가 다락방에 모인 120여 명의 신자들에게 성령이 임하였고, 모든 사람이 성령 충만을 받았으며, 신약 교회가 탄생되었습니다. 기도로 소아시아와 유럽에 복음이 전파되었고, 기도로 전 세계에 복음이 전파될 수 있었습니다. 기도로 사도들은 생명을 걸고 사명을 감당하였습니다. 그 사명은 오늘날 부름 받은 우리에게까지 이어지고 있습니다. 그 어느 것 하나도 기도 없이 이루어진 것은 없습니다.
　예수 그리스도께서도 기도하셨는데 하물며 우리들이 기도하지 않는다면 어찌 되겠습니까? 기도로 미국과 영국에 대각성운동이 일어났고, 기도로 대부흥운동이 일어났습니다. 이 땅에 평화가 지속되는 것은 군대의 힘이라고 여기는 사람이 대다수일지라도, 실상은 나라와 민족을 위해 기도하는 사람들이 있기 때문입니다.
　이 시대를 살아가는 우리는 무엇을 위해 기도해야 합니까? 여러분의 기도 역시 응답이 약속되어 있습니다. 성경은 시편을 제외하고 약 650개의 기도가 수록되어 있으며, 그 가운데 450개 정도의 기도가 응답 받은 기도로 나타나 있습니다.
　기도신학적 관점에서 보면, 기독교를 긍정신학이나 번영신학의 안목으로 해석하려 드는 것은 자칫 기복신앙의 함정에 빠질 우려가 있음을 경고하지 않을 수 없습니다. 히브리서 11장은 믿음으로 승리한 믿음의 영웅들을 소개하고 있지만 동시에 신앙 때문에 순교의 길을 가야 했던 믿음의 사람들도 소개하고 있음을 기억해야 합니다(히 11:36-38). 신앙은 입술의 고백만으로 끝나는 것이 아니기 때문입니다.

"나는 그리스도인입니다"(Cristianus Sum).
이 한마디의 고백 때문에 초기 기독교는 200여 년이나 박해를 받아야 했으며 순교를 각오해야만 했습니다.

오늘날, 아주 적은 이익을 위해서도 쉽게 그리스도를 부인하고 세상과 타협하는 오합지졸 신자들이 교회를 채우고 있습니다. 그러므로 바리새인들과 같이 껍데기 신자들만 양산하고 참된 제자를 키워내지 못하는 현대교회는 각성해야 합니다.

순교자들은 죽음의 위협을 당하면서도 떨며 두려워하고 변절하기보다 기꺼이 순교자의 길을 선택했습니다. 그들에게는 부활을 믿는 신앙이 있었기 때문입니다. 언젠가는 하나님이 선·악간에 심판하실 것을 믿기에 고통을 참고 인내하고 기도하면서 기꺼이 고통을 감수했던 것입니다. 그들은 잠시 세상에서 명예를 얻거나 욕망의 성취로 즐거움을 누리기보다 믿음과 사명과 책임을 더 귀하게 여겼습니다.

제6장 응답 받는 기도

　모세의 기도는 쓴 물을 단물로 변화시켰습니다. 예수 그리스도의 기도에 천사들이 시중들었습니다. 진정한 기도는 반드시 분명한 응답이 있습니다. 응답이 없는 것도 응답입니다. 응답이 있어도 영적 감각이 무뎌서 깨닫지 못하는 자들이 많습니다. 기도 응답을 꿈에 의존하거나 선입견이나 편견에 집착하고 자기 감정에 포로가 되어 응답으로 혼동하는 경우도 많이 있습니다.
　그러므로 그리스도인은 요란한 세상에서 세미한 음성을 듣는 민감한 영적 감각을 가져야 합니다. 기도하는 사람으로서 주관적인 경험을 객관화하려고 하지 말아야 합니다. 특히 역사적인 사건이나 자연계의 상황을 영적인 안목으로 볼 수 있어야 합니다. 사이비 이단들처럼 개인적인 판단으로 속단하기보다 하나님의 뜻을 음미하고 개인과 공동체 모두에게 유익한 방향을 모색할 수 있어야 합니다.

　웨일스 영적 대각성운동에 큰 영향을 주었던 제시펜 루이스(Jessie Penn Lewis)는 지속적인 기도 응답을 위해서는 다음과 같아야 한다고 했습니다.
　첫째, 죄를 사랑하지 않는 마음, 곧 깨끗한 마음을 가져야 한다고 했습니다.
　둘째, 그리스도와 연합된 심령이어야 함을 말했습니다.
　셋째, 말씀이 영의 양식과 생명으로 주 안에 거해야 한다고 했습니다.

넷째, 믿음이 있어야 한다고 했습니다.

다섯째, 자아 중심적 동기에서 탈피해야 한다고 했습니다.

여섯째, 성령의 능력을 받아 영으로 기도할 수 있어야 한다고 했습니다.

1. 응답이 있는 기도

하나님은 기도의 응답을 약속하셨습니다. 그럼에도 불구하고 왜 많은 사람들이 기도 응답을 경험하지 못하며 살아가는 것입니까? 왜 기도를 지속하지 못하고 중단하거나 기도의 소중함을 깨닫지 못하는 것입니까? 그것은 기도의 응답을 경험하지 못하고 있기 때문입니다. 응답 받는 기도의 3요소는 단순함과 솔직함과 순수함입니다. 일반적으로 응답 받는 기도의 요소로 겸손, 신뢰, 열정, 갈망, 확신, 순종, 헌신 등을 말하기도 합니다.

기도의 사람 바운즈(E. M. Bounds)는 그의 저서 《기도의 능력》에서 기도와 헌신은 영혼과 육체가 결합되어 있고, 생명과 심장이 결합되어 있듯이 서로 붙어 있다고 했습니다. 그러므로 진정한 헌신 없이는 진정한 기도를 드릴 수 없으며, 기도 없이는 참된 헌신도 있을 수 없다는 것입니다. 우리의 기도가 능력이 없는 이유는 깊은 헌신이 없기 때문이라는 지적입니다. 그러므로 응답 받는 기도를 원한다면 기도한 대로 실행하려는 의지가 중요하다고 하겠습니다.

채널이나 주파수가 맞지 않을 때 잡음이 들리는 것처럼 사탄은 우리의 기도 응답을 방해합니다. 하나님과의 소통이 이루어지지 못하도록 역사합니다. 기도해 봐야 쓸데없다는 기도 무용론에 귀기울이게 하고, 기도생활에 태만하게 만들고, 기도의 소중한 가치를 간과하게 합니다. 그러나 참된 그리스도인은 게으름과 태만과 무책임을 즐기기보다 벌떡 일어나 기도할 수 있어야 합니다. 기도하면 하나님께서 반드시 응답하실 것이기 때문입니다.

1) 동기가 순수한 기도

기도는 복잡하지 않고 단순해야 합니다. 기도는 하나님께 마음, 즉 사랑과 신뢰를 바치는 것이며, 자기 자신의 모습 그대로를 하나님께 내어놓는 헌신입니다. 오늘날 현대인들은 실로 많은 것을 가지고도 더 갖고자 합니다. 만족하며 감사할 줄 모르고 더 큰 욕망을 채우기 위해 기도하는 경우가 많습니다. 기도는 단순히 욕망 충족의 수단이 되어서는 안 됩니다. 하나님은 필요는 채우실 수 있지만 욕망은 채우실 수 없기 때문입니다.

2) 정직한 기도

주님과의 투명한 관계는 기도 응답의 토대가 됩니다. 기도하는 사람은 하나님께 솔직해야 합니다(시 107:42; 잠 15:8). 하나님을 속이려고 하거나 변명을 늘어놓지 말아야 합니다. 중심을 보시는 하나님은 절대로 속지 않으시는 하나님이십니다(갈 6:7). 그러므로 있는 그대로 마음을 열어 놓고 진솔하게 기도해야 합니다.

3) 믿음의 기도(약 1:6-8)

기도하는 사람은 무엇보다도 하나님을 온전히 신뢰할 수 있어야 합니다. 또한 하나님을 항상 가까이할 수 있어야 합니다(약 4:8). 아무

것도 염려하지 말고 기도하라는 것이 성경의 가르침입니다(빌 4:6). 믿음의 기도란, 믿고 구하였으면 받은 줄로 확신을 가지는 것입니다.

그러므로 기도하는 중에 불이익을 당해도, 즉각적인 응답이 없어도, 지갑이 비었어도, 내일 먹을 양식이 없어도, 질병 중에도, 절망가운데서도, 불가능해 보여도, 당장 감당하기 어려운 환경 가운데 있을지라도 끝까지 하나님을 신뢰해야 합니다. 하나님께서 개입하실 때까지 믿고 신뢰하며 응답을 기다릴 수 있어야 합니다. 기도하는 사람이 기다린다는 것은 소망을 하나님께 두고 있다는 증거이며, 믿음이 살아 있다는 증거이기도 합니다.

4) 하나님의 뜻과 영광을 위한 기도(요 14:13)

기도는 자기의 집착이나 고집을 관철하기 위한 협상이나 흥정이나 거래가 아닙니다. 하나님의 뜻을 순수하게 받아들이는 것입니다. 하나님의 뜻은 하나님의 주권적인 경륜과 계획으로서 넓은 의미로는 우주와 인생들에 대한 계획이요, 좁은 의미로는 한 사람 한 사람에 대한 하나님의 의도 또는 생각이라고 할 수 있습니다. 그런 의미에서 기도는 하나님의 뜻을 찾고 분별하기 위한 영적 노력이라고 할 수도 있습니다.

하나님의 뜻을 깨닫기 위해서 우리는 어떻게 해야 하겠습니까? 여기 일곱 가지를 제시해 봅니다.

첫째, 말씀을 정기적으로 묵상합니다.
둘째, 기도를 통하여 성령의 내적 음성을 듣습니다.
셋째, 성령이 주시는 내적 평강을 소중히 여깁니다.
넷째, 하나님 앞에서 자신의 동기를 면밀히 점검받습니다.

다섯째, 주님 한 분만을 의뢰하며 바라봅니다.
여섯째, 성령 안에서 일을 진행해 나갑니다.
일곱째, 하나님의 손길을 주의 깊게 바라봅니다.

많은 사람들이 하나님의 뜻을 깨닫지 못하는 원인은 무엇일까요? 그것은 하나님의 뜻보다 자기의 뜻을 우선으로 생각하기 때문입니다. 자기를 향한 하나님의 뜻을 찾기 위한 노력이 부족하기 때문입니다. 그러므로 개인적인 야망을 앞세우기보다 하나님의 뜻이라면 받아들이고자 하는 마음과 그것을 받아들이는 결단이 있어야 합니다.

예수님은 모든 것이 아버지의 뜻대로 되기를 원하셨고, 자기의 뜻을 내세우기보다 아버지의 뜻에 순종하는 일생을 사셨으며, 천국에 들어갈 사람은 '내 아버지의 뜻대로 행하는 자'라고 하셨습니다.

5) 끈질긴 기도와 반복기도

끈질긴 기도와 반복기도는 강청의 기도라 할 수 있습니다. 강청의 기도는 인내와 끈질김 또는 담대함의 의미를 담고 있습니다(눅 18:1). 기도를 시작하자마자 처음부터 응답의 오아시스가 터지는 법은 없습니다. 그렇지만 낙숫물이 바위를 뚫는 법입니다. 그러므로 낙심하거나 포기하지 말고 응답이 있을 때까지 지속적으로 반복하여 기도할 수 있어야 합니다.

기도생활이 일상의 한 부분으로 자리를 잡게 되면 거의 비슷한 기도의 내용이 반복되는 형태로 이어지는 것이 일반적입니다. 그러한 기도가 지루하고 변화가 없는 느낌을 줄 수도 있으나 하나님은 그러한 기도를 거절하지 않으십니다.

6) 말씀기도

기도는 공상(空想)이 아닙니다. 참선이나 명상도 아닙니다. 어떤 사람들은 수행을 통해 내면의 안정을 얻고자 하나 진정한 그리스도인은 성령을 의지하고 말씀에 집중하며 기도를 병행해 나갑니다. 보통 기도하는 사람들을 보면 자기의 욕구와 갈망하는 것에 몰입하고 그것에만 주의를 기울이는 것이 일반적이지만 그 무엇보다도 하나님의 말씀을 주의 깊게 주야로 묵상하며, 약속의 말씀을 강하게 붙잡고 의지하며 기도하는 것이 중요합니다.

신학자들처럼 말씀을 분석하고 자기 지식을 바탕으로 해석하려고 하기보다 듣고자 하는 자세와 순종하고자 하는 자세가 필요합니다. 언약의 말씀에 근거하여 기도하며 은혜를 사모하는 겸손함과 간절한 태도가 중요합니다. 자기의 뜻을 관철시키기보다 주님의 뜻대로 살고자 하는 마음으로 기도하고, 무엇보다도 생각과 마음에 임하시는 성령의 감동을 소멸하지 말아야 합니다. 지속적인 성령의 인도하심을 구해야 합니다.

2. 기도 응답의 형태

기도 응답의 형태는 일반적으로 긍정(yes)과 부정(no)과 기다림(wait)의 형태로 나타납니다. 하나님은 영직 감화, 감동, 명령, 꿈, 환상, 사건, 상황 변화, 사람을 만나게 하시는 등 기도하는 사람이 인식할 수 있도록 다양하게 응답하십니다. 기도의 응답 형태가 이렇게 다양함에도 불구하고 이단들은 주로 환상이나 꿈에 의존하는 양상을 보입니다.

때때로 하나님은 우리의 지속적인 기도를 원하십니다. 응답이 더

딘 것 같지만 하나님께서 정하신 '때'가 되면 어느 날 순간적으로 응답하십니다. 그러므로 우리가 기도해 놓고도 잊어버리거나 응답에 관심이 낮아진 상태에서도 하나님은 응답하십니다. 기도 응답을 받고도 나중에 가서야 그것이 기도 응답이었음을 깨닫게 되는 경우가 다반사입니다.

기도에 응답하시는 하나님의 손길을 우리는 성경에서 헤아릴 수 없을 만큼 많이 찾아볼 수 있습니다. 성경을 열어 주의 깊게 찾아보십시오.

여호수아 10장 12-14절, 사사기 13장 9절, 열왕기상 8장 38절, 9장 3절, 17장 22절, 18장 36절, 열왕기하 19장 20절, 역대상 4장 10절, 21장 26-27절, 역대하 1장 11-12절, 6장 16-17절, 7장 12-22절, 30장 27절, 욥기 42장 9절, 시편 6편 10절, 16편 1절, 20편 2-7절, 105편 44절, 다니엘 10장 12절, 요나 2장 7절, 누가복음 1장 13절, 사도행전 10장 4절, 31절, 베드로전서 3장 12절, 요한일서 3장 22절, 5장 14-17절 등을 찾아보십시오.

그리스도인은 기도를 통해 신령한 영적 세계에 진입하게 됩니다. 그리고 하나님의 관점(view point)을 갖게 되며 신앙의 균형을 유지하게 됩니다. 기도를 통하여 그리스도와 연합하며 주 안에 거하는 것입니다. 그러므로 매사에 기도보다 앞서지 말고 성령보다 앞서지 말아야 합니다. 일상에서 기도가 단순히 형식적이고 의례적인 관습이나 절차에 그치지 않고 진심에서 우러나는 행동이 되도록 최선을 다해야 합니다.

여러분에게는 기도의 골방이 있습니까? 주님은 은밀한 기도를 들으십니다. 기도는 그리스도인들만의 특권입니다. 아무리 좋은 특권이라도 사용하지 않으면 무용지물이 됩니다. 기도를 즐기며 기도에 심취해 보십시오. 사람을 멀리하거나 어쩌다가 멀어지면 잊히는 것처럼 기도를 멀리하면 기도의 맛을 잃어버릴 수 있습니다. 그러므로 그리스도인은 사소한 일에도 기도할 수 있어야 합니다. 어떠한 상황에서도 기도를 멈추지 말아야 합니다.

조지 뮬러(George Muller, 1805-1898)는 기도를 생명으로 여겼다고 고백했습니다. 기도는 그의 삶의 전부였습니다. 기도는 그의 삶의 방식이었습니다. 그는 기도로 생각하고, 기도로 계획하며, 기도로 말하고, 기도의 옷을 입고, 기도로 행동하는 사람이었습니다. 그는 이렇게 고백하였습니다.

"나는 기도의 영 안에 삽니다. 걸어갈 때나, 누울 때나, 일어날 때 나는 기도합니다. 응답은 항상 왔으며 수천 수만 번이나 나의 기도는 응답되었습니다. 일단 하나님의 영광을 위하여 옳은 것이라는 확신이 설 때 나는 그것이 응답될 때까지 계속 기도합니다. 나 조지 뮬러는 결코 포기하지 않습니다."

종교개혁자 루터는 그에게 주어진 일과 막중한 사명을 감당하기 위해 이전보다 두 배로 기도하리라 결심했다고 전해집니다. 성경에 그려진 믿음의 선진들을 보면 기도가 그들의 삶의 중심이었음을 알게 됩니다. 기도는 우리 일상의 부수적인 일이 아닙니다. 일상생활의 중심이어야 합니다. 전능하신 하나님과의 만남과 대화의 시간인 기도시간을 아깝게 생각해서는 안 됩니다. 그러므로 우리의 현실이 어떠하든지 소망을 가지고 항상 기도할 수 있어야 합니다.
《내 안에 있는 하나님의 능력》의 저자 윌리엄 로우(William Law)는 아침시간(새벽)에는 하나님께 감사하며 자신을 하나님께 드리기로 결심하는 기도를 드리고, 오전 9시에는 기도 제목이 겸손이어야 하고,

12시에는 중보의 기도를 드리며, 저녁 6시에는 그날의 말과 행동을 정리하는 회개의 기도를 드릴 것을 제안하였습니다.

3. 응답 받지 못하는 기도

기도는 하나님께서 모든 인류에게 주신 일반 은총이 아니라 하나님의 백성들에게 주신 특권입니다. 하나님께서 베푸시는 은혜의 방편입니다. 그러므로 하나님의 은혜를 헛되이 받지 말아야 합니다. 기도가 종교생활 의식의 하나라는 정도의 인식으로는 기도의 효과를 기대할 수 없을 것입니다.

제아무리 기도해도 하나님께서 응답하시지 않는 기도가 있습니다. 진정성이 결여된 기도이기 때문입니다. 하나님은 종교의식의 화려함이나 건물의 규모나 재물이나 사람들의 수효를 보시는 것이 아니라 진심(중심)을 보시는 하나님이시기 때문입니다.

> "하나님의 구하시는 제사는 상한 심령이라 하나님이여 상하고 통회하는 마음을 주께서 멸시하지 아니하시리이다"(시 51:17).

누가복음 18장의 바리새인과 세리의 기도에 대한 이야기는 응답 받는 기도와 응답 받지 못하는 기도의 극명한 차이를 보여주고 있습니다. 바리새인은 이레에 두 번이나 금식하고 십일조를 드리고 율법의 조문을 준수하는 자였고, 세리는 로마의 앞잡이로서 과다한 세금 징수로 인해 동족에게 비난받는 죄인이었습니다. 외적으로 드러나는 바리새인의 종교적 행동이나 종교적 자긍심이나 자랑, 자기 공로를 내세우는 기도는 허탄한 자랑일 뿐입니다(약 4:16).

워런 위어스비(Warren W. Wiersbe)는 그의 저서 《Famous Unanswered

Prayer》에서 기도가 응답 받지 못하는 이유에 대해 죄를 품고 있으면서도 회개하지 않은 죄, 이기심, 신앙과 행동의 불일치, 하나님의 말씀에 대한 거역, 교만과 불신앙, 죄, 하나님의 뜻에 대한 그릇된 생각, 조급한 생각, 탐욕 등을 그 이유로 꼽았습니다.

《천로역정》으로 잘 알려진 17세기 영국의 저술가 존 버니언(John Bunyan)은 기도가 응답 받지 못하는 이유에 대해서 사람의 마음에 사악한 것을 생각하는 생각에 문제가 있거나, 다른 사람에게 보여주고자 하는 외식적인 태도가 문제가 된다고 하였습니다. 또한 잘못 구하거나 형식적으로 드리는 기도 역시 응답을 기대할 수 없다고 하였습니다.

1) 하나님을 경외하지 않는 기도

하나님은 은혜와 용서의 하나님이시지만 속일 수 있는 분이 아닙니다. 그러므로 하나님께 대한 경외심을 가져야 합니다. 그렇다고 하나님께 나아갈 엄두를 내지 못하고 주눅이 들어 있는 인생이 아니라 은혜의 보좌 앞으로 담대히 나아갈 수 있어야 합니다. 하나님을 경외하지 않는 태도는 현실에서 불순종과 태만과 방종의 모습으로 드러납니다. 사랑을 실천하지 않는 인색한 태도에서도 나타납니다.

"내가 나의 마음에 죄악을 품었더라면 주께서 듣지 아니하시리라"(시 66:18).

"사람이 귀를 돌려 율법을 듣지 아니하면 그의 기도도 가증하니라"(잠 28:9).

"귀를 막고 가난한 자가 부르짖는 소리를 듣지 아니하면 자기가 부르짖을 때에도 들을 자가 없으리라"(잠 21:13).

"너희가 손을 펼 때에 내가 내 눈을 너희에게서 가리고 너희가 많이 기도할지라도 내가 듣지 아니하리니 이는 너희의 손에 피가 가득함이라"(사 1:15).

2) 죄악을 회개하지 않은 기도

기도하는 사람이 기도 응답을 원한다면 마음속의 죄를 끊고 부정한 마음을 품지 말아야 합니다. 죄 가운데 있는 자들에게 하나님께서는 '네가 많이 기도할지라도 내가 듣지 아니하리라'고 말씀하셨습니다(사 1:15-17). '큰 소리로 내게 부르짖을지라도 내가 응답하지 아니하리라'고 하셨습니다(겔 8:18). '내가 불러도 그들이 듣지 아니하였은즉 그들이 불러도 내가 듣지 아니하리라'고 하셨습니다(시 66:17-19, 슥 7:12-13).

그리스도인의 지상과제는 대단한 업적이나 위대한 성과를 남기는 것이 아니라 죄에 대한 승리의 삶을 살아가는 것입니다. 믿음의 고백과 칭의의 단계에 머무는 것이 아니라 성화로 나아가는 것입니다. 루터의 표현대로 '덧입혀진 의'와 더불어 '실천적인 의'가 있어야 한다는 것입니다. 칭의의 의미가 왜곡되는 행동을 반복하지 말아야 합니다.

비신자들이 죄를 처리하는 방식은 위장(僞裝)과 부정(否定)과 변명(辨明)과 망각입니다. 그리스도인들은 불안과 두려움과 죄책감을 갖게 됩니다. 그렇더라도 회개하지 않는다면 하나님과의 관계를 회복할 수 없는 지경에 이를 수도 있습니다. 신자들 역시 그리스도인이라는 이름은 가졌으나 몇 가지 십계명의 금기사항과 실천 의무 외에는 비신자들의 삶의 방식과 별로 다를 바가 없는 경우가 많습니다. 죄 문제를 말끔하게 처리하지 않고 기도 응답을 기대하는 것은 오지 않는 버스를 기다리는 어리석은 사람과 같습니다.

3) 원한을 풀지 않은 기도

원한과 미운 감정은 기도 응답을 방해합니다. 그러므로 주님은 먼저 가서 형제와 화목하라고 하신 것입니다(마 5:23-24). 배신을 당했거나 인격적 모독을 당했거나 자존심에 상처를 받는 견딜 수 없는 치욕을 맛보았을 때 보복하는 것은 쉽습니다. 그러나 참고 견디기란 어렵습니다. 그러므로 십자가에 달리신 주님을 바라보고 인내할 수 있어야 합니다. 원수 갚는 것은 하나님께서 하실 일임을 안다면, 하나님의 권한을 침해하고 내가 내 방식으로 원한을 처리하려고 하지 말아야 합니다.

4) 욕망 충족을 위한 기도

욕망 충족을 위한 기도는 이기적 동기에서의 비롯된 정욕을 위한 기도입니다(약 4:3). 하나님을 이용하여 탐욕을 채우고자 하는 자기 본위적인 기도입니다. 필요를 구하는 것은 기도에서 필수적인 부분이지만 어린아이의 기도단계에서 머물러 항상 필요를 요청하는 기도가 주류를 이루는 것은 바람직하지 않습니다. 성숙한 기도는 주님의 눈으로 문제를 보고 성경에서 그 해답을 구하는 것이어야 합니다.

그리스도인들이 주의해야 할 것은 하나님의 말씀을 무시하고 물질에만 관심을 갖고 기도하지 말아야 한다는 것입니다. 기도는 욕망 충족의 수단이 아니기 때문입니다. 기도하는 사람에게는 기도의 순수한 동기가 무엇보다도 중요합니다. 기도란 하나님의 뜻을 이루기 위함이지 흥정이나 거래가 아닙니다. 그러므로 기도로 내 뜻을 관철시키려는 것은 바람직한 태도일 수 없습니다(호 7:14; 눅 22:42-44).

5) 위선적인 기도

위선적인 기도는 연기자들처럼 연출하는 기도입니다. 그것은 순수하지 못한 속임수입니다. 믿음이 없으면서도 자기를 나타내려는 의도로 기도하는 것은 하나님을 기만하는 행위이며 가식적인 기도입니다. 그러므로 사람들의 칭찬을 기대하며 사람을 의식하는 기도는 바람직한 기도가 아닙니다. 자기 자신을 드러내며 타인의 귀를 즐겁게 하기 위한 기도, 준비된 마음이 없이 즉흥적으로 미사여구를 사용하여 듣는 자들의 기분을 좋게 하려는 기도는 입술로만 하는 기도에 불과합니다. 아래 성구를 찾아서 묵상해 봅시다.

마태복음 23장 14절, 마가복음 12장 40절, 누가복음 18장 11-12절, 이사야 58장 2-3절을 보십시오.

6) 부적절한 기도

부적절한 기도는 전혀 터무니없이 잘못된 것을 구하는 기도이거나 하나님의 뜻에 반대되는 기도를 말합니다. 예를 들면, 니느웨 멸망을 바라며 기다리던 선지자 요나의 생각과 푸념처럼, 사마리아 길의 통행을 방해하는 자들에게 하늘에서 불이 내리기를 바랐던 예수님의 제자들처럼, 산 아래의 상황을 인식하지 못하고 변화산 위에 머물러 있기를 바랐던 제자들의 행동처럼, 이러한 것들은 받아들일 수 없는 행동이었습니다. 부적절한 기도는 하나님의 뜻과 전혀 상관없는 것을 구하는 것입니다.

7) 우상숭배자들의 기도

바알·아세라 종교의 선지자들처럼 우상숭배자들의 기도 열정은 대단하다고 평가할 수 있습니다. 다만 그들의 기도를 들어줄 기도의 대상이 잘못되었다는 것이 문제입니다. 또한 하나님을 섬기면서 동시에 우상숭배를 겸한다면 그것도 하나님께 대한 진정한 믿음에서 벗어난 기회주의적 행위입니다. 성경은 하나님과 우상을 겸하여 섬길 수 없다고 분명히 못 박고 있습니다.

우상숭배의 역사는 인간 타락 이후 창세기에 10장에 등장하는 니므롯으로부터 시작된 것으로 보입니다. 하나님을 떠난 인생들의 도피처는 자연히 우상숭배로 이어졌습니다. 우상숭배자들은 자신들이 타인 위에 군림하기 위해 인간이나 자연을 신격화하거나 하나님이 아닌 다른 신들을 인위적으로 만들어 놓고 그 신으로부터 특별한 권한을 부여받은 특권층으로 행세하며 사람들을 미혹했습니다.

그들이 신으로 추앙했던 대상은 하늘과 땅과 물속에 있는 피조물들이었으며, 그것들을 형상화하여 그것들에게 인격을 부여하고 생사화복의 권한이 있는 것으로 믿고 섬겼습니다. 대(代)를 이은 이러한 숭배 관습은 인디언 문화에도 남아 있습니다. 특히 조상숭배는 중국에서 시작되어 동아시아 전 지역으로 퍼져 나갔는데, 황실이나 고관대작들의 제사가 일반화되어 개인의 조상숭배로 이어졌습니다.

그리스도인들은 이러한 신앙의 헛됨을 알고 그들을 불쌍히 여기는 마음을 품어야 합니다. 그것들이 배후에 사탄이 있고, 사탄이 역사와 전통과 관습을 추종하도록 하는 사회문화를 이용해 자기에게 굴복하게 하는 것임을 알아야 합니다. 가족과 형제들 중에 우상종교에 빠져 그 길에 구원이 있다고 생각하고 몰입하는 사람들을 위해 중보기도해 줄 수 있어야 합니다. 기도의 대상이 잘못되었기 때문이며, 맹목적으로 그것들에게 굴복하고 섬기는 종교의 노예가 되어 가고 있기 때문입니다.

8) 의심하는 기도

마음의 불신은 기도의 응답을 막습니다(막 11:23; 약 1:5-6). 그렇지만 어느 날 갑자기 환난과 풍파가 닥치거나 질병이나 사고로 어려운 상황에 빠지게 되면 우리는 이제까지의 신앙에 회의(懷疑)를 품게 되고 하나님을 원망하거나 의심하는 자리에 이를 수 있습니다. 예수님은 의심하는 제자 도마(Thomas)에게 믿음 있는 자가 되라고 하셨습니다.

이성적인 존재이기에 지혜로운 사람은 맹목적 신앙을 추구하지 않습니다. 누구나 불신과 의심의 과정을 거칠 수 있습니다. 그러나 야고보는 의심하는 자는 마치 바람에 밀려 요동하는 바다 물결과 같다고 했습니다. 이런 사람은 두 마음을 품은 자로서 기도 응답을 기대할 수 없다고 하였습니다(약 1:6-8).

9) 중언부언의 기도

바알 선지자들에게서 찾아볼 수 있는 전형적인 이방인들의 기도하는 모습이 중언부언의 기도입니다. 집중기도와는 다른 차원의 기도입니다. 중언부언의 기도는 SGI(국제창가학회)에서 찾아볼 수 있는 소원 성취나 자기 뜻의 관철을 위한 정신집중이거나 무념무상의 생각 없이 하는 의례적인 기도입니다. 바알과 아세라 선지자들이 보여준 것처럼 형식적이고 습관적인 기도입니다(마 6:7). 민간신앙이나 사이비 종교가 보여주는 것처럼 형식적으로 늘어놓는 기도입니다.

중언부언의 기도는 이방종교에서 흔히 볼 수 있는 형식화된 기도 형태입니다. 예를 들면, 네팔의 불교인들은 '마니 꼴로'라 부르는 기도 바퀴를 돌리는 것은 기하급수적으로 많은 양의 경전을 읽는 것과 같다고 여깁니다. 일본인들은 승려의 기도를 받으려면 대가를 지불해야 한다고 알고 있습니다. 신용카드로도 결제가 가능하다고 합니다. 타이완 사람들은 유령화폐로 길 위에 떠도는 신령을 달랠 수 있다고 믿습니다.

　이러한 종교적 전통과 관습에 따라 똑같은 말을 되풀이하며 기도하는 행태는 분명 중언부언의 기도일 것입니다.

제7장 기도의 유형

기도는 예배시간에 드리는 목회기도나 대표기도, 합심기도나 통성기도 등이 있는가 하면 타인과 이웃을 위한 중보기도, 나라와 민족을 위한 구국기도, 금식기도, 방언기도, 묵상(침묵)기도 등 다양한 유형이 있습니다. 그 외에도 관상기도, 집중기도(향심기도), 예언기도, 호흡기도 등을 들 수도 있습니다. 특히 관상기도나 예언기도나 호흡기도는 이해가 부족하거나 왜곡된 형태로 보급되어 한국교계에 많은 문제점을 노출시키고 있는 것이 현실이기도 합니다. 여기서 기도의 유형에 대해 몇 가지를 설명하고자 합니다.

1. 중보기도

중보기도는 타인을 위한 기도 또는 이웃을 위한 기도입니다. 근래에 와서 명칭에 대한 타당성 논의가 있을지라도 여기서는 중보기도라는 명칭을 그대로 사용하고자 합니다. 성령은 우리의 중보자로서 우리를 도우십니다. 예수 그리스도 역시 우리를 위해 간구하시는 중보자이십니다.

필자가 알고 있는 상식에 의하면 위대한 신앙의 사람들 배후에는 항상 기도의 사람들이 있었습니다. 조카 롯과 그의 가정을 위한 아브라함의 기도에서 그리고 남편과 자녀가 회개하고 돌아오기를 갈망하며 기도했던 아우구스티누스의 어머니 모니카(Monica)의 기도에서 그리고 웨슬리 형제들을 위한 그의 어머니 수산나(Susanna)의 기도에서 우리는 중보기도의 중요성과 효과를 새삼스럽게 발견하게 됩니다.

기도는 자기 자신을 위해서뿐만 아니라 다른 사람을 위해서도 절대 필요한 것입니다. 중보는 예수님께서 하나님과 사람 사이의 중보자로서 그러하셨듯이 기도하는 대상을 위해 내가 나서는 것입니다. 그것은 타인을 나와 동일시하거나 일체(一體)로 여기기 때문에 가능한 행동인 것입니다(느 1:4-6). 그런 의미에서 중보기도는 다른 사람을 배려하는 사랑의 기도이며 희생의 기도입니다. 타인의 죄와 허물과 수치를 내가 무릅쓰는 것입니다. 이러한 기도는 서로가 그리스도의 몸의 지체라는 지체의식 또는 한 몸 의식 없이는 불가능합니다.

예수님께서는 하나님의 보좌 우편에서 지금도 우리를 위해 중보기도를 하고 계십니다. 그러므로 우리도 그리스도 안에서 타인을 위한 기도의 중보자가 되는 것이 마땅합니다. 특히 고난 중에 있거나 위기에 처한 사람들을 위한 기도는 그 사람들의 삶에도 직접적인 영향을 미치는 것입니다.

그리스도인의 삶은 영적 전쟁터입니다. 일반적으로 그리스도인들이 평온한 삶 속에서 일상을 보내는 것 같아도 우리 모두는 영적 전쟁 상태에 있다는 것을 자각해야 하고 깨어 있어야 합니다. 특히 영적 전쟁에서 승리하기 원한다면 기도해야 합니다. 왜냐하면 기도는 필수적인 영적 무기이며, 어둠의 권세를 향해 대항할 만한 강한 무기이기 때문입니다. 그러므로 영적 전쟁에서 이기고자 한다면 누구든지 반드시 기도해야 합니다.

중보기도는 어둠의 세력과의 영적 대결입니다. 롯을 위한 아브라함의 기도, 감옥에 갇힌 베드로를 위한 초대교회 공동체의 기도는 분명한 응답을 가져왔습니다. 그러므로 자기 자신의 안위와 평강과 성공과 형통을 위해서만 기도할 것이 아니라 비신앙 가운데 살아가는 부모와 형제와 친척들을 위한 기도, 방탕한 자녀들을 위한 기도 등 가족공동체와 더 나아가 민족공동체의 구원과 회복을 위한 기도를 할 수 있어야 합니다.

아직도 전쟁과 굶주림과 질병과 고통 가운데서 살아가고 있는 사람들을 위해 기도할 수 있어야 합니다. 특히 세계 각지에서 선교의 사명을 감당하고 있는 선교사들을 위해 기도할 수 있어야 합니다. 선교지에서 하나님과 복음을 대항하는 악한 영의 세력들이 무너지고 복음적 가치관이 뿌리를 내리도록, 성령의 강한 역사가 일어나도록, 선교사역에 필요한 것들을 채워 주시도록, 선교지인 그 나라와 백성들을 향한 주님의 뜻이 이루어지도록 기도할 필요가 있습니다.

1) 효과적인 중보기도의 요건

첫째, 하나님을 찬양하라!
찬양을 통한 성령의 능력을 바라보라!
(대하 20:22; 행 16:25)
둘째, 죄를 고백하라!
고백하지 않은 숨은 죄가 있다면 자복하며 청결한 마음을 주시기를 기도하라!
(시 66:18, 139:23-24; 요일 1:9)
셋째, 성령을 의지하라!
성령이 나를 주장하시게 하라!
성령의 인도와 조명이 없이 효과적인 기도는 불가능하다.
(롬 8:26)
넷째, 하나님만 바라보라!
인간적인 욕망, 근심, 두려움을 하나님 앞에 내려놓고 온전히 주님을 의지하라!

(잠 3:5; 사 55:8-9)

다섯째, 믿고 구하라!

내가 믿나이다. 나의 믿음 없는 것을 도와주소서!

(히 11:6)

여섯째, 하나님의 인도하심에 온전히 맡기라!

응답과 확신을 구하며 약속의 말씀을 믿고 소망 가운데 기다리라.

(시 62:7)

일곱째, 사탄의 세력을 강력하게 대적하라.

(약 4:7)

2. 금식기도

금식(禁食)이란 음식을 먹지 않는 것입니다. 금식기도란 금식과 함께 온전히 하나님을 향한 겸비한 태도로 영성을 재정비하는 기도입니다.

기독교의 금식은 타 종교의 고행(苦行)과 의미를 달리합니다. 금식은 소식이나 절식이 아니며 관습에 의한 기도가 아닙니다. 기도하는 사람이 자기의 생명을 내걸고 자신을 온전히 하나님께 의탁하는 것입니다.

이러한 금식기도는 기도의 긴박성과 절실함이나 자발적인 헌신에서 비롯되기도 하나 성령에 이끌리거나 하나님의 명령으로 이루어지기도 합니다. 금식은 하나님의 기뻐하시는 것이며 응답이 신속합니다(사 58:6). 개인적으로나 국가적으로 질병이나 실패나 전쟁 등 위기에 있을 때 금식기도는 절대적으로 필요합니다. 인생의 갈림길에서 선택의 기로에 있을 때에도 금식기도는 필요합니다.

1) 금식기도를 하는 이유

첫째, 신앙을 회복하고 하나님과의 관계회복을 위해서입니다.
(욘 3:5; 삼상 7:6)
둘째, 자아를 꺾고 낮추며 헌신하기 위해서입니다.
(행 13:2)
셋째, 주어진 사명을 감당하고 능력을 얻기 위해 필요합니다.
(마 4:2, 17:21; 출 34:28; 왕상 19:8)
넷째, 문제해결을 받고 위기를 극복하기 위해서입니다.
(욜 3:1)
다섯째, 영육의 치료와 영적 자유를 얻기 위해서입니다.
(사 58:6; 시 35:13)

2) 금식기도 중 주의할 사항

- 외식적이고 형식적인 기도가 되지 않도록 해야 합니다.
- 단지 음식을 먹지 않는 것이 아니라 기도가 지속되어야 합니다.
- 건강관리를 위해서 적당한 운동을 병행하여야 합니다.
- 물을 적당히 섭취해야 합니다. 깨끗한 샘물이 좋습니다.
- 사람의 힘만으로는 불가능합니다. 그러므로 하나님의 도우심을 구해야 합니다.
- 몸을 따뜻하게 하며 잠을 충분히 자야 합니다.
- 언행에 조심하고 불필요한 말을 삼가하며 유혹을 피해야 합니다.
- 성경읽기, 말씀묵상, 기도, 찬양 등이 주요 일과가 되어야 합니다.
- 장기금식의 경우에는 돕는 자가 필요합니다.

3) 금식기도 후 주의할 사항

- 자랑하거나 교만하지 말아야 합니다.
- 받은 은혜를 잘 간직하도록 주의해야 합니다.
- 충분한 휴식이 필요합니다. 몸의 회복을 돕는 식사를 통해 건강을 회복해야 합니다.
- 금식 중 마셨던 물을 며칠 더 마시는 것이 좋습니다.
- 보호식은 금식기간에 따라 주의해서 해야 하며, 부족한 영양소를 보충하되 적은 양으로 시작해서 점차 음식의 양을 늘려 가는 것이 바람직합니다. 특히 자극적인 음식이나 인스턴트 식품이나 기름기 있는 음식은 삼가는 것이 좋습니다. 무엇보다도 단기간에 몸을 회복하려고 서두르지 말아야 합니다. 금식한 날수와 회복의 날수가 거의 비례하는 것이 좋습니다.
- 보호식에 좋은 음식으로는 동치미 국물, 미음, 연한 된장국, 미역국, 두부 등이 있습니다.
- 방을 따뜻하게 하고, 감기기운이 있을 때는 약보다 차 종류를 마시는 것이 좋습니다.

3. 방언기도

성경은 방언기도에 대해서 분명히 말하고 있습니다(마 16:17). 성령강림절에 일어났던 표징 가운데 하나도 방언기도였습니다. 바울도 방언기도를 할 수 있는 것을 감사하였습니다(고전 14:18). 그렇지만 방언기도를 신비주의나 불건전한 신앙유형으로 보고 반기지 않거나 규제하는 교파나 교회들도 많이 있습니다. 방언을 시끄럽고 떠드는 소음 정도로 이해하고 교회에 덕스럽지 않다는 것이 반대하는 사람들의 일반적인 시각입니다. 방언기도는 공적 예배 시에는 삼가는 것이 바람직하나 개인기도에서조차 절제하도록 강요하는 것은 바람직하지 않습니다.

케네스 헤긴(Kenneth E. Hagin)은 방언에 대해 정의하기를 방언은 영으로 비밀을 말하는 것으로, 사람들은 알아듣지 못할지라도 영(靈)으로 하나님께 드리는 기도라고 했습니다(고전 14:2, 14).

그는 《왜 방언을 해야 하나?》라는 제목의 저서에서 방언기도를 해야 할 여섯 가지 이유를 제시하였습니다. 참고로 삼기 위해서 요약하면 다음과 같습니다.

첫째, 방언은 첫 번째 표적이기 때문이라고 하였습니다. 방언은 성령세례의 증거이자 표적이라는 것입니다.
둘째, 영적 계발을 위해서라고 하였습니다.
고린도전서 14장 4절에서 방언은 자기에게 덕을 세운다고 번역하였는데 현대어로 번역하면 '충전하다'라는 뜻이라는 것입니다. 우리의 영을 강하게 한다는 해석입니다.
셋째, 방언은 성령의 내주하심을 상기시킨다고 하였습니다.
넷째, 방언으로 기도하면 하나님의 완전하신 뜻을 따라갈 수 있다고 하였습니다.
다섯째, 방언으로 기도하면 믿음이 굳건해진다는 것입니다. 하나님을 더욱 신뢰하고 의지하게 된다는 것입니다.
여섯째, 세상으로부터의 영적 오염(汚染)을 막아 준다고 하였습니다. 악하고 더러운 말이나 생각에 오염되지 않게 한다는 것입니다.

4. 묵상기도

케네스 리치는 "묵상기도는 정적주의(quietism)가 아니라 성령의 자유 안에서 하나님의 나라를 갈망하고 추구하는 것"이라고 했습니다. 제레미 테일러는 "묵상은 영혼의 말이며 정신의 언어"라고 하였습니다. 그리스도인들의 묵상은 자연스러운 일상이기도 합니다. 묵상기도를 관상기도의 전 단계로 말하는 사람들이 있는데, 묵상기도는 그 자체로 하나의 기도형태입니다.

통성기도가 소리를 내어 부르짖는 기도라면 묵상기도는 소리를 내지 않고 자신의 감정을 그대로 드러내 놓고 읊조리며 침묵으로 드리는 기도입니다. 묵상기도는 단순한 침묵이 아니라 언어 이상의 기도입니다. 그러므로 분주하고 시끄럽고 요란한 세상에서 살고 있는 그리스도인들은 조용한 곳을 찾아 정기적으로 묵상기도를 하는 시간을 가질 수 있어야 합니다.

묵상기도를 통해 우리는 마음의 근심을 털어놓기도 하고, 애통해하고, 신음하며, 한숨을 짓기도 합니다. 묵상기도를 하면서 탄식하며 울부짖기도 하고 눈물로 통곡하기도 합니다. 짧은 시간을 기도하기도 하지만 밤을 지새우며 기도하기도 합니다(사 38:14; 렘 31:18; 마26:75; 시 38:8-10, 77:2, 119:23).

우리가 묵상기도에 들어가기 위해서는 조용한 장소를 찾아가는 것이 무엇보다도 중요합니다. 묵상기도에 들어가면서 우리는 생활에서 주어진 무거운 짐을 내려놓습니다. 눈을 감고 하나님의 보좌와 그리스도의 고난을 묵상하기도 합니다. 삶의 현장에서 해결해야 할 문제나 여러 가지로 힘들고 어려웠던 과정을 반추하기도 합니다.

떠오르는 성경 구절이나 영상들을 상상력을 통해 응시하면서 기도하기도 합니다. 무엇보다도 기도를 통해 문제의 원인을 파악하고 그 해결책을 도모하고자 하며 갈급하고 간절한 태도로 기도합니다. 지친 몸과 마음을 주님께 의탁하며 안식과 평화를 얻고자 몸부림치기도 합니다.

묵상기도를 잠심(潛心)기도 또는 명상기도라고도 하는데, 고든 맥도날드(G. MacDonald)는 "우리의 영혼을 천국 주파수에 맞추는 것"이라 했습니다. 묵상기도를 위해서는 세상 일과의 접촉을 끊고 육적 욕구와 욕망을 뒤로하고 매일 시간을 기도에 우선적으로 배정하며, 무엇보다 규칙적으로 지속하는 것이 효과적입니다. 잡다한 생각이 많으면 묵상기도에 방해가 됩니다. 억울하고 힘들고 고달픈 상황에서도 인내하며 갈등과 불평불만을 가라앉히고 마음의 여유를 가지는 것이 필요합니다. 인간적인 욕망에 사로잡히기보다 끝까지 하나님을 바라보며 하나님을 만나고자 하는 갈망이 있어야 합니다.

현대의 영성가로 알려진 리처드 포스터는 묵상기도에 들어가는 단계에 대해 설명하면서 다음의 세 가지를 강조하였습니다.

첫째, 집중하기
둘째, 주님 바라보기
셋째, 듣는 기도(경청기도)

여기서 경청기도란 내 생각과 감정을 가라앉히고 하나님께 집중하는 기도입니다. 그럴 때 하나님의 임재를 느낄 수 있고, 하나님의 음성을 들을 수 있기 때문입니다. 경청기도의 뿌리는 하나님의 약속의 말씀인 성경입니다. 말씀을 묵상하되 지금 나에게 하나님께서 음성으로 들려주시는 말씀을 듣는 자세로 기도하는 것이 중요합니다.

5. 관상기도

'관상'(觀想)이라는 말은 헬라어로는 의도적으로 어떤 사물을 바라보는 것이라는 뜻으로 '데오리아'라고 하였고, 오리게네스, 클레멘스, 니사의 그레고리우스 등 헬라 교부들은 신플라톤 철학에서 이 단어를 차용하여 사용하였습니다. 지식에 대한 지적 시각, 지혜를 가진 사람들의 최고의 활동, 경험적 지식을 지칭하는 말에서 유래된 이 말을 라틴어로는 컨템플라시오(contemplatio)라고 합니다.

관상기도(contemplation player)는 초대교회에서부터 자연스럽게 시작되었습니다. 특히 이집트, 시리아, 팔레스타인 등지의 수도원을 중심으로 시작되었고, 6세기 그레고리우스에 의해서 체계화된 것으로 알려져 있습니다. 12세기에는 관상에 대한 여러 학파들이 나타나게 되었고 형식화되어갔습니다. 그러다가 13세기 프란치스코 수도회에 의해 대중화되었고, 14-15세기 흑사병과 백년전쟁 등으로 관상의 가르침과 흐름이 중단되는 기로에 놓이기도 했습니다. 관상기도는 1522-1526년에 이냐시오의 《영신수련》으로 일반에게 다시 알려지게 되었습니다.

성경은 출애굽의 지도자 모세가 하나님과 친구처럼 대면하고 있는 장면을 묘사하고 있습니다(출 33:11). 그레고리우스는 "관상이란 사랑으로 충만한 하나님에 대한 지식이다"라고 하였습니다. 토머스 머튼(T. Merton)은 관상기도에 대해 말하기를 "신자들의 심령에 하나님께 대한 사랑이 자라나도록 하기 위한 성령의 선물이며 성령의 역사"라고 하였습니다.

관상은 참선이나 정신수양이나 명상 등 종교혼합주의의 산물이 아닙니다. 그레고리우스의 말대로 사랑으로 충만한 하나님에 대한 지식인 것입니다. 토머스 머튼은 관상이란 우리의 영 안에서 활동하시는 성령의 선물인 지혜와 이해를 통하여 우리 안에 하나님에 대한 사랑이 자라도록 성령께서 하시는 일이라고 하였습니다.

토머스 키팅(T. Keating) 역시 관상이란 하나님께서 우리 안에서 일하시는 것이라 하였습니다. 관상기도란 하나님을 신뢰함으로 갈망하고 바라보는 하나님과의 교제의 기도입니다(사 30:15-17). 관상기도는 성령의 임재를 기다리는 기도입니다(시 46:10). 성령의 탄식소리를 듣는 것입니다(롬 8:16-28). 회개로써 자신을 비우는 기도입니다. 전적으로 순종하고자 하는 마음의 기도입니다. 하나님과의 연합과 일치와 동행을 소망하는 기도입니다.

'내가 아버지 안에, 너희가 내 안에, 내가 너희 안에.'

이것이 주님과 일치를 이루는 관상기도의 근본정신입니다(요 14:10, 17, 21). 그럼에도 불구하고 관상기도는 신비종교의 도전과 영성에 대한 무지와 오해로 인하여 오해를 받고 있는 현실입니다.

관상은 스트레스 해소나 환상이나 입신(탈아)과 같은 특정인이나 특정 집단의 종교적 체험이 아닙니다. 강렬한 영적 체험이 수반되어야 하는 것도 아닙니다. 관상은 인도 종교의 명상이나 요가나 심령과학이나 황홀경이 아닙니다. 하나님과의 연합을 이루는 신비로서, 이성적 직관이나 감성적 의존이 아니라 성령 안에서 하나님을 체험하며, 그 안에서 안식을 누리는 것입니다.

관상기도란 엄밀히 말하면 기도의 방법이 아닙니다. 말씀묵상에 근거한 하나님에 대한 깨달음이며, 하나님과의 사랑의 교제이며, 하나님과의 동행으로서, 주님 안에서 누리는 참 안식인 것입니다. 관상기도는 하나님의 실체를 직관적으로 바라보고 체험하는 것입니다. 하나님의 은혜를 사모하는 것입니다. 하나님과의 깊은 교제를 추구하는 것이며, 하나님께로 향한 친밀한 기도입니다. 성령 안에서 주님의 임재를 체험하며 살아가는 것입니다. 궁극적으로 성화를 추구하는 것입니다. 본회퍼(Dietrich Bonhoeffer, 1906-1945)의 말대로 성화되지 못한 칭의는 값싼 은혜에 불과한 것이기 때문입니다.

성경은 그리스도인들의 영적 체험에 해당하는 수많은 신비한 이야기를 우리에게 전해 주고 있습니다. 그러므로 관상기도에 거부감을 갖는 목회자나 신학자들도 많지만 무조건 거부감을 갖는 것은 바람직한 태도가 아닐 것입니다. 무조건 신비주의자라고 매도해서도 안 될 것입니다.
아브라함, 야곱, 모세, 여호수아, 기드온, 이사야, 엘리야, 예레미야, 에스겔, 다니엘, 12 소선지자 등 구약성경에 등장하는 수많은 믿음의 사람들의 삶과 이야기 속에는 아직도 해석하기 어려운 영적 신비들이 헤아릴 수 없을 만큼 많이 담겨 있기 때문입니다.
천사 가브리엘로부터 수태고지를 들었던 마리아, 바울의 다메섹 체험과 아라비아 광야에서의 체험, 사도 베드로와 백부장 고넬료의 환상 등 수많은 이야기들이 그것입니다. 그 가운데 사도 요한의 밧모섬 체험은 그 절정을 이루는 것이라고 할 수 있습니다. 그 기록이 신약성경 요한계시록입니다.
이들의 영적 신비체험은 각각의 환경과 상황에 따라 다른 모습을 보여주고 있습니다. 그렇지만 그 공통적인 요소로, 하나님의 인격과 계시의 말씀에 대한 순종과 의탁, 성령의 임재와 인도하심에 순응, 자신을 비움으로 하나님을 바라보는 간절한 기다림, 하나님과의 신비한 소통 등을 발견할 수 있게 됩니다.

관상기도에 비판적인 사람들은 관상기도가 가톨릭의 유산이며 이교도들의 행태에서도 발견되는 것으로서 비성경적이라고 주장하기도 합니다. 켄 블랜차드 역시 관상기도의 위험성에 대해 지적합니다. 개신교의 복음주의자들이 말하는 관상기도 역시 그 원리와 방법이 가톨릭의 수도원에서 유래되었기 때문이라고 말합니다. 더 나아가 관상기도에 심취하게 될 때 그리스도의 유일성을 부인하거나 특별계시를 부인하며, 범신론적 오류에 빠질 위험성을 경고하기도 합니다.

실제로 성경에 근거한 신앙이 아직 정립되지 않았거나 말씀에 대한 기반이 취약한 사람들에게서 우리는 그 위험성을 발견하기도 합니다. 그들에게서 관상기도만이 유일한 하나님과의 소통방법이라 여기고 절대시하는 편협성과 주관적 체험을 객관화하여 가르치거나 신비체험에 몰두하는 이단적인 요소를 발견할 수 있기 때문입니다. 그러나 관상기도의 위험성이 나타날 수 있다고 해서 관상기도를 무조건 거부하고 부정해서는 안 될 것입니다. 인생에서 중요한 것은 하나님과의 만남이요 하나님과의 교제이기 때문입니다. 관상기도는 깊은 기도를 경험하게 하고, 회개를 통해 자신을 비우며 자신의 내면을 정화시키고, 순수한 심령상태에서 전적으로 하나님께 의탁하고 임재를 기다림으로 하나님의 능력과 위로와 치유를 경험하게 하기 때문입니다.

관상기도의 방법으로는 묵상기도와 말씀묵상, 말씀묵상 중에서도 일정한 단어나 문장에 집중하며 반복하는 기도, 예수님의 공생애 장면을 떠올리며 상상력을 동원하여 이미지에 집중하는 방법 등 여러 가지가 있습니다.

관상기도의 장점은 기도의 깊은 세계를 체험하면서 하나님 중심의 인격과 삶으로 변화해 나간다는 점입니다. 나아가 참된 자아를 추구하는 과정에서 내적 치유가 일어난다는 점입니다.

관상기도라는 깊은 기도를 체험하기 위해서는 다만 기도에 집중할 수 있는 시간과 공간이 필요합니다. 무엇보다도 잡음과 잡념을 버리고 갈급함과 더불어 여유로움을 갖고 기도할 수 있는 시간적 여유가 있어야 합니다. 그러므로 어느 정도의 생활습관과 훈련이 필요한 부분이라 하겠습니다. 물론 어느 정도 기도훈련이 된 사람들은 길을 걷거나 산책을 하거나 일상생활에서도 관상기도를 접할 수 있을 것입니다.

토머스 머튼의 3단계 기도

토머스 머튼은 기도를 영성의 주요부분으로 인식하고, 기도는 하나님과 아담의 영이 가졌던 친밀한 관계를 회복하기 위한 몸부림이라고 하였습니다.

1단계 지적 회심기도
의식의 표피에서의 기도, 자기 암시적이며 자기중심적이다.

2단계 명상기도(묵상기도)
능동적 기도, 정신기도, 마음기도이다.
마음 깊은 곳에서 하나님을 직관, 체험하려는 기도이다.
자아의지가 적극적으로 살아 있는 순수한 마음의 기도이다.

3단계 관상기도
자기를 비우고 하나님께 온전히 맡기는 기도이다.
수동적 명상, 주부적 명상, 순수한 사랑을 추구하는 것이다.
자기의 뜻보다 하나님의 뜻에 맡기며 온전히 신뢰하는 기도이다.
인격적 자아는 있으나 자기에 대한 집착이 없는 기도이다.
성령의 능력을 체험하고 황홀경을 체험하는 단계의 기도이다.

6. 호흡기도

헬라어의 '프뉴마(πνεῦμα)'는 영, 바람, 호흡과 같은 의미를 담고 있습니다. 호흡기도를 주창하는 사람들은 요한복음 20장 22절의 예수께서 "숨을 내쉬며 이르시되"를 인용하여 호흡을 성령과 동일시합니다. 그들은 호흡으로 주님을 마신다고 표현하기도 합니다. 주님은 성령으로 우리에게 오셨으며 그분은 거룩한 호흡(숨)이라고 말하기도 합니다. 마태복음 8장 26절에서 예수께서 바람을 꾸짖으신 것도 그것이 단순한 바람이 아니라 바람 배후에 있는 악한 영이라고 주장합니다. 필자는 이러한 기도를 지지하는 입장이 아니지만 기도의 유형 중 한 가지로 소개할 뿐이며, 다만 한국교계의 일부에서 행해지는 호흡기도 행태는 충분히 문제가 있다고 봅니다.

호흡기도를 기도의 중요한 요소로 여기는 사람들은 이 기도를 '심장기도', '예수기도'라 말하기도 합니다. 주후 5세기 동방교회 수도사들은 심장의 박동에 맞추어 "주 예수 그리스도시여 나를 불쌍히 여기소서" 또는 "주 예수 그리스도시여! 저에게 자비를 베푸소서"를 반복하였다고 전해지기도 합니다.

호흡기도는 동방의 기독교에서 영성훈련으로 사용되었던 기도방식입니다. 그들은 실제 호흡을 통해 기도할 때 기도하는 사람의 영은 민감하게 되고 주님의 임재와 풍성한 사랑을 경험할 수 있다고 가르칩니다. 호흡은 자연적인 것이지만 동시에 영적인 것으로 간주하기 때문입니다. 그런 의미에서 호흡기도는 문제해결이나 무엇을 구하기보다 주님을 구하고 주님을 높이고 교제하며 가까이 나아가는 기도라고 할 수 있습니다.

특히 그들은 호흡에 관하여 자연적인 호흡과 영적인 호흡이 있다고 구분합니다. 주를 사모하는 마음자세로 하는 호흡기도는 영적 은혜의 도구라고 말합니다. 호흡은 주님이 임재하시는 통로이며 은혜의 통로이기 때문이라는 것입니다.

호흡기도를 추구하는 사람들의 핵심적인 주장을 들어보면 다음과 같습니다.

> "호흡(에너지, 생기, 기운)에는 생명의 신비가 있다. 단지 신선한 공기를 얻는 것만이 아니라 기도를 통해 전혀 다른 호흡을 할 수 있다. 주님을 생각하며 주의 이름을 부르면서 호흡하는 것이다. 들숨(충전, 주의 영을 마심)과 날숨(방전, 악한 기운을 버림)을 통해 신체적인 정화와 영적인 정화가 이루어진다. 날숨을 통해 각종 부패한 요소를 내보낸다(두려움, 분노, 낙심, 좌절 등). 죄를 토하고 주님의 의를 받아들인다. 호흡을 통해 악한 에너지, 파괴적인 에너지, 죽음의 에너지가 들어올 수 있다. 그러므로 사람들과의 대화와 접촉을 조심해야 한다."

그들은 TV를 통해서도 시기와 질투, 헛된 야망들이 심령 속으로 스며들어 간다고 봅니다. 식사를 할 때에도 위장이 가벼워야 신선한 호흡이 가능하다고 생각하기 때문에 과식을 금하며, 깊은 호흡, 강한 호흡을 권장합니다. 그러한 호흡은 마음을 안정시키고 영혼을 깨우며 영혼의 감각을 일으킨다고 보기 때문입니다.

호흡기도를 선호하는 사람들은 호흡기도를 할 때에 신체적 변화, 정서적 변화, 사고의식의 변화, 영적 감각이 예민해지는 변화가 나타난다고 말합니다.

첫째, 몸으로 짜릿함을 느낀다는 것입니다. 부분적으로 뜨겁거나 시원하거나, 뭔가 기어가는 느낌이나 압박감을 느끼게 된다는 것입니다.

둘째, 고통스럽거나 묵직하거나 아픈 느낌을 경험한다는 것입니다.

트림과 더부룩함, 뱃속에 이물질이 있는 느낌을 받는다는 것입니다.

셋째, 슬픔, 눈물, 불안, 두려움, 미련을 버리게 된다는 것입니다.

넷째, 신체의 부분적인 움직임이 일어나거나, 손이나 몸이 떨리는 현상이 나타나거나, 절식(節食)을 하게 되어 살이 빠지는 현상이 나타난다는 것입니다.

다섯째, 몸살이 나는 듯한 느낌, 나른한 느낌, 몸이 바닥에 붙어서 움직일 수 없는 현상, 마비증상 등이 나타난다는 것입니다.

여섯째, 마음의 평안이 찾아오고, 달콤함과 부드러움이 느껴지며 모든 통증이 사라진다는 것입니다.

일곱째, 환상을 보고 영계가 열리는 것을 경험하기도 한다는 것입니다. 그렇지만 그로 인한 후유증이 있다는 것을 말합니다.

제8장 이방종교의 신앙과 기도

이 장에서는 주요 종교의 신앙과 기도에 대한 전반적인 것을 모두 다루기보다 불교에 대해 서론적으로 간략하게 서술하고, 우리의 오랜 역사적 전통에 스며들어 우리 문화에 녹아 있지만 우리가 잘 인식하지 못하고 있는 도교와 샤머니즘과 민간신앙에 대하여 살펴보고자 합니다. 특히 최근 우리 사회에 급속히 퍼지고 있는 이슬람교의 기도에 대해서도 간단하게 소개하고자 합니다.

이방종교라 할지라도 종교적 수단으로 기도가 있고 기도를 가르칩니다. 종교를 가지지 않은 사람들도 '빈다' 또는 '기원한다'라는 표현을 합니다. 뚜렷한 신관을 가지지 못하였어도 나름대로의 신관을 가지고 막연하게나마 기대를 갖고 어떤 대상을 향해 비는 것입니다. 바라고 비는 마음은 누구에게나 있을 터이나 무조건 빈다고 기도의 효과를 기대할 수는 없을 것입니다.

이방종교 가운데 범신론 또는 애니미즘적 종교인들은 자연현상, 자연의 위력을 느끼며 염원을 갖고 정성과 공을 들입니다. 기암괴석이나 고목(古木) 앞에서 소원을 구하며 기도합니다. 기도하기 위해 산을 찾기도 하고 목욕재계도 하며 정화수를 떠 놓거나 촛불을 켜놓고 무릎을 꿇고 엎드려 기도하기도 합니다. 이들이 주로 구하는 것은 풍요, 건강, 행복, 출세, 성공, 합격, 안선 등이 대부분이며, 민속송교라 주장하는 종파에서는 국태민안(國泰民安)을 주요 기도제목으로 삼기도 합니다.

수도종교, 즉 수행이라는 개인적인 노력을 통해 깨달음을 얻고자 하는 불교를 비롯한 인도 종교에서는 암자나 동굴을 찾아 명상과 수도를 통해 종교적인 삼매경에 들어가는 것을 평생의 과업으로 삼기도 합니다. 이러한 모습은 고대로부터 이어져 온 수도종교의 전형적인 모습이기도 합니다. 그리스도인 가운데서도 스웨덴보리(Swedenborg), 선다싱(Sundar Singh)도 이러한 환경에서 황홀경을 경험했다고 알려져 있습니다.

한국의 종교적 생태계는 이러한 요소들과 함께 소위 민족종교라 선전되는 단군교나 대종교에서 주장하는 단군신화나 정감록 등을 신봉하며, 고유 종교라는 이름으로 자리를 잡고 있습니다. 고려 500년, 신라 1,000년을 우리 민족과 함께했던 불교는 조선 500년 동안에도 그 기반을 상실하지 않고 오늘날까지 이어지고 있으며 1960년대 이후 문화재라는 명목으로 국가의 지원을 받고 있습니다.

산신각이나 칠성각 등이 도교와 유교, 민간신앙과 혼합된 불교의 모습이듯이 한국불교는 이미 상식적으로 알고 있는 바와 같이 타 종교와 적절히 혼합된 모습을 하고 있습니다. 기도행위 역시 그 범주에서 벗어나지 않는다고 할 수 있습니다. 기도의 대상이 부처(佛)에 한정된 것이 아니라 범신론적 종교의 모습에서 볼 수 있는 바와 같이 다양성을 띠고 있기 때문입니다.

불교의 기도는 불공(佛供)이라는 이름으로 행하지고 있다는 점입니다. 불공에는 귀의(歸依), 향(香), 꽃, 공양(供養), 보시(報施)와 108배, 3000배 등의 절, 참회기도(참회발원), 참선기도, 영불기도 등이 있습니다. 특히 관음기도라는 것은 석가의 이름을 부르며 구원을 요청하는 것으로 '수행정진'이라 하기도 합니다. 지장기도는 지장보살에게 하는 기도로서, 효(孝)를 위한 사후 천도의식이 여기에 속합니다. 약사

기도는 치유를 소망하며 기도하는 기도로서 하늘의 별(칠성), 대지(산신), 바다(용왕)와 연관된 것으로 믿고 기도합니다.

불교인들의 기도는 불보살의 도움을 믿고 구하는 기도이며, 더 나아가 기도를 통해 불도(佛道)에 대한 깨달음을 얻고 수행하는 것으로 여깁니다. 불교인들은 기도 응답을 기대한다면 수행이 동반되어야 효과가 있다고 믿기에 고행을 마다하지 않는 특성을 보여줍니다.

1. 도교

도교란 도교의 사상과 교리, 신앙대상과 의례 등 도교가 가진 모든 종교적 요소를 가리키는 말입니다. 도교는 중국의 역사와 생태적 환경, 지역적 특성, 정치, 사회문화 등과 관련되면서 전개된 생활문화를 기초로 발생한 것으로 중국 고유의 종교문화라고 할 수 있습니다. 도교와 외형적으로 유사한 유형이 '군자의 도'라 말하는 유교입니다. 여기서 도교의 신앙과 기도를 소개하는 것은 도교가 오랫동안 동아시아뿐만 아니라 우리나라의 민간신앙의 뿌리로 작용하고 있어 민중의 의식구조에 깊이 자리를 잡고 있기 때문입니다.

도교는 유교·불교와 더불어 중국의 3대 종교의 하나로서 도학이라고도 합니다. 도교는 중국인의 고유한 생활문화 속에서 생활신조, 종교적 신앙을 기초로 하여 형성된 중국의 대표적인 민족종교입니다. 특히 한나라 시대 이전의 무속신앙과 신선(神仙)사상, 민중의식을 기반으로 형성되어 후한 말부터 육조시대에 이어지며 성장해 나갔습니다. 오늘날에는 동남아 등지에 고르게 분포되어 있습니다.

초기의 도교적 신앙은 불로불사(不老不死)의 신선을 희구하거나 무술이나 도술에 의한 치병, 재해 퇴치 등 현세에서의 행복 추구에 그 중점을 두었지만 유교와 불교와 습합(융합)하고 서로 영향을 받으면서 민중의 생활습관과 도덕의식을 중심으로 한 신앙으로 발전해 나 갔습니다.

유교가 중국 사회와 국가질서 그리고 학문과 기술을 정치권력자의 입장에서 규명하고자 한 것과는 달리, 도교는 종교적 요소를 중심으로 민중의 입장에 서고자 하였습니다. 그런 이유로 도교에서는 유교에서 배격하는 미신이나 온갖 도깨비·변괴귀물(變怪鬼物) 등 귀신신앙도 포함하고 있습니다.

중국에서는 청나라 말기부터 5·4문화운동 시기에 걸쳐 미신과 옛 종교를 배제하고자 하는 운동이 벌어졌습니다. 중국 국민당은 1928년에 신사존폐표준(神祠存廢標準)을 발표하고 미신적 신사(神祠)를 배제했고, 중국공산당은 출범 초기부터 종교를 아편시하는 입장에서 도교, 유교, 불교를 배척하였습니다. 그 여파로 문화혁명에 의해서 많은 문헌과 종교 유산들이 파괴되었습니다.

도교가 한국에 전래된 시기는 정확하지 않으나 《삼국유사》에 624년에 오두미교가 고구려에 도입되었다는 기록을 근거로 볼 때 삼국시대에 전해져 주로 왕가(王家)에서 신봉되었던 것으로 보입니다.

조선시대에는 고려 때의 재초소와 통합한 소격서(昭格署)가 설치되었는데, 주로 병이나 재난을 막고 국가안태를 기원하는 초제를 지냈습니다. 이와 같이 도교는 국가의 제례를 위한 조정기구의 하나로서 한 왕조에서도 국왕의 신봉 여부에 따라 흥하기도 하고 쇠하기도 하였습니다.

이론적으로 도교사상은 선파(仙派)·칠현(七賢)·청담가(淸談家)·단학파(丹學派)라 불리는 사람들에 의해 연구되었는데, 우리나라의 대표적 인물로는 신라의 최승우, 김가기, 최치원 등이고, 고려의 강감찬, 한유한, 이약곽 등이며, 조선의 조여적, 남추, 김시습 등이 있었습니다.

도교의 신들은 자연숭배와 인간숭배로 집약됩니다. 그 형태는 사당의 비석이나 그림 등으로 표현됩니다. 특히 유교의 제례에 나오는 신들에 대응하는 민간의 생활문화와 관련된 신들과 불교 등 외래 종교에서 온 여러 신들이 있습니다. 민간의 신들 중에는 도가 및 신선 성조(神仙聖祖)로부터 온 신들, 생활문화의 신들, 즉 농촌생활과 양생의료(養生醫療) 관계, 중국의 푸젠성(복건/福建) 등 지역문화와 관련된 신들이 있습니다. 그들이 신이라 하나 의례는 유교적 모습을 유지하며 존재하고 있습니다. 생활문화와 관련된 신들의 대부분은 세시풍속의 신이 되었고, 그 신들의 모양(圖像)은 연화, 즉 신년이나 입춘에 집 안팎에 장식하는 목판화에서도 발견됩니다.

도교에서 신으로 숭배하며 받들어지는 인물들을 간략히 소개하면 다음과 같습니다.

관제(關帝) : 도교에서 숭배하는 인물 중에 삼국지에 등장하는 촉한의 무장 관우(關羽)입니다. 관우는 무신(武神)이면서 동시에 재신(財神)으로 숭배되고 있습니다. 관우는 민간 도교의 대표적인 신으로 숭배되며 우리나라의 무당집에서 가장 인기가 있는 월드스타이며, 한류스타로는 최영 장군이 신으로 받들어지고 있습니다.

낭낭(娘娘) : 도교의 여신입니다. 벽하원군(碧霞元君)을 비롯하여 다수의 여신들의 공덕과 은혜를 믿고 숭배합니다. 송자낭낭(送子娘娘 ; 자손 번식), 자손낭낭(자손 번영), 두진낭낭(痘疹娘娘 ; 천연두 치료), 최생낭낭(催生娘娘 ; 출산 촉진), 아광낭낭(眼光娘娘 ; 눈병 치료) 등이 있습니다.

동악대제(東岳大帝) : 오악(五岳)은 제사의 대상이고, 그 가운데 태산은 한나라 때에 태산부군(泰山府君)이라 불리었습니다. 사람의 혼백을 가져오게 하여 생명의 길고 짧음을 관장하는 신으로 숭배되고 있습니다.

마조 : 해난구조의 신으로 숭배되는데 송·원나라 때에는 해상무

역의 번성과 함께 항해 신으로 자리매김하였습니다. 로마 가톨릭의 성자들이 특정지역이나 산업의 수호신으로 섬김을 받는 것과 유사한 것으로 볼 수 있습니다.

문·재신(文·財神) : 은(殷)나라의 주왕(紂王)의 충신인 비간(比干) 숭배입니다. 무재신과는 상대적으로 문·재신으로서 제사를 지냅니다. 문재신은 사람의 운명을 관장한다고 하며, 특히 과거를 보는 사람들의 수호신으로 여겨졌으며, 서점·붓 가게 등의 길드(guild) 신으로 숭배되었습니다.

북두진군(北斗眞君) : 북두칠성이 신격화된 것으로, 동남아시아 지역에 파급되어 나갔습니다. 북두에 대비하여 남두육성(南斗六星)도 숭배대상이 되고 있습니다.

서왕모(西王母) : 곤륜산의 왕모(王母)로서, 춘추전국시대의 곤륜산에서 신선이 되었다고 하는 전설에 따라 서왕모로 추앙합니다. 후한시대의 태산신앙(泰山信仰)에서는 동태산의 배우자로 인정되기도 했습니다. 태산은 이백의 시 "태산이 높다 하되"에서도 나오는 중국의 산입니다.

성황(城隍) : 성곽이 있는 도시의 수호신으로 숭배합니다. 한국의 서낭당은 성황당이 순화된 말로 성황을 안치한 장소를 말합니다. 성황은 토지신의 으뜸으로 현(縣)성황의 총괄신은 도성황(都城隍)으로 숭배합니다.

옥황상제(玉皇上帝) : 천제(天帝). 옥황이라는 이름은 당나라 때 시작되었고 송나라 때에는 최고신으로 숭배되었습니다. 중국어 성경은 하나님을 상제로 번역하고 있습니다.

용왕(龍王) : 천둥, 번개, 구름, 비와 관련되어서 가뭄이나 풍수해를 지켜 주는 신으로 숭배되었습니다.

원시천존(原始天尊) : 유교에서 말하는 천신(天神)·지기(地祇)의 천신이 도교의 신으로 숭배된 경우에 속합니다. 도교에서 가장 높은 신입니다.

 토지신(土地神) : 유교의 사직(社稷 ; 토지와 오곡의 신)에 대응하는 신으로, 특히 농토 및 농민들의 생활을 수호하는 신으로 숭배되었습니다.

 풍도신 : 도교의 지옥신입니다.

 현천상제(玄天上帝) : 북방 하늘의 상제로 하늘의 중심인 북극성을 신격화한 것입니다. 북극성 신앙은 주(周)나라에서 시작되었지만, 도교의 신으로서 정착하게 된 것은 당나라 때부터입니다.

 도교의 신앙은 기도보다 주술적인 요소가 많습니다. 대표적인 것을 보면 다음과 같은 것들이 있습니다.

 참회의 법 : 참회기도문을 신 앞에서 낭송하는 법을 말합니다. 천존(天尊), 성호(聖號)를 예배하고 참회멸죄(懺悔滅罪)를 간구하는 의례입니다.

 재초과의 : 경문이나 참문(懺文)을 소리 내어 낭독하는 행위입니다.

 부록 : 부(符)와 녹(籙)으로서 그 의미는 같으며, 모두 신의 이름으로 내려주는 문서를 말합니다. 부에는 호부(護符)와 진택부(鎭宅符)처럼 부해(符劾)나 주부(呪符)의 효험을 지니는 천(天; 星辰 / 별)과 귀(鬼)와 신(神)의 문자나 도문(圖文, 그림)으로 알려진 부적이 많습니다.

 도교에서 의식을 행할 때에는 태을(太乙)·오성(五星)·북두(北斗) 등 하늘의 별과 천지산천 등에게 희생을 바치고 상장, 축문을 읽는 순서로 이어집니다. 축문이나 상장은 유교의 제례규칙 속에 정해져 있으며, 도교의 제초의례 속에도 규정되어 있습니다.

 이와 같이 도교는 중국에서 전래되어 온 무속신앙 또는 민간신앙으로 우리 문화와 융합하며 풀뿌리처럼 깊이 뿌리내려 있어 지역마다 약간의 차이를 보이기도 합니다. 우리는 기도의 대상을 알지 못하고 기도하는 도교의 특성을 이해할 수 있어야 합니다. 그것이 기독교 전래 이전 우리 조상들의 신앙과 삶이었기 때문이며, 선교를 위한 심성 이해에 도움이 되기 때문입니다.

2. 민간신앙(샤머니즘)

민간신앙은 토속신앙 또는 민속신앙으로 불리는 샤머니즘입니다. 샤머니즘은 우주만물에 신이 깃들어 있다고 믿는 범신론(pantheism)이며 다령신앙(polydemoism)으로 애니미즘(animism)을 기초로 하고 있는 원시신앙입니다. 정령(anima)신앙에서 파생된 애니미즘은 모든 물체에 정령이 있다고 믿는 자연숭배(自然崇拜) 또는 정령숭배(精靈崇拜)입니다. 이러한 신앙은 아메리카 원주민들을 비롯한 문명의 손길이 닿지 않은 지역일수록 일반화되어 있으며, 일본사회 신앙의 주류를 이루고 있는 신도(神道) 역시 원시신앙인 애니미즘에 기초하고 있습니다. 원시신앙은 우주과학시대라고 하는 오늘날에도 돼지머리를 놓고 기원하며 제사하듯이 영적 미개상태를 적나라하게 보여줍니다.

원시신앙에는 우주만물에는 신(정령)이 깃들어 있다고 믿는 범신론(pantheism), 자연계의 모든 사물에는 생명이 있다는 믿는 정령숭배(animism, 물활론), 동물과 식물이나 자연을 신성시하는 토테미즘(totemism), 조상의 혼령이 자손의 길흉화복에 영향을 준다고 여기면서 유교의 사후 귀신론과 효(孝)와 결부된 조상숭배(祖上崇拜) 등이 있습니다.

특정한 행위, 음식, 집단, 날짜 등을 따돌리는 터부(taboo), 주술신앙(magicism), 이 모든 것들이 샤머니즘(shamanism)과 그 매개체 역할을 하는 샤먼(shaman, 무당, 무속인, 만신, 주술사)과 의례행위로서의 굿을 그 특징으로 합니다. 굿은 치병(治病), 액막이, 풍년 소원, 재수, 진혼 등의 목적에 따라 다양성을 띠기도 합니다.

　민속종교 또는 민간신앙에서 인간숭배는 그 역사가 깊습니다. 특히 고대인들은 육체를 떠난 영혼은 초인적인 능력을 가지고 있는 것으로 믿었습니다. 자연계는 이러한 정령들이 충만해 있으며, 이것들이 인간세계에 질병과 기근 등 재앙과 위기를 만들기도 하고 복을 가져오기도 한다고 믿었던 것입니다. 이러한 영계와 인간 사이의 중간 역할을 하는 사람을 샤먼(무당, 무속인)이라고 부릅니다.
　샤먼은 부채, 칼, 삼지창, 징 외에도 세 가지 성물을 가지고 있는데 방울과 북과 거울이 그것입니다. 악령은 방울소리를 싫어하고 신령은 북소리를 좋아하며, 거울은 광명과 조영(照映)의 신비스러운 물건으로 성물로 여겨졌던 것입니다. 샤머니즘의 우주관은 삼층 구조입니다. 곧 상계, 중계, 하계가 그것입니다. 상계는 광명한 천상세계이며 주신과 선령들의 거처라고 생각했습니다. 중계는 인간과 생물이 사는 이 세상을 지칭하는 것이고, 하계는 악령들이 사는 지옥을 말합니다.
　샤머니즘에도 약간의 심판사상과 윤리사상이 있다고 볼 수 있으나 샤머니즘의 주요 관심사는 인간의 윤리가 아니라 영계를 조작하는 재액(災厄)으로부터의 인간 해방인 것입니다. 따라서 샤머니즘에는 엄밀한 의미에서 윤리사상이나 죄의 관념이나 심판사상이 없다고 할 수 있습니다. 샤머니즘은 뚜렷하거나 핵심적인 교리가 없기 때문에 쉽게 타 종교와 혼합합니다. 그것을 '습합'(褶合)이라고 합니다. 우리나라에서도 샤머니즘은 불교와 유교와 도교사상과 혼합되거나 흡수되어 자기의 것으로 만들어 가고 있는 현상들이 비일비재합니다.
　샤머니즘 신앙의 가장 큰 문제점은 무당(무속인)이 그럴듯한 논리로 머지않은 미래에 닥칠 위험성(사고, 질병, 죽음, 사업의 위기 등)으로 사람들을 현혹하고 불안을 조성하여 막연한 개념으로 사람들의 심성을 흔들어 놓고 나서 그 두려움에서 벗어나지 못하게 한다는 것입니다. 그들은 제액초복(除厄招福)을 위해 굿을 장려하는데, 그것이 그들의 주요 생계수단이며 주 수입원이기 때문입니다. 우리나라의 약 50만 개로 추정되는 점(占)집이나 철학관의 행태가 대부분 이러한 유형에 속한다고 볼 수 있습니다.

이러한 민간신앙은 샤머니즘과 혼용하기도 하나 고대사회에서부터 지속적인 변화를 거듭하면서 한국인의 심성에 풀뿌리처럼 자리 잡고 있는 체계화되지 않은 종교적 관행이라고 정의할 수 있습니다. 그렇기 때문에 원시종교 또는 하등종교로 분류하기도 합니다.

민간신앙은 그 전래와 발생경로를 파악하기가 쉽지 않고, 지역적 특성을 가늠하기도 쉽지 않습니다. 문화권과 지역에 따른 다양성을 그 특징으로 합니다. 민간신앙은 집단신앙과 개별신앙으로 구분할 수 있습니다. 집단신앙이란 마을 공동체 신앙으로 산제당, 서낭당, 장승, 용왕, 당나무, 기우제 같은 동제(洞祭)를 말하며, 개별신앙은 가정신앙으로 조령, 성주, 조왕, 터주 등을 일컫는 것입니다.

우리나라의 민간신앙은 불교, 유교, 도교가 들어오기 이전부터 재래종교로서 샤머니즘의 형태로 종교적 바탕을 이루고 있었습니다. 전통종교의 탈을 쓰고 있는 샤머니즘은 실제로 우리 고유의 종교가 아닙니다. 샤머니즘은 시베리아를 중심으로 몽고, 만주, 한국, 일본 등 우랄 알타이어족의 공통적인 원시종교인 것입니다.

샤머니즘은 전파 과정에서 각 민족의 토양과 심성에 따라 특색을 나타냅니다. 타 종교와의 혼합을 통해 명맥을 유지해 나가는 것이 특색이기도 합니다. 민간신앙의 집단신앙으로는 동제가 있습니다. 마을 구성원들이 일정한 장소에서 마을의 수호신을 모시고 제사를 지내는 연중행사입니다. 동제는 한밤중에 지내는 제사와 제사 후 주민들이 참여하는 축제로서의 굿과 동제 전후에 열리는 동회라는 세 가지 행사를 주요소로 합니다.

이필영 교수는 충남지방의 장승과 솟대에 대해 연구한 자료를 통해 마을공동체 신앙에는 상당신과 하당신이 있다고 했습니다. 상당신은 마을 뒷산의 조용하고 그윽한 곳에 모신 산신(山神)이며, 하당신은 마을입구에 모셔져 있는 장승, 짐대(솟대), 선돌, 돌탑, 둥구나무(신목)를 가리키는 것이라고 했습니다. 오늘날에는 상당신이나 하당신만 모시는 경우도 있고, 기독교 선교 이후 전통이 사라진 경우도 많이 있습니다.

상당신에 대한 제(祭)의 명칭은 산신제(산제)와 거리제, 산신제와 장승제, 산신제와 탑제 등으로 나타나고, 하당신만 모실 때는 거리제, 장승제, 탑제, 미륵제 등으로 불립니다. 산신제에 참여하는 사람들은 마을의 제액초복(除厄招福)이나 풍년을 기원하며 전염병으로부터 보호되기를 기원합니다. 산신은 마을의 안녕과 질서를 주관하는 최고신으로 여겨졌으며, 제당으로는 마을의 뒷산이나 산의 고목이나 괴암(怪巖)을 자연제당으로 사용하기도 하고, 당집을 지어서 산신을 모시기도 합니다. 산신제를 주관하는 사람들에게는 금기사항이 있고 비용은 집집마다 염출하여 쓰거나 정월 초에 풍물패들이 다니면서 거출하기도 합니다.

장승은 떡갈나무나 소나무의 장목에 사람 모양을 간단하게 조각하여 마을 입구에 세웠는데, 대개 솟대와 짝을 이룹니다. 장승은 나무장승과 돌장승이 있으며 중부지방은 나무장승이, 남부지방은 돌장승이 주류를 이루고 있습니다. 장승에 대한 명칭으로는 오방신(동, 서, 남, 북, 중앙), 오방장군, 수살, 수살메기라고도 하는데, 천하대장군과 지하여장군이라는 이름을 새겨 놓습니다. 장승은 단순한 이정표가 아니라 축귀나 액 막음의 기능을 하는 마을의 수호신으로 여겨졌습니다.

솟대는 장승보다 2-3배 높이의 장목 위에 오리 모양을 하고 있어 오릿대, 수살대라고도 합니다. 새의 모양은 마을의 바깥으로 향하거나 마을의 명산을 바라보도록 하는데, 솟대의 목적 또한 제액초복(除厄招福)입니다.

민간신앙의 개별신앙으로는 가정과 개인의 기원을 위한 것으로 기복적 성격을 기초로 하고 있는 가신신앙(家神信仰)입니다. 가신신앙은 집의 요소요소마다 각기 권능을 가진 신이 있어서 집안을 보살펴 준다고 믿고 정기적으로 예(禮)를 올리는 것입니다. 가신신앙은 조상신에 관한 신앙과 풍요기원과 안녕을 기원하는 세 가지로 분류됩니다. 조상신은 가족들의 일상을 지켜보고 있다고 믿는 상징적인 신들입니다. 김태곤의 조사에 따르면 우리나라에는 273가지의 숭배물이 있다고 전해집니다.

조상신을 모시는 가신으로는 다음과 같은 것들이 있습니다.

첫째, 집안의 안방에 위치하는 고리(고리단지, 신주단지, 조상단지, 삼신바가지, 세존, 재석)가 있습니다. 고리는 호남지방에서는 조상 할매, 삼신 할매 등으로 칭하기도 하는데, 작은 단지 안에 쌀을 넣어 백지로 덮거나 치마저고리를 넣어 두기도 합니다. 고리의 기능은 가족들의 생명을 보호하고 연장해 주며 대를 잇게 한다고 여깁니다.

둘째, 마루에 위치하는 성주(성조신)가 있습니다. 성주는 독에 쌀이나 보리를 넣어 신체를 삼기도 하고, 한지를 접어 대들보에 붙이기도 하며, 안방 문 위에 한지를 접어 실타래를 묶고 솔 순을 끼워 수숫대로 고정시켜 두기도 합니다. 자손들의 장성과 장수와 풍년을 기원하는 것입니다. 성주는 성주독, 성주단지, 부루단지, 성주대감, 상량신, 건성궁 등으로 불리기도 합니다.

셋째, 용단지가 있습니다. 안방의 시렁 위에 삼신바가지와 나란히

두는데, 집안의 신상과 관련이 있는 것으로 집안에 우환(憂患)이 있을 때는 없애기도 합니다.

풍요를 기원하는 신앙으로는 곡식과 생명과 음식에 관한 것으로 삼신바가지나 성주를 모시는 것과 짐승이 새끼를 낳았을 때나 장독대의 장 단지에 금줄을 치는 행위가 여기에 속합니다.

안녕을 기원하는 신앙으로는 조왕과 터주, 업, 측신이라고도 하는 정랑귀신 등이 있습니다. 조왕은 부엌을 관장하는 신으로 부뚜막에 작은 돌을 놓고 작은 그릇에 물을 떠 놓아 신체를 삼는 것이 일반적입니다. 조왕신은 조왕님, 조왕할머니로도 불립니다. 조왕신은 화신(火神)으로서 정화(淨化)의 신으로 여겨졌습니다.

터주는 집터를 지켜 주는 신으로 인식합니다. 장독대 옆에 짚단을 세워 원추형으로 만들어 놓고 그 안에 쌀을 넣은 단지를 두는데, 그것을 터주라고 합니다. 터주 앞에 넓적하게 짚을 덮어 놓는데 그것을 업이라고 합니다. 업은 그 안에 구렁이나 족제비가 산다고 하여 구렁이업, 족제비업, 인업 등으로 말하기도 합니다.

마지막으로 변소(화장실)를 주관하는 각시신이 있습니다. 각시신은 어리고 요사스럽고 신경질적이어서 기침을 하지 않고 변소(화장실)에 들어가면 급살(急煞)하는 일이 생겨난다고 여겼습니다.

민간신앙에는 이외에도 외양간을 지켜 주는 신, 찬광을 지켜 주는 신, 대문을 지켜 주는 신 등이 있는데, 문신은 질병이나 부정의 출입을 막아 준다고 생각했습니다.

이렇듯 현대사회에서 점차 사라져 가고 있지만 아직도 특히 농·어촌 지역에 뿌리 깊게 자리 잡고 있는 민간신앙이 있습니다. 이러한 민간신앙에 대한 이해는 선교 차원에서라도 필요하다고 여겨 필자가 예전에 연구했던 부분을 정리하여 옮겨 실었습니다.

3. 이슬람교

'기독교와 이슬람교의 하나님은 과연 같은 신인가?' 하는 문제에 대해 유대교나 기독교는 다르다고 주장하는 반면 그들은 동일하다고 주장합니다. 이슬람교는 6일 동안의 창조를 믿습니다. 기독교의 삼위일체 교리에 대해서는 삼신론(tritheism)으로 보고 철저히 배척합니다. 예수 그리스도를 하나님의 아들이시며 구세주로 믿는 것이 아니라 여러 예언자 중 한 사람으로 봅니다.

이슬람교는 유일신이자 창조주인 알라(Allah)를 믿습니다. 알라의 속성들을 나타내는 99개의 이름들이 코란에 언급되어 있다고 합니다. 이슬람교에서 말하는 예언자들은 성경에 나오는 인물 중 아담, 노아, 아브라함, 이스마엘, 이삭, 야곱, 요셉, 모세, 아론, 롯, 요나, 엘리야, 다윗, 솔로몬, 엘리사, 스가랴, 요한, 예수를 말합니다. 무함마드 등 이슬람만의 예언자로는 후드, 살리흐, 루끄만, 둘 가르나인, 에베소의 일곱 잠자는 자들을 말합니다. 모두 124,000명 중 28명이 코란에 기록되어 있다고 말합니다.

코란은 성경을 재확인하는 것으로 믿으며, 유대인들이나 기독교인들이 왜곡된 경전을 가지고 있다고 주장합니다. 예수의 십자가의 죽음이 주는 가치나 의미를 부정합니다. 천사는 빛으로 창조된 가장 고귀한 피조물 중의 하나이며, 창조주의 명령에 순종할 뿐이고 거역하지 않는 속성을 부여받았다고 가르칩니다.

특히 가브리엘은 창조주의 명령에 따라 모든 천사들을 주관하고 모세나 예수, 무함마드에게 창조주의 계시를 전하였다고 가르칩니다. 천사들 중에는 천국의 문을 지키는 이드완, 지옥문을 지키는 말리카 등 다양한 기능을 가진 천사들의 존재를 믿습니다.

사후세계에 대하여 인간의 생은 현세에서만 존재하는 것이 아니고 사후에도 계속해서 지속된다고 봅니다. 현세의 생은 유한적이고 사후의 생은 영원하며, 이 생명은 창조주의 심판을 통하여 천국과 지옥에서 영원히 사는 생명으로 분류된다고 믿습니다.

이슬람의 기도에 대해 보면 다음과 같습니다. 아래의 글을 보면 이슬람식 기도는 원칙적으로 기도를 행하기 전에 전제조건들과 절차가 있다는 것을 확인할 수 있습니다.

첫 번째가 규정된 세정의식입니다. 손을 씻고 입안을 헹구고 코 안을 씻습니다. 얼굴을 씻고 팔을 씻으며, 물이 묻은 손으로 머리를 다듬고 귀를 씻으며, 마지막으로 발을 씻습니다. 청결은 신앙의 근본이요, 청결하지 않은 기도는 수락되지 않는다고 생각하기 때문입니다.

청결에는 내적 청결과 외적 청결이 있는데, 내적 청결로는 죄악으로부터 마음과 양심을 깨끗하게 하는 것과 실수로 인한 죄악에 대해서 진실하게 회개하고 타인을 의심하지 아니하고 증오하거나 시기하지 아니하며 유혹하지 아니하는 것, 거만하지 아니하고 남을 속이지 않는 것 등을 말합니다. 외적 청결로는 인간의 신체 중에서 노출되어 더러워지기 쉬운 부분을 깨끗한 물로써 깨끗하게 하는 행위를 말하는데 '우두'라고 말합니다. 물이 없는 경우 우두 대신 행하는 행위를 '따얌뭄'이라고 합니다.

기도 장소 역시 모든 불결한 것을 제거해야 하고 몸과 복장은 깨끗하고 청결해야 한다는 점을 강조합니다. 얼굴은 반드시 메카(Mecca)를 향해야 하고, 기도는 규율을 지키는 근엄한 태도로 해야 한다고 가르칩니다. 잡담이나 유머, 놀이, 먹는 것 등이 있으면 기도의 효력이 상실된다고 가르치기도 합니다.

하루에 다섯 차례의 기도를 17번이나 반복하는데 파즈르(아침) 2번, 주흐르(정오) 4번, 아스루(오후 4시경) 4번, 아그립(해 질 무렵) 3번, 이샤(저녁) 4번의 기도가 그것입니다. 이러한 기도의 관행은 주후 619년

무함마드가 하늘(7층 하늘 중 7층)에서 아브라함을 만난 후에 천사를 통하여 명령을 전달 받았다고 주장하는 데서 유래합니다.

금요예배(juma)는 코란과 하디스에 의해 의무화되고 있는데 노예, 여성, 소년, 환자를 제외한 남성, 자유인, 성인, 건강한 자 및 거주민을 포함한 모든 무슬림에게 의무로 규정하고 있습니다. 그렇지만 오늘날까지도 여성들을 철저히 배제시키는 점에서 성 평등과는 거리가 먼 남성들의 종교라고 하겠습니다. 예배에는 반드시 이맘(imam)의 설교가 있어야 하고, 금요일 공동예배의 기도는 반드시 알라가 응답해 준다고 믿습니다. 하디스에 의하면 금요기도는 평상시의 기도보다 27배나 응답 효과가 있다고 주장합니다.

이슬람교의 기도순서 중 아침기도를 소개하면 다음과 같습니다.

1. 서서 메카(Mecca)를 향해 양손을 귀에 대고 "알라는 가장 위대하시다"라고 외친다.
2. 조용히 개경장(al-Fatiha)을 암송한다.
3. "알라는 가장 위대하시다"라고 외친 후 "주님 찬양을 받으소서"를 머리를 숙이고 3회 반복한다.
4. 선 채 "알라는 자기를 찬미하는 자의 말을 들으신다"라고 외친다.
5. "알라는 가장 위대하시다"라고 외친 후 이마가 땅에 닿게 절을 하고 "가장 높으신 주님! 찬양을 받으소서"를 3회 외친다.
6. "알라는 가장 위대하시다"라고 외친 후 상체를 들고 무릎을 꿇는다.
7. 다시 절을 하고 나서 "가장 높으신 주님, 찬양을 받으소서"를 3회 외친다.
8. "알라는 가장 위대하시다"라고 외친 후 조용히 개경장을 암송

한다.

9. "알라는 가장 위대하시다"라고 외친 후 "주님 찬미를 받으소서"를 머리를 숙인 채로 3회 반복한다.
10. 선 채로 "알라는 자기를 찬양하는 자의 말을 들으신다"라고 외친다.
11. "알라는 가장 위대하시다"라고 외친 후 이마가 바닥에 닿도록 절을 하고 "가장 높으신 주님 찬양을 받으소서"를 3회 외친다.
12. "알라는 가장 위대하시다"라고 외친 후 몸을 세우고 무릎을 꿇는다.
13. 다시 절을 하며 "가장 높으신 주님 찬양을 받으소서"를 3회 외친다.
14. 몸을 치켜세우고 무릎을 꿇은 후 다음과 같이 외친다.

"알라여! 우리의 인사와 헌납과 시주와 기도를 받아주소서. 오! 예언자여! 그대 위에 알라의 자비와 축복이 있을지어다. 알라의 평화가 우리와 알라께 충실히 예배드리는 모든 자들 위에 함께할지어다. 나는 알라 외에는 신이 없음을 증거한다. 알라는 유일하시고 어떤 동등한 것도 없다. 나는 무함마드가 알라의 종이고 사도임을 증거한다."

15. 무릎을 꿇고 머리를 우측으로 향하여 "알라의 평화와 자비가 당신들과 함께하시기를"이라 외친다.

모슬렘들은 하루에 5회씩 메카를 향해 기도하는 가운데, 알라를 향해 34번 절을 하고 다음과 같은 구절을 암송한다.

- 알라는 가장 위대하시다. 68회
- 가장 높으신 주님, 찬양 받으소서! 102회
- 주님 찬미 받으소서! 51회
- 알라는 자기를 찬양하는 자의 말을 들으신다. 17회
- 개경장(al-Ftiha) 17회

- 이슬람의 신앙고백 5회
- 모든 이슬람들에게 평화 기원 5회

제2부

바른 영성

제1장 영성의 이해

1. 영성이란 무엇인가?

인간의 영혼이 성장·발전해 나가는 과정을 주제로 삼고 있는 '영성'(Spirituality, Spiritualitas)이란 말은 시대와 상황에 따라 다양한 이름으로 사용되어 왔으며, 오늘날에도 한마디로 정의하기는 쉽지 않습니다.

영성이란 단어는 교부 터툴리아누스(Tertulianus, 약 160-220년)에 의해 처음 사용된 것으로 알려져 있습니다. 그는 영성을 성령의 은사로 간주하였고, 영성이란 이 세상과는 다른 차원의 것으로 보았습니다. 사막의 교부들 역시 영성을 이 세상을 완전히 부인하는 것으로 이해하였습니다. 그 결과 그들은 금욕주의를 표방하며 은둔생활을 하면서 엄격한 금단(禁斷)을 통해 그리스도와 같은 완전을 이루고자 하였던 것입니다.

영성을 '하나님의 영'으로 이해하고 사용하기 시작한 사람은 교부 히에로니무스로 알려져 있습니다. 9세기의 수도사 칸디두스(Candidus)는 영성을 '육체적' 또는 '물질적'이란 말과 상반된 개념으로 사용하였습니다. 12세기에도 영성이란 육체적인 것과 반대개념으로 사용되었습니다. 13세기에 와서는 하나님께 대한 인간의 인격적 관계를 뜻하는 전문용어로 사용된 것으로 알려져 있습니다.

16세기 종교(기독교)개혁자들은 영성이라는 용어보다 '경건'이라는 말을 대체용어로 사용하였고, 17세기 이후 프랑스의 가톨릭 교회가 사용하면서부터 일반적인 용어가 된 것으로 알려져 있습니다.

오늘날 가톨릭에는 영성에 대해서 다양한 명칭이 사용되고 있습니다. 영성신학(spiritual theology), 영성생활(spiritual life), 신심생활(devoted life), 내적 생활(interior life), 신비적 수련(mystical evolution), 기독교 완덕신학(theology of christian perfection) 등이 그것이며, 근래에는 주로 개별적이며 개인적인 관계의 문제를 다룰 때 많이 사용하고 있습니다.

가톨릭에서는 영성이란 말을 자연스럽게 사용해 왔으나 개신교에서는 중세의 열광주의(광신주의), 신비주의, 수도원주의(현실도피)에 대한 부정적인 인식으로 인해 영성이라는 말보다 경건, 헌신, 완성(온전)이라는 용어를 사용하였습니다.

20세기 후반에 이르러 개신교에서도 영성에 대해 많은 관심을 가지기 시작했습니다. 한국에서는 1990년대 이후 정확한 개념정리가 되어 있지 않은 상태로 영성, 영성집회, 영성훈련, 영성회복, 영성세미나 등의 용어로 다양하게 사용되고 있습니다.

왜 현대인들은 영성에 관심을 갖는 것일까요? 흔히 교회사로 알려진 기독교 역사는 침체와 부흥, 타락과 혁신, 세속화와 성화를 반복해 온 역사였습니다. 교회가 어려울 때마다 12세기의 프랜시스, 16세기의 루터와 칼빈, 18세기의 웨슬리와 같은 지도자들이 출현하였고 새로운 신앙운동이 일어났습니다.

그런 차원에서 교권주의, 율법주의, 세속화, 개인주의, 물질주의, 이성주의, 무한경쟁의 복잡한 사회를 살아가는 현대인의 지친 삶이 그것들과 상반된 개념인 영적 신비를 추구하고자 하는 영적 갈망으로 확산되어 가는 과정에 있기 때문이라고 할 수 있을 것입니다.

현대 영성은 포스트모던 사회의 특성상 다원주의의 영향으로 다양하고 변형된 형태로 확산되고 있습니다. 일부 개신교의 경우 영성 개념에 대한 깊은 이해와 발견 등과 같은 과정을 생략한 결과 영성에 대한 혼란을 주고 있기도 합니다. 영성에 대한 그릇된 이해로 인해 방언, 계시, 예언, 신유, 물질 축복 등 신비주의와 기복신앙으로 흘러가고 있다는 측면도 간과할 수 없습니다.

한스 오토 불러는 인간의 삶을 3가지 단계로 나눌 수 있다고 하였습니다.

첫째, 이성적 단계 : 생각하고 연구하며 계획하고 분석하고 비판하는 단계입니다.
둘째, 사회적 단계 : 공동생활을 하며 살아가는 단계입니다.
셋째, 종교적 단계 : 자신의 한계와 삶의 메마름을 체험하며 죽음에 관하여 생각하고 신비의 세계와 현세를 넘어서는 세계까지 흥미와 관심을 가지는 단계입니다.

그에 따르면 이 가운데 셋째 단계에 대한 관심이 영성에 대한 관심으로 이어지고 있다고 합니다.
인간은 종교적인 존재이고 하나님의 형상대로 지어졌기 때문에 그의 영혼은 하나님을 찾고 있습니다. 인간은 하나님의 항구에 닻을 내리기까지 평안을 얻지 못하기 때문에 하나님을 만나고자 갈망하는 것입니다. 하나님을 만날 때 진정한 생의 의미와 행복을 맛보게 되기 때문입니다. 그러므로 영성에 관심을 기울이는 사람들은 영적 신비체험을 원하고 하나님을 마음에 모시고 사는 신비상태에서 살기를 원하는 것입니다.

영성이란 영(spiritus) 또는 정신(pneuma)이란 말에서 파생된 것으로 본래 '신령한 능력', '초자연적 능력'을 지칭하는 말입니다. 오늘날 영성이란 개념은 어떤 특정 종교에서만 사용하는 용어가 아니라 신 또는 초월적인 것들을 믿는 사람들 모두에게 적용됩니다. 개인이나 집단의 종교적 확신에 따른 생활양식(life style)이나 관습(custom)이나 성향(trend)을 말하는 것으로도 사용되고 있습니다.

예를 들면 기독교 영성, 힌두교의 영성, 불교의 영성, 도교의 영성, 스토아 영성, 동아시아의 영성, 근대의 영성 등으로 종교나 철학의 범위를 넘어서 사회문화의 범위까지 넓게 사용되고 있으며, 인간의 내면과 정신영역을 표현하는 일반적인 용어로 사용하고 있는 것입니다.

2. 기독교 영성이란 무엇인가?

"영성은 초월적 실재와의 만남이다." — 홈즈(Urban T. Holmes)

"영성은 예수 안에서 경험하는 삶의 총체적 변화다."
— 노만 샤우척(Norman Schawchuck)

"영성은 은혜 안에서 참 자아, 곧 하나님의 형상을 회복하는 것이다."
— 토머스 머튼(Thomas Morton)

"영성은 인간의 자기 초월의 영과 성부와 성자에게서 나오는 성령과의 만남을 통해서 인간의 자아가 변화되어 그리스도를 따라 사는 삶이다."
— 존 맥쿼리(John Macquarrie)

현대 기독교에서 가장 많이 사용되고 있는 용어 가운데 하나가 영성이란 말입니다. 그렇지만 기독교 영성이란 개념이 다양한 의미로 쓰이고 있어서 혼동을 가져오는 경우도 있고, 영성의 본래적 의미가 퇴색되는 경우가 많이 있습니다. 그렇지만 분명한 것은 기독교 영성은 하나님의 말씀인 성경으로부터 출발하고 있다는 점입니다. 기독교 영성의 모든 주제와 내용이 성경에 근거하고 있기 때문이며, 기독교 영성의 주제와 방향이 하나님과 인간의 바른 관계성 회복을 통한 행복한 삶을 지향하고 있기 때문입니다.

기독교 영성에 대한 정의는 보는 관점에 따라 다양하게 표현되고 있습니다. 현대 가톨릭 영성신학자인 아우만(J. Aumann)은 영성이란 개념은 영(spiritus)이나 정신(pneuma)이라는 말과 깊은 관계가 있는 말로서, 신성한 능력 또는 초자연적 능력을 뜻하는 말이며, 성경적·영적 능력과 일치하는 말이라고 하였습니다.

홈즈(Urban T. Holmes)는 영성을 인간의 의식 속에 그리스도의 진리를 실체적으로 유효하고 적절하게 파악하는 하나의 방법으로, 하나님을 흡족하고 영화롭게 해드리는 하나님의 자녀 안에 있는 생명의 특질로 이해하였습니다.

오성춘 교수는 영성은 하나님과의 인격적 관계요, 그리스도와의 관계의 삶이며, 성령의 능력으로 사는 삶이라 하였습니다. 그리스도인의 내면에 이루어지는 어떤 성품이라기보다는 하나님과 교제하는 삶의 과정이요, 하나님의 성령께서 우리를 고쳐 나가시는 과정이요, 성령의 역사로 이루어지는 하나님의 형상이요, 예수 그리스도와 함께 자기 십자가를 지고 고난 받는 형제자매들 속에 나아가 그들의 삶에 참여하고, 그들을 구원하시는 하나님의 구원에 동참하는 것이라고 하였습니다.

성경에서는 영성이라는 말은 호흡, 숨 쉬는 것을 의미하는 말로서 히브리어로는 '루아흐'(רוח), 헬라어로는 '프뉴마'(πνεῦμα)에서 유래한 말입니다. 이것을 라틴어로는 'spiritualis'로 번역하였고, 영어로는 'spirituality'라는 용어로 사용하고 있습니다.

기독교 영성의 바른 이해를 위해서는 기독교 영성의 개념을 먼저 이해하는 것이 필요합니다. 기독교의 영성은 기독교의 진리 안에서 살아가는 기독교인의 삶 전반을 의미하는 것으로, 인간이 하나님, 인간, 자연과의 관계에서 나타나는 삶의 현상이라 할 수 있습니다. 기독교 영성은 성령 체험과 같은 신비한 경험에 국한된 것이 아니라 포괄적인 의미를 갖습니다. 즉, 참된 그리스도인 상(像)이며, 그리스도인의 정체성, 스타일, 지향성이며, 실존적인 삶 또는 그리스도 안에서의 삶입니다. 삼위일체 하나님의 역사를 통하여 하나님과의 관계성 속에서 예수 그리스도를 본받는 제자도의 삶의 전 과정인 것입니다. 성령에 따르는 삶 속에서 그리스도와의 하나 됨을 지향하며 성부 하나님께로 향해 나아가는 삶입니다. 성령과 성경과 기도는 영성의 핵심적인 요소입니다.

기독교 영성의 궁극적 목표는 하나님을 향하여는 하나님과의 올바른 관계 속에서 살며 하나님께 영광을 돌리는 것이고, 개인적으로는 성화구원(온전함)을 이루는 것입니다. 사회적으로는 개인의 욕구 충족에 머물러 있지 않고 사랑을 실천하는 하나님의 도구로 타인들을 위해 헌신하는 삶을 살아가는 것입니다. 영성에 대한 관심이 공동체적 영성과 개인적 영성이 균형을 이루지 못하여 사회적 측면을 도외시하고 개인의 내면으로만 향한다면 그것은 종교를 이용한 자아도취일 뿐이며 영성을 제대로 이해하지 못한 결과라고 할 수 있습니다.

기독교 영성은 신비적 요소를 가지고 있으며, 종말론적 영성을 그 특징으로 합니다. 천국을 체험한 사도 바울은 신약성경 빌립보서 1장 23절에서 이 세상을 떠나 그리스도와 함께 살기를 원하였습니다.

지금은 (구리)거울에 비추어 보는 것처럼 희미하지만 그때에는 얼굴과 얼굴을 마주 볼 것이라 하였습니다(고전 13:12). 사도 요한은 장차 우리도 그리스도와 같은 사람이 될 것이라 하였습니다(요일 3:2, 4:17). 아우구스티누스(Augustinus)는 인간이 하나님 품에 안기기까지 참된 안식이 없음을 고백하였습니다.

영성이란 앞에서 논한 바와 같이 그 정의가 다양할 수 있으나 기독교 영성은 예수 그리스도 안에서 일어난 하나님의 구원사역에 대한 인간의 응답입니다. 기독교 영성을 이해하기 위해서는 기독교 신앙을 전제로 합니다. 하나님의 창조와 구속, 기독론과 성령론과 교회론과 같은 분야에 대한 이해가 있을 때 좀 더 깊이 있는 이해가 가능하게 될 것입니다.

기독교 영성은 교회생활이 아니라 '신앙생활'이라 할 수 있고, 단순한 종교생활이나 활동이 아니라 하나님과 나의 만남과 관계에서 영적 삶에 대한 관심과 하나님 앞에서 사는 생활이라 정의할 수 있을 것입니다.

신앙생활의 본질적인 면에서 영성은 예수 그리스도의 인격과 정신과 성품을 본받는 생활, 또는 성령을 따라 살아가는 생활, 또는 하나님과 동행하는 생활 등으로도 정의할 수도 있을 것입니다. 그러므로 기독교 영성은 인간의 죄와 악을 극복하고 예수 그리스도의 삶과 정신을 본받는 삶을 지향하는 것을 그 내용으로 하고 있습니다.

기독교 영성의 세계에서도 영성을 어느 측면에서 이해하느냐에 따라 정의가 다양합니다. 영성 추구의 목적이 하나님의 형상 회복이나 성령의 열매를 맺는 삶이라 할 수 있기 때문입니다. 영성이란 한마디로 예수 그리스도를 본받아 살아가는 삶입니다. 그런 측면에서 영성은 예수를 따르는 삶과 '제자도'에서 그 의미를 찾을 수 있습니다.

기독교 영성의 가장 큰 특성은 성경에 근거한다는 것입니다. 특히 기독론과 성령론이 그 근간을 이룬다고 하겠습니다. 여기서 벗어나는 것은 기독교 영성과 상관이 없는 것이라 말할 수 있습니다. 그러므로 기독교 영성 이해에 있어서는 반드시 예수 그리스도에 대한 이해와 더불어 성령에 대한 이해가 있어야 합니다. 기독교 영성은 하나님의 성령과의 연관성 속에서 올바르게 이해할 수 있기 때문입니다. 그런 측면에서 기독교 영성은 성령 안에서 예수 그리스도와의 인격적인 교제와 열매 맺는 삶과 하나님 형상의 회복을 지향하는 것입니다.

노만 샤우척(Norman Schawchuck)은 기독교 영성은 주 예수 그리스도와의 인격적 교제 가운데서 경험하는 삶의 총체적 변화인데, 이것은 하나님께서 선물로 주시는 것이라고 하였습니다. 하지만 기독교 영성 역시 훈련의 중요성을 간과하지 않습니다. 훈련과 더불어 하나님의 은혜를 생각하는 것입니다.

가톨릭 신부로서 우리에게 잘 알려져 있는 헨리 나우웬(Henri J. M. Nouwen)은 세속적인 생활과 영적인 생활을 구별하지 않았습니다. 그는 일상(日常)에서의 영성의 가치를 발견했기 때문입니다.

영성적 삶이란 성령의 역사를 통해 하나님과의 바른 관계 형성을 통해 하나님을 이해하고, 느끼며, 깨닫고, 결단하는 온전한 신앙의 삶을 살아가는 것으로 항상 하나님을 의식하고, 임재를 체험하며, 영혼(내면)의 소리에 귀를 기울이며, 하나님과의 교제를 소중한 가치로 생각하며 살아가는 것입니다.

인간의 삶은 보이는 것이 전부가 아닙니다. 그러므로 시각의 한계를 인정하고, 삶의 뿌리인 일상의 이면 또는 창조세계의 깊이에 있는 하나님의 신비를 의식하면서 거기에서 의미를 찾는 것입니다. 인간의 영혼이 갈급함을 느끼는 것은 그 이면에 하나님이 계시기 때문입니다.

기독교 영성의 궁극적 목표는 '하나님의 형상'(Imago Dei)을 회복하는 것이요, 성령 안에서 영성의 근원 되시는 예수 그리스도의 성품과 삶을 닮아 가는 것입니다. 예수 그리스도는 하나님과 연합된 삶을 보여주셨기 때문입니다. 그분의 삶의 내용은 기도와 성별된 삶, 성령 충만한 삶, 말씀 중심의 삶, 하나님께 순종하는 삶, 복음 전하는 삶이었습니다. 아우구스티누스의 말대로 하나님을 사랑하며 또한 이웃을 사랑하는 삶이었습니다. 이러한 영성은 하나님과의 지속적인 인격적 교제를 통해서만 이루어질 수 있습니다.

영성은 그 강조점에 따라서 방향을 달리합니다. 개인적인 경건(기도, 말씀묵상, 구원의 확신, 구별된 생활, 전도), 사회참여(사회정의 실현), 하나님과의 신비적 연합(기도, 명상, 금식, 신비체험), 전인적 성장(인성회복), 인격적 관계(자아, 하나님, 공동체) 등이 그것입니다. 특히 관계적 영성은 하나님과의 만남이 이웃과의 만남으로 이어지는 포괄적 영성을 말합니다.

영성은 하나님과의 인격적 관계, 변화와 초월의 체험, 삶의 현장에서의 참여의 삶이라는 삼각구도로 이해하기도 합니다. 김경재 교수는 영성을 하나님과의 관계성에서 찾으면서도 인간과 인간, 인간과 자연의 관계까지 확대시키고자 하였습니다. 그는 현세적·수평적 영성을 말하고, 공동의 평화와 안녕과 번영을 추구하는 '샬롬의 영성'을 말하고, 사회악과 불의에 투쟁하는 저항적 영성을 말하였습니다. 특히 기독교 영성에 대해 예수 그리스도의 교훈과 삶, 십자가와 부활로 규정된다고 보고, 영성이란 예수 그리스도의 삶을 오늘의 삶의 상황에서 재현해 나가는 제자의 길이며, 그리스도를 닮음과 따름이며, 예수 그리스도를 내 생명 속에서 연출해 내는 삶이라 하였습니다.

일반적으로 영성을 개인의 신비체험 차원에 국한하려는 경향이 있으나 성경에 나타난 개개인의 영적 체험은 다양한 형태로 나타나 통일성을 찾기가 쉽지 않습니다. 구약의 선지자들은 자신들의 영적 체험을 사유화하여 자신들의 정치적·종교적 권위를 나타내는 데 사용하지 않았습니다. 하나님의 백성을 위로하고, 구원의 소망을 갖게 하고, 사랑과 정의를 외치는 원동력으로 삼았던 것입니다.

그리스도인의 영성 모델은 예수 그리스도입니다. 예수님은 하나님의 본체이시지만 인간의 모습, 종의 모습으로 사셨고, 모든 인간을 위해 십자가에서 죽기까지 사랑하셨습니다. 진정한 영성은 인간적인 교만과 탐욕과 이기심을 버리고 하나님을 사랑하고 이웃을 사랑하는 삶입니다. 가난하고, 약하고, 병들고, 굶주리며, 핍박당하고, 소외된 가운데 살아가는 자들에게 하나님의 사랑을 실천하는 실천적 영성입니다.

예수 그리스도의 영성은 영지주의자들의 주장과 같이 어느 날 갑자기 덧씌워진 것이 아닙니다. 공생애 이전에는 요한과 같이 금욕적 영성생활을 한 것으로 유추할 수 있습니다. 공생애 기간 동안에 드러난 예수님의 영성은 은밀성을 강조하고 있습니다. 영성생활은 본질적으로 하나님과 나의 문제이기 때문입니다.

바리새인들은 율법 준수와 정결을 영성생활의 가장 중요한 요소로 보았으나 예수 그리스도는 구전 율법 준수보다 회개를, 구전적 개념의 정결보다 내면적 정결을 더 강조하셨습니다. 종교를 위한 종교를 거부했던 것입니다. 내면적 정화와 그것을 통한 하나님과의 연합, 거기에서 새롭게 시작된 온전한 삶을 강조하셨습니다. 그는 스스로 모든 특권을 내어놓고 종이 되셨습니다. 영성의 모델이신 예수님을 통해서 볼 때 참된 영성이란 구원의 은혜를 입고 변화받은 자가 성령의 능력으로 자기 자신을 변화시켜 나가는 과정으로, 내면적으로는 하나님의 거룩하심을 닮아 가고 외면적으로는 하나님의 자비를 닮아서 삶 속에서 하나님의 뜻을 이루어 가는 것이라 말할 수 있습니다.

인간은 인지능력의 발달로 지식과 정보가 홍수를 이루는 사회,

과학기술의 발달로 기계의 힘을 이용한 편리한 세상, 의료산업의 발전으로 질병의 치료를 통해 장수할 수 있는 세상을 만들었지만 인간의 심성은 과거보다 더 거칠어졌고, 윤리도덕의 부패와 타락은 여전하며, 영혼은 오염되었고, 편견과 차별은 여전하며, 참된 의미와 가치를 상실하고, 좌·우 논리에 빠져 아우성치면서, 혼돈 속에 살아가고 있습니다.

아담의 범죄로 하나님 형상을 상실한 이후 인간의 부패와 타락으로 인한 인간성 상실은 인간 스스로를 창조 목적에서 벗어나 스스로 불행을 자초한 결과를 낳았습니다. 뿐만 아니라 인간은 육체를 가지고 있어서 육을 중심으로 사고하고, 물질세계에서 살고 있기 때문에 항상 그 영향을 받으며 살아갑니다. 사탄의 영향력 또한 그리스도인다운 삶의 추구에 방해물로 작용하고 있습니다.

현대교회 역시 하나님을 떠난 문화와 사탄의 영향권에서 완전히 자유롭지 못한 상태에 놓여 있습니다. 교회가 하나님의 백성들의 공동체이지만 그 역시 범죄하고 타락한 죄인들의 집단이요, 중생을 통해 하나님의 자녀가 되었다고 하지만 교회 역시 엄연히 세상에 자리 잡고 있기 때문입니다. 그러므로 영적 전쟁은 필연적인 것이라 하겠습니다.

교회는 중생한 신자들이 하나님의 형상을 회복하고, 하나님과의 바른 관계에서 신앙생활을 하며, 그 신앙이 성장하여 성숙의 단계에 이르도록 이끌어 주기 위하여 여러 가지 프로그램을 만들어 사용하여 왔습니다. 성경연구, 제자훈련, 신앙훈련, 기도훈련, 전도훈련, 지도자훈련, 영성훈련 등이 그것입니다. 그렇지만 엄밀한 의미에서 영성훈련은 결코 프로그램일 수 없습니다.

한국교회는 기독교 영성에 대한 본질과 목적과 정의를 내리기 전에 무분별하게 남용해 온 측면이 있습니다. 성령론만큼이나 체계적이지 못하고, 뿐만 아니라 영성이 특정인들의 전유물인 양 포장되고 왜곡된 측면이 많이 있었습니다. 그러므로 영적 체험 못지않게 이론적 체계를 세우는 일이 시급한 과제일 것입니다.

현대교회가 규모가 크고, 시설이 화려하고, 프로그램이 다양하고, 재정이 튼튼하며, 설교가 영향력이 있고, 교회 안에 인간적인 정이 끈끈한 상태에 있을지라도 영성이 뒷받침되지 않는다면 머지 않아 그것들은 그리스나 로마 유적들과 같이 되고 말 것입니다. 오래 지속되지 못하고 지치거나 힘을 잃어버리고 형식만 남아 있는 결과를 초래할 가능성이 크다는 것입니다. 벌써 교회지도자들에게서 그러한 현상들이 눈에 띠게 나타나고 있습니다.

영성이 약화되어 있을 때 교회는 주님의 임재를 느낄 수 없고, 예배는 의식과 형식에 치우치며, 생명력 있는 찬양과 기도를 상실하게 되고, 신자들은 열정을 잃어버리게 되고, 영적 영양결핍에 빠지게 되며, 교회부흥은 저하되고, 교회 분위기는 불 꺼진 난로처럼 냉랭해질 수밖에 없습니다.

그러므로 이 시대는 영성의 개발과 강화를 위한 범 교계 차원의 노력이 그 어느 때보다 절실히 요구됩니다. 특히 지도자들의 영적 각성이 있어야만 에스겔 골짜기의 마른 뼈와 같이 영성이 메말라 버린 신자들과 매너리즘에 빠져 바리새인처럼 되어 가는 교회를 살릴 수 있을 것이기 때문입니다.

특히 성경에서 벗어난 영성 운운하는 자들을 조심해야 합니다. 또한 은사적인 측면, 예를 들면 신유, 이적, 예언, 방언 등 체험적 신앙을 추구하는 것을 영성운동으로 이해하는 자들도 적지 않다는 것을 알아야 합니다. 교회사에서 보면 성경을 무시하고 인간의 정신이나 종교적 영성의 추구가 이단운동과 신비주의로 흘러간 경우를 우리는 얼마든지 볼 수 있기 때문입니다.

예수 그리스도는 '그(성령)가 와서 죄에 대하여, 의에 대하여, 심판에 대하여 세상을 책망하실 것'과 '진리의 성령이 오시면 그가 너희를 진리 가운데로 인도하실 것'을 말씀하셨습니다(요 16:8, 13).

영성운동은 성령운동입니다. 영성운동은 예수께서 부활 승천하신 후 마가의 다락방에 모인 120명의 기도운동이 그 모델이 될 수 있습니다. 그들은 마음을 같이하여 기도에 힘썼으며 그 결과 성령 충만을 받았습니다. 초대교회의 영성운동의 성령의 직접적 사역으로 시작되었습니다. 초대교회의 영성운동, 특히 바울의 활동에서 나타나는 두드러진 특징은 예수의 행적과 죽으심과 부활을 믿고 재림신앙을 갖고 살도록 하는 데 초점을 두었다는 것입니다.

종교개혁자들의 영성은 루터(M. Luther)에게서 발견되듯이 하나님의 말씀을 듣고 회개하고 그의 은혜로 신앙생활을 하는 것입니다. 츠빙글리(Zwingli)는 하나님의 주권에 대한 인식을 그 출발점으로 삼았으며 하나님의 말씀을 강조했습니다. 칼빈(J. Calvin)은 그의 하나님 인식과 인간 인식을 그 출발점으로 삼았습니다. 칼빈은 요한복음 13장과 17장 주석에서 그리스도인의 영성생활을 설명하면서, 그리스도 안에 나타난 하나님의 형상을 인식하고 회복하는 삶, 그리스도를 본받는 생활, 그리스도와 연합하는 삶, 하나님께 영광 돌리는 삶에 대해 설명했습니다. 특히 하나님께 영광 돌리는 삶은 그의 영성의 핵심이라 할 수 있습니다.

종교개혁 이후 독일의 경건주의 운동, 모라비안 형제단, 웨슬리 형제들에 의해 시작된 영국의 영적 각성운동, 조나단 에드워즈에 의해 시작된 미국에서 일어난 영적 각성운동, 19세기 말의 무디(D. L. Moody)의 부흥운동 등 시대마다 나타난 이러한 현상들을 우리는 영성운동의 시각에서 조명해 볼 수 있을 것입니다.

3. 기독교 영성의 개념과 특성

1) 기독교 영성의 개념

기독교 영성의 개념은 일반적으로 세 가지로 이해됩니다.

첫째, 영을 물질과 대립되는 개념으로 이해하는 것입니다. 육체적, 물질적 욕구를 억제하고 영혼이나 정신적인 것만을 중시하는 것으로 영지주의나 플라톤의 금욕주의적 이원론이 여기에 속합니다. 플라톤(Plato, BC 428-348)의 이원론은 영혼은 이데아에 속한 것으로 육체의 감옥에 갇혀 있으며, 죽음에 의해 완전한 길에 이를 수 있다는 것이 그 핵심입니다. 이러한 입장을 심령주의(spiritualism)라고 합니다.

둘째, 현실세계와 다른 영적인 세계를 사모하는 마음 또는 영적 세계를 중시하는 마음자세로, 세속을 벗어나 은둔생활을 통해 하나님과 가까운 관계를 추구하고자 하는 개념입니다. 그렇지만 현실을 무시한 이러한 태도는 도피주의(escapism)로 볼 수 있습니다.

이러한 경향은 기독교 역사에서 초대교회 박해 이후 교회의 세속화에 대한 반발로 사막을 찾아 은둔생활을 했던 사막의 교부들로부터 시작되었으며, 중세 수도원에서 발견할 수 있습니다. 아빌라의 테레사나 십자가의 요한의 삶을 보면 바울이 그러했듯이 주가 내 안에, 내가 주 안에 살기를 원하는 삶이었습니다. 그들은 하나님을 체험했고, 하나님의 성령이 그들이 내면에 거할 수 있도록 자기 정화의 삶을 추구했습니다.

셋째, 이성의 한계를 뛰어넘는 심리적 흥분이나 무아지경(ecstasy)에 이르는 것을 영성으로 이해하는 것입니다. 이러한 입장을 열광주의 또는 열정주의(enthusiasm)라고 합니다. 변화산의 체험과 같은 체험적 신앙을 강조하는 경향은 사도들과 교부들의 신앙에서도 발견됩니다. 그러므로 이러한 신앙을 무조건 광신적인 것으로 규정하는 것은 문제가 있다고 할 수 있습니다. 청교도 신앙과 경건주의 운동, 조나단 에드워즈, 웨슬리 역시 체험적 신앙을 강조하였기 때문입니다.

넷째, 기독교 영성을 윤리적 차원에서 접근하는 시도가 있습니다. 중세 수도원운동, 17-18세기 경건주의운동, 오늘날의 영성운동 역시 교회의 세속화와 타락에 대한 자기성찰이 원인이 되어 영성을 윤리적 차원으로 보려는 경향이 있는 것입니다. 그러나 영성은 윤리적인 문제에만 국한된 것이 아니라 삶 전체의 문제인 것입니다. 이러한 주장은 철학적 영성개념이 기독교에 유입되어 기독교 신비주의 윤리와 융합된 경우라 할 수 있습니다.

다섯째, 영성을 인격과 동일한 것으로 보는 경향이 있습니다. 영성을 인격과 관련된 것으로 보고 영성의 목표를 완전한 인격체가 되는 것으로 이해하는 것입니다. 인간의 인격은 성격, 도덕성, 상호관계성 등과 잘 통합된 의미로 발전되기는 했지만, 인격은 독립적이며 주체적인 의미를 갖고 있으므로 기독교 영성을 인격이라는 개념으로 대체하기에는 적합하지 않다고 하겠습니다.

여섯째, 그리스도와의 연합을 의미하는 합일(合一)이라는 개념으로 그리스도와 동일시하려고 하기도 합니다. 청교도 목사 아더 핑크(A. W. Pink, 1886-1952)는 그리스도인들이 자신을 예수 그리스도와 동일시하려는 위험을 경고하였습니다. 합일에 대한 왜곡된 이해와 강조는 인간의 신화(神化)를 주장함으로 인간이 죄인이라는 사실을 약화시킬 수도 있기 때문입니다.

이러한 사고는 불교의 성불(成佛) 개념과 다르지 않습니다. 영성의 궁극적 목표는 그리스도를 닮은 삶을 추구하는 것이지 그리스도가 되는 것이 아니며, 될 수도 없습니다. 그리스도인이 그리스도를 닮아 가는 것은 그리스도인의 궁극적인 목표이고 지상과제이며 평생과업 입니다.

2) 기독교 영성의 특성

참된 기독교 영성의 궁극적 특성은 무엇입니까?

첫째, 하나님 중심의 영성입니다.
하나님 중심의 영성이란 오직 하나님만이 전능하신 하나님, 창조 주로서 절대주권자이시며 하나님 외에는 경배와 찬양의 대상이 될 수 없다는 것입니다. 우리는 전능하신 하나님의 드러냄과 감추심을 통해 하나님의 존재양식과 계시양식의 특성을 파악할 수 있습니다.

특히 구약성경에서는 그의 백성들인 이스라엘 백성들과의 만남 과 교제에서 계약(언약)을 통해 자신을 나타내시며, 궁극적으로 메시 아를 통한 관계회복을 이루고자 하시는 하나님의 계획을 알 수 있게 됩니다.

반틸(C. VanTil)은 기독교교육의 목표를 '믿음의 복종자'로 정의했습 니다. 하나님 중심의 영성은 하나님의 절대주권을 인정하고 그분께 영광을 돌림으로써 인간은 행복과 자기 완성을 향해 나아갈 수 있 다는 점을 강조합니다. 세상의 모든 것이 하나님으로부터 나와서 하 나님께로 귀결되는 것을 믿는 것입니다(사 48:12; 롬 11:36). 오직 하나님 을 영화롭게 하고 하나님을 즐거워하는 것입니다.

기독교 영성은 명상적인 정적(靜的) 영성이 아니라 복종적 동력(動 力)을 의미합니다. 우리가 살아가고 있는 현실을 무시하고 비현실적인 삶을 꿈꾸는 것은 정상적인 신앙이 아닙니다. 그러므로 기독교 영성은 모든 인위적인 것을 배격하고 오직 하나님 중심적이어야 합니다. 영성은 하나님의 주권과 은혜에 속한 일이기 때문입니다.

둘째, 예수 그리스도 중심의 영성입니다.
기독교 영성은 삼위일체 하나님의 삼위일체 영성이지만 항상 그리스도가 그 중심에 있습니다. 예수 그리스도는 하나님의 가장 분명하고 본질적인 하나님의 자기 계시이며, 중보자로서 그리스도는 우리 신앙의 중심이기 때문입니다. 특히 개혁주의 영성은 수덕(修德)을 통한 완전에 목적을 두지 않고, 그리스도를 의존하는 데 목적을 두고 있습니다. 그런 측면에서 '은혜가 넘치는 죄인의 영성'이라고 할 수 있습니다.

예수 그리스도 중심의 영성을 '십자가 영성'이라고도 말합니다. 십자가는 원래 가장 흉악한 죄인을 사형시키는 형벌의 도구였지만 예수님의 구속사역을 통하여 기독교 구원의 상징이 되었습니다. 십자가 이미지는 이제 구원의 능력이요 복음의 핵심이며 승리의 표징이 된 것입니다. 십자가의 영성이란 예수님의 십자가를 통해서 인생의 모든 문제가 해결될 수 있음을 믿고 고백하는 것입니다. 더 나아가 대속적인 사랑, 자기희생, 회개, 순종의 삶에 대한 결단이기도 합니다.

셋째, 이신칭의(以信稱義) 영성입니다.
믿음으로 의롭게 된다는 기독교 영성은 다만 인간 내면의 문제로 보는 신비주의나 수덕적인 것으로 보는 시각과는 다른 것입니다. 이신칭의는 죄의 점진적 치료가 아니라 십자가 위에서의 그리스도의 완전한 승리를 토대로 단회성(일회성)을 강조합니다. 물론 전 생애를 통한 성화의 과정을 생략하는 것은 아닙니다.

넷째, 오직 성경, 오직 믿음, 오직 은혜의 영성입니다.

성경에 바탕을 두지 않는 영성은 많은 사람들의 지지를 받을지라도 기독교 영성이 아닙니다. 영성은 하나님을 아는 지식에 우선적이어야 하며, 예수 그리스도가 인간에게 필요한 모든 은혜를 공급해 주신다는 의미에서 말씀 중심적이어야 합니다. '오직 성경'의 영성은 말씀 중심의 영성입니다. 하나님은 말씀을 통하여 하나님의 뜻을 계시하신다는 것을 믿는 것입니다. 하나님은 '태초부터 계신 말씀'이었고, 예수님은 '말씀이 육신이 되어 이 세상에 오신 분'이었으며, 성령은 '신자들의 심령에 말씀하시는 분'입니다.

'오직 믿음'은 종교개혁의 원리입니다. 오직 믿음은 그 누구도 자신의 연약성 때문에 그리스도께 거부당하지 않는다는 확신입니다. 오직 믿음은 구원이 인간의 행위나 공로에 의한 것이 아니라 오직 하나님의 은혜임을 믿기 때문입니다.

기독교 영성의 흐름은 지역과 시대와 교회의 전통에 따라 다르고 강조점과 해석의 차이가 있다 하더라도 개인적 영성으로는 예수 그리스도와의 온전한 연합과 본받음과 하나님과의 합일의 삶, 즉 하나님과의 깊은 관계성을 목표로 하고 있습니다. 나아가 사회적 영성으로는 이 세상에서의 사랑의 실천과 헌신의 삶을 목표로 하고 있습니다. 이러한 점에서 이단이나 극단적 신비주의가 아닌 이상 신·구교와 동방교회, 성공회 등 세계의 모든 교회의 영성에는 통일성이 있다고 할 수 있습니다. 물론 이러한 통합적인 입장에 대해 보수적인 시각에서 얼마든지 비판적인 입장을 취할 수도 있을 것입니다. 그렇지만 포괄적인 의미에서 그리스도인들의 영성은 성경적이고 또한 교회적이라고 할 수 있기 때문에 부정적으로 매도하는 것은 옳지 않다고 하겠습니다.

4. 성경을 통해서 본 기독교 영성

1) 성령 이해

하나님의 존재양식은 초월적이며 내재적이십니다. 구약성경에 언급된 '영'이란 히브리어로 '루아흐'(רוח)라고 하는데 헬라어로는 '프뉴마'(πνεῦμα), 라틴어로는 'Spiritus', 독일어로는 'Geist'로 번역하여 사용되고 있습니다. 이 말의 기원은 창세기 1장 26-27절과 창세기 2장 7절에서 찾을 수 있습니다. 그 의미를 우리말 성경은 다양하게 번역하고 있습니다. 광풍, 기세, 기식, 기운, 노(怒), 마음, 바람, 분(忿), 사면, 사방, 생기(生氣), 생명, 성신, 성품, 숨, 신, 심령, 영, 영감, 영혼, 정신, 중심, 혼, 공기의 움직임 등이 그것입니다.

성령은 창조, 창조자의 힘, 생명의 힘, 생명력, 삶의 원동력, 자연계의 바람, 사람의 숨, 생명력, 정서의 자리, 의지와 성품, 활력과 용기 등으로 사용되었으며, '하나님의 루아흐'로 사용될 때는 예언자들에게 신이 내린 상태와 같이 사람을 황홀한 상태에 두거나 경고나 교훈 등 말씀을 주실 때, 각종 능력과 기술을 부여하실 때, 창조 시에는 생명을 주는 창조의 힘으로 기능하였음을 보여줍니다.

특히 성령의 역사는 창조 시에나 하나님의 섭리를 나타낼 때 우주적으로 드러나며, 하나님의 백성들을 보호해 주시고, 인도해 주시기 위하여 내주하시며, 백성들의 지도자들에게 능력과 지혜와 리더십을 주셔서 직무를 감당케 하셨습니다.

삼위일체 하나님의 사역 가운데 성령의 사역은 영이신 하나님과 영적 존재로 지음 받은 인간이 영으로서 교제가 가능하다는 점에서 영성과 성령의 관계는 중요성을 갖습니다. 이 장에서 성령에 대해 상세하게 서술하지는 않을 것이나 영성을 이해하는 데 있어서 성령 이해는 필수적입니다. 성령은 창조사역을 통해 인간에게 생명을 주시는 분이시요, 선지자들을 비롯한 하나님의 택하신 자들에게 카리스마적 은사를 주시는 분이기 때문입니다. 삼손의 힘, 브살렐의 지혜와 기술, 기드온의 리더십 등에서 그 사례를 찾아볼 수 있습니다.

신약성경에서 성령은 종말론적 구원을 위해 하나님이 보내신 하나님의 영으로서 사탄의 권세를 물리치고 사람들에게 생명의 빛을 주시며, 순종과 헌신의 삶을 살게 하는 영으로 묘사되어 있습니다. 특히 예수 그리스도의 복음을 깨닫게 하고 예수 그리스도가 누구인지를 증거하는 역할을 하십니다. 사람들을 회개하게 하고, 교회를 세우며, 사람들의 마음을 변화시켜 예수 그리스도를 믿는 신앙을 고백하게 하십니다.

신약성경은 성령의 인격과 사역에 대해 구체적으로 묘사하고 있습니다. 요한복음은 성령의 사역에 대해 진리의 영, 보혜사라고 하였습니다. 공관복음에서 성령의 역사는 예수 그리스도의 탄생과 세례, 공생애 사역 전반에 걸쳐 나타납니다. 사도행전의 실제 주인공은 사도 베드로나 바울과 같은 사도들이 아니라 성령이었습니다.

성령은 '위로자', '교사', '상담자'이십니다. 성령은 신자들로 하여금 죄와 의와 심판을 깨닫게 하시고, 인격과 성품의 변화를 이루어 새로운 피조물이 되게 하시며 하나님과 교제가 가능하게 하십니다. 신자들의 마음에 동거(同居)하시며 하나님께 순종하는 삶을 살게 하십니다. 신자들의 마음에 계셔서 그들을 위해 간구하시고, 도우시고, 위로하시며 열매를 맺게 하십니다. 하나님의 뜻을 따라 살게 하는 힘의 원동력이 되십니다. 하나님의 약속을 믿고 인내하며 소망 가운데 살게 하시고, 악에 대항하여 싸울 힘을 주십니다. 그리스도인으로 하여금 주어진 사명을 감당할 수 있도록 힘과 지혜를 주시고 그들을 인도하십니다.

오순절 이후 초대교회 교인들은 십자가에서 죽은 예수 그리스도가 누구인지를 올바르게 인식했고, 자신들이 예수를 죽인 죄인임을 고백했습니다. 그들의 회개는 단순한 회심의 차원이 아니라 생의 대전환을 통해 그릇된 생각과 삶의 태도를 버리고 사랑과 정의에 바탕을 둔 평화의 공동체를 이루고자 했습니다. 자신을 드러내거나 자랑하지 않고 타인을 위해, 교회 공동체를 위해 덕을 세우며 살고자 했습니다.

2) 구약성경에 나타난 영성의 세계

기독교는 전통적으로 영을 육과 대립되는 개념으로 파악하여 이를 비물질적 존재자 또는 생명의 능력으로 이해하였습니다. 이러한 영에 대한 이해는 헬라적 전통의 이분법적 인간이해에 기초한 영(ψυχή) 이해에 기인한다고 하겠습니다. 반면에 히브리인들의 영 이해는 보다 포괄적인 생명의 원리로서 하나님께서 모든 만물에 부여하신 것으로 인식하였고, 신앙의 핵심 요소로 자리를 잡았습니다.

구약성경의 '영' 이해를 살펴봅시다.

첫째 의미는 바람입니다.
구약성경의 '영' 이해는 공기가 아니라 움직이는 미풍(微風)을 가리키기도 하며, 바람의 움직임과 같은 신비한 힘의 움직임 그리고 폭풍(暴風)도 그 의미에 포함되고 있습니다. 메마른 땅에 구름과 비를 운반하여 만물을 소생시키는 바람으로서, 공기를 이동시키고 바닷물을 말리기도 하고, 메추라기 떼를 몰고 와 식량을 공급하기도 하는 등 인간의 능력을 초월한 변화의 능력을 말하며, 예언자를 들어 올려 다른 장소에 옮겨 놓는 역할을 하기도 했습니다.

둘째 의미는 인간의 호흡(숨)입니다.

창세기의 창조기사에 나타나는 바와 같이 하나님께서 모든 생물에게 주신 호흡입니다. 구약성경은 하나님께서 인간에게 호흡을 불어넣으셨다고 말하는데, 이는 하나님의 창조의 결과였습니다.

셋째 의미는 사람의 영을 지칭하는 것입니다.

구약성경에서 언급하는 루아흐는 인간의 영을 의미할 때가 많습니다. '바람' 또는 '호흡'이라는 의미를 인간의 정신, 인간의 영, 인간의 혼과 연관시켜 생각하게 되는 것은 인간의 호흡을 영과 구별해서 설명할 수 없는 히브리적 사고의 특성 때문입니다.

요엘 선지자는 종말에는 하나님의 영이 모든 사람들에게 주입될 것이라는 보편적인 현상을 예고했습니다. 하나님을 모든 육체에 생명을 부여하는 생령(生靈)의 신으로 묘사했습니다. 하나님은 그의 뜻에 따라 모든 육체에게 생명을 주시는 창조자이시기 때문입니다. 이와 같이 하나님의 영은 인간의 영과 특별한 관계에 있으며 일정한 언어로 정의할 수 없는 미지수였습니다.

구약에서의 영 이해를 기초로 볼 때 구약성경의 영성은 인간이 하나님과 갖는 교제, 인간 실존의 전 영역에서의 하나님과의 만남과 소통 등으로 표현할 수 있습니다. 이 개념을 역사적인 관점으로 본다면 하나님의 선택된 백성인 이스라엘의 일상에서의 구원자이신 하나님과의 만남과 교제이며, 신학적인 관점으로 본다면 피조물인 인간과 창조주 하나님의 관계성으로 이해할 수 있습니다.

구약성경에 나타난 하나님에 대한 바른 이해는 구약성경의 영성 이해의 출발점이라고 할 수 있습니다. 구약성경의 하나님은 인간 역사의 현장에 자신을 드러내시는 계시의 신(deus revelatus)이시며, 동시에 자신을 숨기시는 감추어져 있는 신(Deus abscconditus)이라는 상반된 모습으로 드러나고 있어서 인간의 이성으로는 파악하기 어려운 실재였습니다(출 33:21-23, 34:5-7).

하나님의 존재양식과 계시양식의 특성은 하나님 자신의 드러내심과 감추심의 특성을 잘 보여주는 출애굽기 33장 21-23절, 34장 5-7절에 보면 하나님의 얼굴과 등과 같은 대조적인 모습으로 보여주고 있습니다. 동시에 은혜, 불쌍히 여김(긍휼) 등의 속성도 잘 묘사해 주고 있습니다. 하나님은 이스라엘의 역사에서도 구체적인 구원행위를 통해서 이스라엘과 구체적인 관계를 가진 분이시며, 특히 약한 자와 억눌린 자를 돌보시는 신으로 묘사하고 있습니다.

또한 하나님은 이스라엘의 역사에 개입하셔서 그들을 구원하시는 하나님, 그들과 계약(언약)을 맺으시고, 이러한 관계를 파기한 이스라엘과 새로운 관계를 찾으시는 하나님이었습니다. 특히 구약의 신앙은 하나님과 인간의 관계에서 항상 생동감이 있음을 알 수 있습니다.

하나님과 인간의 살아 있는 관계로서 구약의 영성은 '다아트(דַּעַת)'와 '쉐키나(שְׁכִינָה)'라는 용어에서도 발견되는데, '다아트'는 하나님의 계획을 분별하는 지혜를 의미하고, '쉐키나'는 햇빛이 물체에 접촉하는 것처럼 인간에게 찾아오시는 하나님의 임재를 나타내고 있습니다. '쉐키나'의 하나님은 찾아오시고 다스리시는 하나님, 임마누엘로 함께 하시는 하나님, 고난 가운데 소망이 사라질 때마다 찾아오셔서 세상을 심판하시는 하나님이셨습니다.

그러므로 구약성경에서 나타난 영성을 탈(脫) 역사적인 관점에서 보고, 구약을 이스라엘의 종교사로 이해하려는 소극적인 자세에서 한걸음 더 나아가 우리의 삶의 현장에서 역사의 주로서 활동하고 계시는 하나님과 만남을 모색하는 적극적이고 긍정적인 자세로 구약의 영성을 이해할 수 있어야 합니다.

구약성경의 영성은 하나님과 계약을 맺은 백성인 이스라엘 백성들의 삶에 그 기초를 두고 있으나, 구원론적 관점에서 하나님의 구원역사에 소명을 받은 자로서 하나님과의 올바른 관계와 합당한 삶, 즉 자신에게 부여된 사명을 최선을 다해 감당해 나가야 한다는 것으로 이해할 수 있습니다. 그리스도인은 선민의식과 함께 책임의식을 가질 수 있어야 한다는 것입니다.

3) 신약성경에 나타난 영성의 세계

신약에 나타난 영성을 이해하기 위해서는 무엇보다도 예수님의 영성적 삶을 모델로 삼을 수 있을 것입니다. 기독교 영성은 예수 그리스도의 말씀인 복음에 기초하며, 다른 한편으로는 그분의 삶과 깊은 영적 체험에 기초하고 있기 때문입니다. 그러므로 예수 그리스도는 기독교 영성의 원천이며, 궁극적 모범이요 모형입니다. 그러나 초대교회의 기독론 논쟁의 결과로 기독론은 예수 그리스도의 신성에 집중되었고, 인간 예수님의 고뇌와 내면생활 그리고 종교적인 체험에는 무관심했으며, 자유주의자들의 연구영역으로 생각되기도 했습니다.

기독교 영성을 논할 때 그 구심점은 예수 그리스도와 성령입니다. 그러므로 신약성경의 영성은 예수 그리스도의 공생애를 통해 나타난 기적과 예수님의 제자들이 경험했던 부활하신 예수님에 대한 체험, 초대교회의 성령 강림 사건 등이 그 핵심을 이룹니다.

신약성경에 예수님의 하나님 체험에 대한 직접적이고 구체적인 기록은 없으나 예수 그리스도의 말씀과 사상과 사역과 사건과 삶 속에서 그것을 발견할 수 있습니다. 특히 세례 요한을 통해 요단 강에서 비둘기 같은 성령으로 충만한 세례를 통하여 예수님은 성별되었고, 영적 능력의 도래를 체험했을 것입니다. 마가복음에는 성령이 '예수에게'(to him), 마태복음과 누가복음에는 '예수 위에'(on him), 마가복음은 '예수 속으로'(into him) 들어왔다고 표현하고 있습니다. 마가복음의 표현은 성령이 예수님 속으로 들어가서 머물러 있음을 암시합니다.

요단 강에서의 세례와 더불어 광야시험에서의 승리는 하나님의 아들로서의 분명한 자기정체성을 보여주며, 그의 공생애를 통해서 이루고자 하시는 믿음과 회개를 통한 하나님 형상의 회복이 무엇인가를 확실하게 보여주는 것이었습니다.

성경을 통해서 예수님의 영성을 살펴보는 데는 어려움이 있습니다. 예수님은 영성에 있어서 '은밀성'을 강조하셨기 때문입니다. 예수님께서 영성생활에 있어서 은밀성을 강조하신 이유는 그것이 본질적으로 나와 하나님 사이의 문제이기 때문일 것입니다.

예수님은 형식화된 기도를 거부하고 진실한 기도를 중시하셨고, 그 자신은 분주한 가운데서도 틈틈이 홀로 떨어져서 언제나 기도하는 삶을 사셨습니다. 의례적인 금식(禁食) 역시 바람직한 것이 아니었고, 철저한 율법 준수를 통해 정결을 이룬다 하더라도 내면적인 정결을 이루지 못하면 참된 정결이 아닌 것으로 여기셨습니다. 영성생활의 진정한 목적은 내면의 정화에 있기 때문입니다.

예수님의 영성은 부활로서 증명되었습니다. 부활을 목격한 제자들과 초대교회는 성령의 역사를 통해 그 능력을 이어갔습니다. 오순절 성령의 역사는 그 절정이었습니다. 오순절의 성령 강림과 더불어 인간의 영성은 성령과 더 친밀한 관계를 형성하게 되었습니다. 진리의 영이시며 보혜사이신 성령은 인간에게 모든 것을 가르치시고, 생각나게 하시고, 깨닫게 하셨고, 성령은 또한 인간에게 지혜와 계시의 정신을 주심으로 하나님을 알게 하시고, 마음의 눈을 밝혀 그의 부르심의 소망이 무엇인지를 알게도 하셨습니다.

오순절 성령 강림으로 교회가 세워졌습니다. 많은 사도들의 헌신적 사역이 있었지만 신약의 영성을 분명하게 이해할 수 있도록 한 인물은 사도 바울이라고 하겠습니다. 그는 부활하신 예수님을 체험하고 회심하였으며, 영적인 체험이 풍부하였음에도 불구하고 신비주의나 헬라 철학으로 흐르지 않고 기독교의 영성을 바르게 정립하는 데 크게 이바지하였기 때문입니다.

바울은 영과 육의 대립을 논하고 있으나 그것은 이원론이 아니라 인간의 삶이 지향하는 바를 설명하기 위한 것이었으며, 하나님과의 교제의 신비라는 주관적인 체험을 말하면서도 그것이 공동체적 체험의 중요성을 간과하지 않았습니다. 그는 모든 그리스도인들이 예수 안에서 지체로서 그리스도의 몸을 이루어 간다고 하는 교회론적 영성을 주창하였기 때문입니다.

더 나아가 그의 영성은 새로운 피조물로서의 영성 회복이 곧 만물의 회복으로 이어지는 개념으로 설명하였습니다. 영성의 범주를 우주론적인 영역으로 확산시켜 나간 것입니다. 그가 종말론을 논하면서도 항상 현재의 중요성을 강조하고 있다는 점도 종말론을 오해하며 현실을 무시하려고 하는 신비주의자들이나 시한부 종말론자들이 새겨들어야 할 부분이라고 하겠습니다.

제2장 가톨릭의 영성

　가톨릭에서 영성이란 수덕(修德)신학과 신비(神秘)신학에서 다루는 영혼의 본성과 내적 생활에 관련된 내용이라 하겠습니다. 영혼의 개화(회심)와 완덕(온전한 삶)과 하나님과의 일치를 신학적으로 또는 체험적으로 다루고 있는 것입니다. 수덕신학은 수덕주의라고도 하며 고행(수행, 훈련)을 통한 정화(성결), 조명, 일치(연합)를 강조하고, 신비신학은 신비체험과 기도를 통한 합일을 강조합니다. 수덕주의(고행주의)란 금욕과 극기를 실천하는 것을 의미하며, 신비주의는 종교적 탈혼, 불가사의한 심적 현상, 초감각적 종교체험 등을 의미합니다.
　가톨릭의 영성신학이란 수덕신학(고행주의)과 신비신학(은사주의)의 양면을 포괄하는 개념입니다. 수덕신학이 인간의 능동적 측면(행위)를 강조한 것이라면, 신비신학은 하나님의 직접적인 개입(은총)을 강조하고 있다고 할 수 있을 것입니다. 이 용어는 여러 가지 명칭으로 사용되고 있는데 영성, 영성생활, 신심생활, 내적 생활, 초자연적 생활, 신비적 수련, 완덕신학 등이 그것입니다. 완덕(온전한 삶, 성화)은 수덕과 신비의 단계를 포함하지만 완덕에 이르는 길은 오직 하나이며, 신비적 생활은 비상한 은총의 결과가 아니라 은총의 정상적인 발전과 완성이라는, 즉 점진적 성화를 말합니다.
　가톨릭 영성에서는 주관적 영성과 객관적 영성을 구분합니다. 주관적 영성이 신앙과 삶을 통해 하나님의 신비에 관한 인간의 응답과 체험을 다루는 것이라면, 객관적 영성은 계시, 삼위일체, 구원, 말씀,

성례 등 하나님의 신비 그 자체를 다루는 것으로 13세기 이후 교의신학으로 분리되었습니다.

영성사적으로 12-13세기 이전까지는 객관적인 영성이 강조되었다면, 13세기 이후 객관적인 영성이 교의신학으로 분리되어 나가면서 주관적인 영성만 남게 되었습니다. 신학적 권위 역시 수도원에서 대학으로 넘어가면서 수도원은 영성을, 대학은 신학을 담당하게 되었습니다. 그 후 영성은 신앙생활을 위한 인간의 조건을 다루는 것으로 도덕적이고 윤리적인 면이 강조되었습니다.

17세기에 이르러 영성은 수덕신학과 신비신학으로 나뉘어 수덕(노력, 단련)신학이 진리를 삶 속에서 구체적으로 실천하는 것을 다루게 되었고, 신비신학은 주부적 관상생활에 대한 이론과 실천을 다루게 되었습니다. 수덕신학이 정화, 조명, 일치의 길인 관상의 입구까지 이르는 과정이라면, 신비신학은 하나님과의 일치(합일, 영적 혼인)에 이르는 길을 제시하고 있는 것입니다.

가톨릭에서 말하는 영성은 일반적으로 신앙생활의 완성과 그것에 도달하는 방법을 다루고 있습니다. 조던 아우만(Jordan Oumann)은 "영성신학이란 하나님의 계시진리와 개개인의 종교체험에서 시작하여 초자연적 생활의 본질을 밝히고 개인의 발전을 위한 지침을 규정하며, 영성생활의 시초에서 완성에 이르기까지의 영혼들의 진보과정을 설명하는 신학의 한 영역이다"라고 정의하였습니다.

그런 점에서 가톨릭의 영성신학은 종교체험의 이적 현상에 국한된 것이 아니라 초자연적 체험을 통해 영혼 안에서 일어나는 은총과 성령의 역할을 깨닫는 것으로, 사변적 학문이 아니라 경험(체험)에 따른 응용신학 또는 실천신학이 속하는 영역이라 하겠습니다. 가톨릭의 영성신학은 학문의 구조나 초자연적 생명에 관한 이론을 제공할 뿐만 아니라 개인의 신앙체험과 실존적 상황에도 성경과 전통에 근거해 이론을 제공하려고 하며, 이를 위해 개인적인 체험과 심리학의 여러 분야 등 경험적 자료를 사용하기도 합니다.

가톨릭의 영성은 체험과 이론이라는 두 축에 강조점을 두고 모든 영적 체험을 다루고 있습니다. 그렇지만 주관적 체험의 절대화 내지는 객관화는 항상 문제를 야기하고 있습니다. 가톨릭은 영성의 특징과 강조점에 따라 영성적 가르침을 학파로 분류하기도 합니다. 프랜시스는 '가난'에, 이냐시오는 '식별력(분별)'에, 도미니카는 '이성적인 작용'에, 가르멜은 '관상적인 삶'에 역점을 두었다고 하겠습니다.

1. 영성 이해와 영성 생활

가톨릭의 영성 역시 그 원천을 신·구약 성경에 두고 있으며 성령론을 그 출발점을 삼고 있습니다. 영성이란 하나님의 권위, 성령의 역사, 계시, 은총 등을 인간이 실천적으로 받아들이고 현실에서 신앙의 삶을 살아가는 것으로 보기 때문입니다. 하나님의 계시와 신비를 받아들이면서 그 계시를 생활화해 나가는 것을 추구하기 때문입니다.

그러므로 영성 생활과 신앙생활은 같은 의미로 사용될 수 있을 것입니다. 영성 생활은 성령 하나님을 생명의 원동력으로 삼고, 성자 예수 그리스도와 일치되는 삶을 추구하며, 성부 하나님의 자녀로서 살아가는 삶이기 때문입니다. 특히 영성적 삶을 세상의 정욕과 헛된 욕심을 버리고 더러운 양심을 깨끗하게 하기 위한 훈련의 개념으로 봅니다.

가톨릭 영성 생활에서 중요하게 여기는 것 중에 하나는 신앙체험입니다. 신자들이 영성 생활에 대해 어렵게 느끼는 것은 그것이 이론으로 배워서 끝나는 것이 아니라 체험을 통한 확신과 생활의 변화로까지 이어져야 하는 것이기 때문입니다.

가톨릭 영성은 종말론적인 면과 육화적인 면을 구분합니다. 종말론적 영성은 이 세상을 죄와 고통의 장소로 보고 구원과 성화 등에 관심을 가지며 현세에서의 이탈, 침묵, 관상, 자기 성화, 완덕들을 추구하며 자기 포기, 자기희생, 고행, 극기 등을 강조합니다. 반면에 육화적(肉化的) 영성은 그리스도의 성육신을 강조하는 영성입니다. 이 세상을 긍정적으로 보고 이 세상에 하나님 나라를 건설하고 완성하고자 하는 영성입니다.

종말론적 영성이 그리스도의 죽음에 참여하는 것이라면, 육화적 영성은 부활에 참여하는 것이라 할 수 있습니다. 육화적 영성은 사랑, 사회봉사, 선행, 헌신, 노동의 가치 등을 중시하는 사회적 영성이라 할 수 있습니다. 종말론적 영성과 육화적 영성을 수도회에 비유하자면 관상수도회와 활동수도회로 비교되기도 합니다.

가톨릭 영성의 궁극적 목표는 "하늘에 계신 너희 아버지의 온전하심과 같이 너희도 온전하라"(마 5:48)는 말씀에 따라 윤리적, 종교적 성화(완덕)에 이르는 것입니다. 이 말씀을 완전무결을 추구하는 것이 아니라 완전에 이르도록 노력하며 사는 것이며, 점진적으로 성화에 이르는 것으로 해석하는 것이 일반적입니다(엡 4:13; 빌 3:13).

가톨릭의 신학체계를 완성한 중세신학자로 알려진 토마스 아퀴나스는 완덕을 사랑에 초점을 두어 정의한 뒤 구원을 위한 계명 준수를 강조했습니다. 그는 애덕(愛德, 하나님 사랑과 이웃 사랑)을 덕의 여왕이라 하였고, 완덕이란 하나님과 인간을 사랑하는 데 본질과 목적이 있다고 하였습니다. 특히 그는 초자연적인 현상을 악령의 역사로 보고, 신비적인 것보다 생활적인 면을 강조하였습니다. 로마의 클레멘스나 안디옥의 교부 이그나티우스 역시 사랑을 능가하는 것은 아무것도 없다고 하였습니다. 교부 이레나이우스도 모든 은사를 초월하고 예언보다 더 기중한 것은 사랑이라고 하였습니다.

가톨릭 영성에서 완덕은 영성 생활의 바탕이며 신앙생활의 궁극적 목표로 봅니다. 완덕으로 나아가고자 하는 사람은 시기, 질투, 교만, 욕망 등 인간 본성의 사악한 성향들을 끊어 버려야 한다는 것입니다. 그리고 고통, 굴욕, 빈곤, 질병 등 자기의 십자가를 져야 한다는 것입니다. 가톨릭 영성에서 순교는 완덕의 최상급이며, 이 완덕에 나아가기 위해서는 정결(성), 가난(청빈, 소유욕), 순명(순종)을 지켜야 한다는 점을 강조합니다.

가톨릭 신학자 아우만은 영성의 단계를 회심(깨끗한 마음), 정화(비움, 포기), 조명, 일치(합일)로 보았습니다. 정화의 단계에서는 감각, 정욕, 지성, 의지의 정화 등 전 인격적인 정화를 강조합니다. 특히 인간의 욕망과 유혹은 인간의 감각기관을 통해서 오는 것이기 때문에 영적인 삶과 관계없는 감각은 멀리하며, 지성과 의지적인 면에서 성령과 합치되지 않은 것들은 버려야 한다는 것입니다.

그렇지만 일치를 성만찬(성체성사)과 결부시켜 '내가 주님 안에, 주님이 내 안에 계신다는 구체적 증거'라고 한다거나 성경과 성전(교회전승)을 기록된 말씀과 전해지는 말씀으로 구분하여 동일한 권위를 부여하려는 것은 논란의 여지를 품고 있는 불씨라 할 수 있습니다.

1) 완덕으로 나아가는 길 : 정결, 가난, 순명

(1) 정결

정결은 영육의 삶 전체를 포괄하는 개념으로 삶 속에서 육체적이고 정신적인 순결을 하나님께 드리는 것입니다. 그것은 하나님께 대한 사랑의 표현이기도 합니다. 정결이 인간을 속박하는 것이 아니며, 정결을 추구하는 것은 인간의 동정성 보존이나 성에 대한 멸시나 금기에 있지 않고 봉헌과 봉사에 의미가 있다고 합니다(고전 7:35-36).

가톨릭은 예수님을 동정(독신)생활의 창시자로 봅니다. 수도사의 삶은 자신을 하나님께 봉헌하는 것이며, 육체적 성기능을 포기하며 정신적으로 성의 욕망을 포기하는 것이라고 말합니다. 정결은 동정을 지키는 데서 더 나아가 하나님과 이웃을 사랑할 때 덕으로서 가치를 높게 평가받게 된다고 말합니다. 교부 아우구스티누스는 정결에 대해서 동정을 지켰기 때문이 아니라 그 사람의 삶이 하나님께 봉헌되었기 때문에 영광스러운 것이라고 합니다.

정결은 인간의 노력으로 되는 것이 아니라 하나님의 선물로 인식하기도 합니다. 정결의 추구가 억지로 되는 것이 아니라 성령의 도우심이 필요하다는 의미일 것입니다. 현대 가톨릭의 성경 이해는 외경과 몇몇 교리 외에 개신교와 많이 접근해 가고 있다는 생각이 듭니다.

(2) **가난**(청빈)

가난은 비참이나 궁핍을 말하는 것이 아닙니다. '복음적 가난'으로 주님을 따르기 위해 버리는 영성적 가난을 말합니다(마 19:29). 마음의 가난, 영성적 가난은 인간에게 참된 행복을 가져다준다고 믿기 때문입니다. 가난은 물질적인 것, 이기적인 것, 자기중심에서 이탈하는 것으로 내적 가난과 외적 가난으로 분류됩니다. 내적 가난이 이기적, 자기중심적, 욕망적인 성향과 고집에서 이탈하는 것이라면, 외적 가난은 물건이나 특정한 사람에 대한 애착에서 벗어나는 것이라고 합니다.

누가복음 14장 33절의 제자의 길에 대한 강론에서 자기의 소유를 버리는 것을 자기중심적이고 이기적인 것들을 버리는 영성적 가난의 모델로 봅니다. 예수 그리스도께서 보여주신 가난은 모든 것을 하나님께 받았으니 다시 하나님께 돌려드린다는 차원으로 이해합니다.

가난의 문제는 나눔과 연관되며, 가난의 문제해결은 나눔에 있다고 보고 나눔의 문제를 귀하게 다룹니다. 그리스도인은 나눔을 통해 헌신적인 사랑을 이루게 되는데, 가난은 성화를 위해서나 하나님과의 일치를 위해 필요하다는 것입니다. 수도자들이 가난을 선택하여 자신을 비우고 애착으로부터 떠나고자 한 것은 오직 하나님만을 소유하고자 했기 때문입니다. 가난의 서원은 본능의 속박에서 벗어나 진정한 사랑을 추구하는 데 있었습니다. 그런 의미에서 초대교회 공동체의 나눔은 가장 아름다운 모습을 보여주는 것이었습니다.

(3) **순명**

가톨릭의 순명(순종)은 하나님뿐만 아니라 교회, 전승, 규칙, 공동체 등에 대한 순명을 포함합니다. 이러한 순명은 하나님의 뜻을 추구하는 방법이며, 복음과 교회의 가르침을 통해 하나님께 나아가게 하고, 일치하게 하고, 구원의 신비에 들게 한다고 가르칩니다.

신앙이 신비이며 하나님의 선물이라면, 순명은 실질적이고 실천적인 삶의 표현으로 신앙의 결실로 봅니다. 순명은 하나님께 대한 신뢰이며 섬김이라는 것입니다. 수도자는 예수 그리스도의 삶을 따르는 사람으로서 예수 그리스도의 순명을 본받아야 하고, 겸손은 순명에 있어서 절대적인 자세라고 봅니다. 순명을 공동체의 원리로서 사랑을 완성시키는 하나의 방법으로 인식하는 것입니다. 성경이 말하는 순종은 하나님의 뜻과 계명을 실천하는 것입니다. 그렇지만 가톨릭의 순명은 계급제도에 의해 교회의 위계질서를 유지하려는 원리로 작용하기도 합니다.

2. 가톨릭의 기도

가톨릭의 기도는 다양합니다. 종류도 다양하고 대상도 다양합니다. 기도방법에서도 개신교와 차이가 있습니다. 필자는 여기서 가톨릭의 기도를 하나하나 거론하고자 하는 것이 아니라 그 특성을 소개하고자 합니다. 가톨릭의 기도는 대체로 다섯 가지로 구분할 수 있습니다.

첫째, 하나님께 영광을 돌리는 것으로서 공경(흠모, 경모, adoration)을 말합니다. 공경에는 하나님께 대한 공경(latraria)과 성인들에 대한 공경(duleia)이 있습니다.

둘째, 죄 고백이 있습니다. 하나님을 거역한 모든 것을 죄로 인정하고 참회하고 버리는 것입니다. 고해성사는 공개적인 죄 고백으로 볼 수 있습니다.

셋째, 중보기도가 있습니다. 믿음이 연약한 자, 병자, 환난 가운데 있는 자들을 위해 기도하는 것입니다.

넷째, 청원기도가 있습니다. 개인적인 필요를 구하거나 국가나 집단의 평화와 안정과 번영을 구하는 것입니다. 이때 천사들, 요셉, 성인들에게 중재를 부탁하기도 합니다. 죽은 자들을 위해 기도하기도 하는데, 종교개혁자들은 이러한 행위를 하나님을 모독하는 행위로 보았습니다.

다섯째, 감사기도가 있습니다. 감사기도는 찬양과 밀접하게 관련된 것으로 해석합니다.

가톨릭의 기도를 깊이 있게 이해하기 위해 여기서 아빌라의 테레사가 제시한 아홉 단계의 기도를 소개하고자 합니다.

1) 아빌라 테레사의 기도의 아홉 단계

"우리는 하나님과 교제하기 위해 기도한다."
"기도는 놀라운 은총이고 허락이다."
"기도는 위대한 만남이며 하나님과 나누는 신비한 밀어이다."

"기도는 내 속에 진실한 나를 찾음이며 하나님의 뜻과 온 우주 생명과의 숨고르기이다."
"기도는 신비한 경지의 만남이다."

아빌라의 테레사는 기도생활의 강도는 하나님에 대한 사랑의 강도와 비례한다고 하였습니다. 영성생활의 중심을 이루는 기도생활에서 그는 기도를 아홉 단계로 구분하였습니다. 처음부터 네 번째까지의 기도가 영성생활의 수덕단계라면, 다섯 번째부터는 주입기도로 영성생활의 신비적 단계로 구분됩니다. 그의 아홉 단계를 소개하면 다음과 같습니다.

구송기도(vocal prayer)

구송기도는 기도문이나 말로 표현된 기도형식으로 공적 기도나 예전기도에서 주로 사용되는 형식이지만 개인적으로도 많이 사용된다. 구송기도는 내적 신심(믿음)을 일으키고, 마음과 정신과 함께 몸으로 하나님께 존경을 드리는 것이며, 영혼을 기도의 분위기로 몰아넣는 영적 정감을 표현한다.

구송기도는 청원기도에 국한되지 않고 흠숭(존경), 감사, 통회(회개), 하나님과의 관계에서 체험하는 감정을 포함한다. 구송기도에서 요구되는 것은 주의(attention)와 신심(devotion)이다.

묵상(meditation)

묵상은 공부나 사색과는 다른 기도형식이다. 묵상은 많이 생각하는 데 있지 않고 많이 사랑하는 데 있다. 묵상기도에서는 지나친 엄격(강직)과 변덕을 피해야 한다. 묵상기도는 일종의 '듣는 기도'(listening prayer)로, 성경 본문에 대한 상상력을 통해 성경 본문과 마음을 연결해 준다.

정감의 기도(affective prayer)

정감의 기도란 의지작용이 지성에 의한 추리작용보다 우세한 형태의 기도이다. 정감의 기도와 묵상은 큰 차이는 없다. 정감의 기도란 사랑이 우세한 단순화된 묵상이다. 정감의 기도는 많은 영적 유익을 준다. 정감의 기도는 지나친 내적 성찰에서 벗어나게 하거나 자신의 노력에 의존하지 않게 하며 영적 쉼을 준다.

단순함의 기도(prayer of simplicity)

단순히 하나님을 응시하는 기도, 하나님 현존의 기도, 단순한 비전의 기도이다. 기도하는 사람은 일상의 분주함 속에서도 내적으로 하나님을 응시하고 사랑해야 한다.

주부적 관상(infused contemplation)

관상(觀想)이란 즐거움이 뒤따르는 경험적 지식을 의미한다. 주부적 관상은 카리스마나 비상한 은혜가 아니고, 성화 은총을 지닌 모든 이에게 주어지는 성령 은사의 작용으로 기도의 한 단계이다.

주부적 관상은 하나님의 현존을 체험하며, 관상가의 영혼에 초자연적인 것이 엄습하게 된다. 기도하는 사람의 노력으로는 신비체험을 할 수 없다. 관상자는 수동적이다. 관상 중에 누리는 하나님 체험은 명확하거나 뚜렷하지 못하고 모호하고 혼잡스럽다. 그러나 하나님의 활동 안에 있다는 안정감과 확신을 준다. 신비체험은 분명히 표현할 수 없으나 신체에 반응을 일으키고 덕행 실천에 충동을 준다. 관상자는 은총의 도우심으로 기도하려는 자세를 가져야 한다.

기독교(개신교) 입장에서 묵상기도가 하나님께 몰두하며 고요함 속에서 하나님을 체험하는 내면 여행이라면, 관상기도는 기도의 응답을 기다리며 자신을 비우는 기도로 봅니다. 기도는 간구하는 기도와 함께 주의 음성을 듣고자 하는 균형과 조화가 중요합니다. 영적 만족을 위해서는 보다 깊은 차원의 마음의 기도가 있어야 합니다. 그것이 관상기도입니다.

마음의 기도를 통해서 우리는 영혼 깊은 곳에서의 하나님과의 만남이 가능해집니다. 관상기도는 자신을 온전히 비우고 하나님을 향해 자신을 개방하고 내맡기는 기도입니다. 입술로 하는 기도가 아니라 내 존재의 근원으로부터 하는 기도인 것입니다. 관상의 경지에 이르려면 침묵과 고독의 시간들이 필요합니다. 교부들은 이것을 위해 사막에 찾아가 홀로 침묵과 고독의 시간을 가졌던 것입니다.

정적의 기도(prayer of quiety)

정적의 기도는 신비기도의 한 형태인데, 이 기도를 통해 의지는 하나님의 현존에 친밀감과 형언할 수 없는 감미로움과 기쁨을 느끼게 된다. 정적 기도는 관상적 침묵과 휴식을 주며 의지에 영향을 미친다. 테레사는 잠심(潛心)에서 때때로 행복이 넘치는 내적 고요와 평화가 나오고, 이리하여 영혼은 그 어떤 것도 부족함을 느끼지 않을 것 같은 상태에 있게 된다.

정적 기도의 효과로는 영이 큰 자유를 누리게 되고, 하나님에 대한 자녀다운 경외심과 그분의 마음을 상해 드리지 않으려고 애쓰게 되며, 하나님께 대한 깊은 신뢰심, 극기와 고난에 대한 사랑, 깊은 겸손, 현세의 쾌락을 경멸함, 모든 덕행이 성장한다. 정적 기도에 뒤따르는 현상으로는 관능의 휴지(休止)상태와 사랑에 도취되는 현상이 나타난다.

일치의 기도(prayer of union)

일치의 기도는 신비기도의 한 단계로서 내적 기능이 점차 하나님께 사로잡히게 되는데, 기억과 상상은 자유롭지만 의지와 지성 역시 사로잡히게 된다. 이 단계에서 외적 감각이 완전히 사로잡히지 않지만 거의 무력해져 힘을 못 쓰게 된다. 이때 영혼은 하나님의 실재(현존)를 체험하고 마침내 탈혼 상태에 빠지게 된다. 이러한 신비현상은 하나님께 몰입되는 것이 약 30분 정도로 잠시이기는 하지만 강도가 증가되면 7-8시간으로 증가되기도 한다.

이때는 분심(잡념)이 없고 하나님과의 친밀한 일치에 대한 확신을 갖게 되며, 지루함이나 싫증을 느끼지 않게 된다. 이때 동반되는 현상으로는 신비적 접촉, 영혼의 이탈, 불같은 사랑의 화살, 사랑의 상처(성흔) 등이 나타난다. 십자가의 요한이나 테레사는 이 경지를 경험하였는데, 이 접촉은 영혼에 말로 다할 수 없는 즐거움을 준다.

순응일치의 기도(prayer of conforming union)
이 기도는 신비기도의 마지막 단계로 신비적 탈혼(황홀경)이 나타나게 된다. 이 단계를 '영적 약혼' 또는 '영적 결혼'이라 하고, 외적 현상을 따라 탈혼적 일치의 기도, 변형일치라 표현하기도 한다. 이때 오직 하나님께만 이끌리는 경지에 이르게 되고 황홀경을 경험하게 되며, 영의 이탈현상을 경험하게 된다. 이때 하나님의 위대함 앞에 자아의 겸손과 지상사물에 대한 경멸현상이 나타난다. 이 단계에서 상상적 또는 지적 시현과 계시, 육신의 공중부양을 경험한 자들도 있다.

변형일치의 기도(prayer of transforming union)
이것은 현세에서 얻을 수 있는 최고도의 와덕단계이다. 이 단계에 들어서면 자신을 완전히 망각하게 되고, 고통 받기를 바라며, 박해 중에도 기뻐하게 되고, 하나님을 섬기고자 하는 강한 열망을 갖게 되고, 모든 피조물로부터 이탈하게 되나 탈혼상태(입신)에서 나오게 된다. 많은 영성가들은 이것을 영적 결혼과 동일시했다.

3. 영적 성장의 도움 요소

영적 성장에 도움이 되는 요소로는 독서, 양심성찰, 완덕(온전함)에 대한 열망, 하나님의 뜻에 순종함, 은총에 대한 충실성, 영적 생활 계획과 실천, 거룩한 우정, 영성 지도 등이 있습니다. 특히 영적 독서로 알려진 렉시오 디비나를 유념할 필요가 있을 것입니다.

1) 렉시오 디비나(Lectio Divina)

렉시오 디비나는 디비니티(divinity)가 '신성'이라는 말로 사용되고, 디바인(divine)이 '신성한'이란 뜻으로 해석되는 것처럼 '거룩한'이란 뜻을 가진 라틴어 렉티오와 '신성한', '거룩한'의 뜻을 가진 디비나의 합성어입니다. 이 말은 영적 성장에 유익을 주는 독서를 말하나 주로 성경읽기에 있어서 해석이나 분석적 접근이 아닌 하나님의 말씀(음성)에 귀를 기울이는 자세로 독서하는 것을 말합니다.

토마스 아퀴나스는 성경을 네 가지 의미가 있는 것으로 보았습니다. 문자적(literal) 의미와 풍유적(allegorical) 의미, 도덕적(moral) 의미와 신비적(anagogical) 의미가 그것입니다.

렉시오 디비나에는 수도원적 방법과 스콜라적 방법이 있습니다. 수도원적 방법은 관심이 끌리는 성구에 집중하게 되는 유동적, 개방적인 방식으로 수도사들이 종일 혼자 기도하는 특별한 방법입니다. 스콜라적 방법은 실천단계에 집중하며 계획적인 것으로, 12세기 카르투지오회 수사인 귀고(Guigo)의 저술에서 기원한 것입니다. 기도의 순간들을 분석하여 순서를 부여하고 있는 것입니다. 두 방법은 모두 성경과의 심오한 만남을 목표로 합니다.

(1) 스콜라적 영적 독서의 실천단계

렉시오(lectio / 읽기) : 성경을 주의 깊게 집중하여 읽는다(경청한다).

메디타시오(meditatio / 묵상) : 감춰진 진리의 지식을 깊이 생각한다. 성령의 인도하심을 받아 본문의 의미를 탐구하여 삶에 적용한다.

오라시오(oratio / 대화, 기도) : 병든 것을 제거하고 선한 것을 얻기 위하여 마음을 온전히 하나님께로 향한다.

콘템플라시오(contemplatio / 거하기, 관상) : 정신이 하나님 안에 정지되어 영원한 달콤함을 맛보는 정신의 고양(高揚)이다.

(2) 공동기도를 위한 스콜라적 영적 독서법

독서(lectio) : 하나님의 말씀을 읽거나 경청하는 것이다.
- 하나님의 말씀을 경청하면서 자기의 관심을 사로잡는 단어나 구절에 집중한다.
- 적절히 쉬면서 그 구절을 천천히 읽는다.
- 1분 동안 침묵하며 묵상한다.
- 듣는 사람들이 원한다면 읽으면서 관심을 갖게 된 단어나 구절을 큰 소리로 발표한다.
- 들은 것이 내면에 깊이 스며들도록 몇 분 동안 침묵한다.

묵상(meditatio) : 하나님의 말씀을 깊이 생각함
- 말씀을 들으면서 떠오른 생각이 무엇인지 확인한다.
- 적절히 쉬면서 그 구절을 천천히 읽는다.
- 1분 동안 침묵하면서 천천히 읽는다.
- 듣는 사람들이 원한다면 말씀을 들으면서 깨달은 생각을 소리내어 발표한다.
- 들은 말씀이 내면에 자리 잡도록 몇 분 동안 침묵한다.

기도(oratio) : 하나님의 말씀에 대한 응답, 감성기도
- 하나님의 말씀을 들으면서 그 말씀에서 경험하고 있는 것을 표현해 주는 기도가 내면에서 떠오르는지 의식한다.
- 적절히 쉬면서 그 구절을 천천히 읽는다.
- 1분 동안 침묵하면서 묵상한다.
- 사람들이 원한다면 이 하나님의 말씀 안에서 경험되는 기도를 소리 내어 말한다.
- 들은 것이 내면에 자리 잡도록 몇 분 동안 침묵한다.

관상(contemplatio) : 하나님의 말씀 안에 쉼
- 하나님의 말씀이 마음의 침묵 안에서 나에게 말씀하게 한다. 하나님의 언어는 침묵이다.
- 3-4분간 침묵한다.

마무리 기도
- 마음에 떠오른 기도를 행동으로 옮길 수 있도록 하나님의 임재와 도우심을 기도한 후 종을 쳐서 기도회가 끝났음을 알린 후 침묵 속에 해산한다.

2) 묵상의 방법(로욜라의 방법과 가르멜의 방법)

(1) **로욜라의 방법**
준비(신앙심과 공경심, 준비기도)
묵상 본체(묵상 재료의 실제적 적용)
결론(하나님과의 대화, 주기도, 성모송 등)

(2) **가르멜의 방법**

서론(준비, 일기)

묵상(묵상 재료의 상상적 표출, 반성, 하나님과의 대화)

결론(감사, 봉헌, 청원)

로욜라의 이그나티우스(Ignatius of Loyola)는 이 분야에서 최고의 권위자로 꼽힙니다. 그가 말하는 5관 사용법(눈, 코, 귀, 입, 손발)은 오관을 사용하여 성경 속의 사건에 자신을 몰입하는 방법입니다.

묵상기도는 하루의 가장 적절한 시간에 매일 같은 시간을 지키는 것이 이상적입니다. 성경이 개인들에게 주어진 것은 1400년 이후였으므로 초대교회와 중세시대에 묵상의 중요성은 더욱 강조되었을 것입니다.

3) 공동기도를 위한 수도원적 영적 독서법

수도원적인 방법은 체계적이지 못하며, 단지 하나님의 말씀을 듣거나 읽은 후 성령의 이끄심에 따르는 것입니다. 말씀을 읽는 동안 관심이 가는 단어나 문장이나 구절을 의식하거나 반추합니다. 기도가 내면에서 솟아오르는 것을 의식합니다. 자신의 생각을 초월하여 말씀 안에 쉽니다. 관심 구절을 여러 번 읽은 후 침묵합니다. 개인적인 독서도 유사한 순서를 따릅니다.

4) 토머스 키팅의 4가지 집중기도 지침

- 내면에서 이루어지는 하나님의 임재와 활동에 동의하려는 의도의 상징으로 하나의 거룩한 단어를 선택하라.
- 눈을 감고 편안히 앉아서 하나님의 임재와 활동에 동의를 나타

내는 상징인 그 거룩한 단어를 침묵 속에서 간단히 도입하라.
- 생각이 떠오르는 것을 의식할 때마다 부드럽게 그 거룩한 단어에게로 돌아가라.
- 기도를 마칠 무렵에는 약 2분 동안 눈을 감고 침묵 속에 머물라.

4. 가톨릭 신앙과 교리 이해

이 장에서는 가톨릭 신앙과 교리가 개신교와 많은 공통점을 가지고 있지만 그럼에도 불구하고 가톨릭 신앙과 교리의 문제점에 대해 언급하고자 합니다.

가톨릭이 과연 기독교의 뿌리이며 원형(original)입니까? 가톨릭은 개신교(Protestant)의 형제지간으로 많은 차이점은 있지만 이단(異端)이라고 할 수 없다고 말하는 사람도 있습니다. 그렇지만 가톨릭과 개신교 사이에는 260여 가지의 차이점이 발견된다고 합니다. 단순히 문화나 의식의 차이가 아니라 핵심교리에 있어서 성경을 벗어나 있다는 데 문제의 심각성이 있습니다.

루터에 의해 시작되고 칼빈에 의해 완성된 종교개혁은 단순히 교회의 모순을 바로잡고자 한 것이 아니었습니다. 성경으로 돌아가자는 것이었습니다. 성경 중심의 교회를 건설하고자 하는 운동이었습니다.

가톨릭 교회는 가톨릭 교회 외에는 구원이 없다고 합니다. 가톨릭만이 거룩한 공회이며 참 교회라 주장합니다. 그러나 그들의 교리는 성경에서 벗어난 것들이 많고, 그들의 역사는 독선과 오류로 가득합니다. 십계명만 하더라도 우상숭배를 금한 2계명을 제거해 버리고 우상숭배를 허용하였습니다.

가톨릭의 기초는 성경만이 아니라 유전(전통, 전승)과 외경(가경) 또한 성경과 동등한 권위를 갖는다고 봅니다. 아니, 오히려 성경보다 성경을 수집하고 그 권위를 인정한 교회의 권위를 우위에 둔다는 점이 가톨릭을 이해하는 첫걸음입니다.

중세 후기 가톨릭 교회의 무속화는 급속히 진행되었습니다. 초대 교회의 전통으로부터가 아니라 무속적 요소들이 유입되어 교회의 전통으로 자리 잡게 된 것입니다. 그 이유는 참된 신앙에 대한 이해의 부족과 신비주의, 민간신앙 등 종교 사회적인 관습에 대해 무비판적으로 받아들인 결과였습니다.

유선호는 《천주교가 왜 이단인가?》에서 가톨릭이 기독교일 수 없는 이유를 다음과 같은 나열하였습니다.

첫째, 다른 신을 믿기 때문입니다.
- 마리아, 성인, 성녀, 복자, 복녀, 천사 등
둘째, 성경을 부인하기 때문입니다.
- 가경을 성경과 동등시 함.
셋째, 그리스도의 (단회적) 구속을 부인하기 때문입니다.
- 미사, 화체설, 성체숭배 등
넷째, 인간을 신격화하기 때문입니다.
- 교황무오설, 사제 3권 : 중보권, 축성권, 사죄권
다섯째, 믿음으로 구원 얻는 것을 부인하기 때문입니다.
- 영세(세례)를 받아야 구원을 받게 되며, 선행과 공덕으로 구원받는다는 주장
여섯째, 연옥설(煉獄說)을 주장하기 때문입니다.
일곱째, 우상숭배와 미신 때문입니다.
- 성상, 유골, 성체, 친사, 십자고상, 성화숭배, 십자성호, 성수, 묵주기도, 성로(14처)신공, 성월기도 등

여기서는 주요 핵심사항만을 대략적으로 언급하고자 합니다.

1) 마리아에 대한 가르침

첫째, 예수의 어머니 마리아는 일평생 동정녀로 지냈다고 주장합니다.
마태복음 13장 55-56절에 등장하는 '형제들'(αδελφοι)을 '친척'(ανφιός)으로 해석합니다.

둘째, 마리아는 원죄는 물론 자범죄도 없다고 주장합니다.
마리아의 무염시태와 무죄의 지속성 교리는 마리아를 예수 그리스도와 동질로 보는 것입니다. 아담 이후 원죄(原罪)에서 제외된 자가 누가 있을 수 있겠습니까? 성경은 의인은 없나니 하나도 없다고 하였습니다.

셋째, 마리아는 또 한 분의 중보자라는 주장입니다.
가나 혼인잔치에서 행해진 이적은 그가 은총의 중개자라는 것을 보여준 사례라고 주장합니다.

넷째, 마리아의 몽소승천(Verherrichung)과 대도중보설을 주장합니다.
마리아 역시 부활 승천하여 하나님 앞에 앉아 있다고 합니다(성모승천 대축일, 8월 15일). 마리아의 대도(代禱)는 가장 힘 있게 하나님의 뜻을 움직인다고 봅니다. 그러나 성경은 그리스도만을 중보자라고 했습니다.

다섯째, 마리아 공경은 정당하다고 주장합니다.
천주, 성인, 천사들도 마리아를 찬송했으니 그를 존중히 여김은 결코 과분한 찬사가 아니라는 것입니다. 그러므로 마리아를 하늘의 문, 신령한 은혜의 제조사, 새벽별, 하늘의 여왕, 교회의 어머니 등으로 부릅니다. 로마 가톨릭의 마리아 숭배(Theotokos)는 아세라, 비너스, 아르테미스와 같은 여신숭배와 관련이 깊다고 인정할 수밖에 없습니다.

가톨릭에서는 마리아를 동정녀, 성모(聖母), 중재자에서 더 나아가 성부 하나님의 반려자, 하나님을 잉태한 자, 하나님의 어머니, 권능의 여왕, 하늘과 땅의 주권적 여왕으로서 믿음, 순결, 자비, 경외, 친밀, 신뢰의 표상으로 삼습니다. 마리아 숭배는 교리적이며 전례적인 요소에다 지역적, 문화적 특성이 반영된 민간신앙이 혼합된 미신적인 요소를 담고 있는 것입니다.

중세 학자들 중에 클레르보 버나드는 무염시태를 반대하였습니다. 에라스무스는 왜곡된 신앙의 교정을 요구하였습니다. 루터는 마리아에 대해 겸손한 신앙의 모델일 뿐이라고 하였습니다. 종교개혁자들은 마리아를 주의 모친, 즉 그리스도의 어머니로서 존중하였지만 그에게 도움을 청하는 것은 구원의 매개자인 그리스도의 자리를 빼앗는 것으로 간주하였습니다.

2) 성경 이해

개신교는 성경 66권만을 완성된 하나님의 말씀으로 인정합니다. 그러나 가톨릭은 성경을 정경으로 채택한 교회의 권위에 더 비중을 두고 성경해석 역시 교회의 가르침에 따라야 한다고 주장합니다. 가톨릭 교회만이 계시의 진리를 가르칠 사명을 받은 유일한 교사요 성스러운 보관자라는 것입니다. 그들은 교회의 권위 있는 의사결정과 성경의 권위를 동일시합니다.

가톨릭 교회는 주후 600년에 예배와 기도에 라틴어만 사용하도록 하여 신자들을 말씀과 격리시켰습니다. 성경을 읽을 때는 담당교구 사제의 허락을 받을 것을 명하였습니다. 문자적인 번역보다 그들의 교리를 합리화시킬 목적으로 성경을 번역하는가 하면, 교황 비오 4

세는 '금서목록 규칙 4조'에서 평신도들에게 성경이 읽혀질 때 이득보다는 해독이 크다고 했습니다.

그는 개신교도로부터 받은 성경은 불에 던지거나 신부에게 가져와야 한다고 했습니다. 트렌트 회의(1546년)에서는 외경(가경)까지도 성경과 동등한 권위를 가진다고 결정했습니다.

3) 교황(Pope, Papa)의 신격화

교황은 가톨릭회의 수위권(首位權)을 행사하는 로마 교회의 감독입니다. 현세 교회에서는 예수 그리스도를 대리하는 자요 베드로의 후계자이며, 신자나 성직자의 대표는 아니라고 말합니다. '교황'이라는 말은 604년 포커스 황제가 그레고리 1세에게 붙여준 이름으로, 교황의 수위권과 권한을 나타냅니다.

초대교회 감독들은 아버지(Pope)란 칭호를 사용하는 것을 거부했습니다. 이것은 적그리스도의 표징이라고 여겼기 때문입니다(마 23:9; 살후 2:3-12; 계 17:1-10). '교황성하!' 이것이 말이 됩니까? 대관식에서 새 교황의 머리 위에 세 겹 면류관을 씌우고 예식을 집행하는 사제는 "당신은 모든 군주와 왕들의 아버지시요, 세상의 통치자요, 우리 구주 예수 그리스도의 대리자임을 알아 세 면류관이 지닌 세 권세를 받으시오"라고 말합니다. 세 면류관은 하늘과 땅과 땅 아래 있는 세계의 권세를 상징하는데, 이는 교황이 하늘의 왕, 땅의 왕, 지옥의 왕임을 의미하는 것입니다.

가톨릭 신학자 뵈트너(L. Boettner)는 "교황은 그리스도의 대리자요, 모든 교회의 머리요, 모든 기독교인의 아버지요 교사다. 진리에 있어서 우주의 통치자이며 세계의 중재자요, 하늘과 땅의 최고의 사법권을 가진 하나님 자신이다"라고 하였습니다. 1870년 비오 9세는 교황 무오성(무류성)을 선포했습니다.

4) 우상숭배와 미신적 요소

가톨릭 교회는 사도적 전승(유전)과 교회적 유전(遺傳)을 구분하면서도 이 모든 것들을 오류가 없는 교회의 가르침으로 봅니다.

- 죽은 자를 위한 기도와 십자성호를 그리는 행위 - 300년경
- 양초 사용(wax candles) - 320년경
- 천사들, 죽은 성인들을 숭배하고 형상을 만들어 사용 - 375년
- 마리아 숭배 - 431년 에베소 회의
- 사제들이 '평신도'로부터 구별하는 의상을 착용 - 500년 이후
- 종부성사(임종한 자에게 행하는 도유식) 시행 - 526년
- 연옥교리 시행 - 593년
- 기도와 예배에 라틴어 사용 강요 - 600년
- 마리아(Ave Maria), 성인과 천사에게 기도 - 600년
- 교황에게 우주적인 감독 등의 명칭 사용 - 607년
- 교황의 발에 키스하는 관습 - 709년
- 교황의 세속권 장악(프랑크 왕 Pepin에게서) - 750-1870년까지
- 십자가와 초상(肖像), 유골에 대한 숭배 - 786년
- 성수 사용(미사, 성사, 시성식 때) - 850년
- 요셉에 대한 숭배 - 890년
- 추기경단 조직 - 927년
  사제 - 주교 - 대주교 - 추기경 - 교황
- 미사 드릴 때 종을 사용함 - 965년
- 시성식(施聖式) - 995년, 교황 요한 15세

시성식이란 교황청에 있는 성자의 명부에 죽은 성도들의 이름을 올리는 것입니다. 한국에서도 1984년 103명에 대한 시성식이 제264대 교황인 요한 바오로 2세에 의해 집행되었습니다. 성인이 되기 위

해서는 순교나 희생적인 덕행에 의해 성인으로 공식 승인되어 성인록(canon)에 기록되어야 합니다. 성인이 되기 전에 복자(福者)의 칭호를 얻어 공인과정을 거쳐야 합니다. 성인이 되면 축일이 정해지고, 예전문이 작성되며, 조상(彫像)과 그림이 게재되는데, 복자에게는 환광(gloriola)이, 성자에게는 윤광(aureola)이 붙습니다.

- 성 금요일과 부활절 전 40일 금식 - 998년
- 미사(Mass)가 희생의 재연의식으로, 미사참석이 신자의 의무사항으로 규정됨 - 1000년경
- 교황 선택을 위한 추기경단 창설(니콜라스 2세) - 1049년
- 사제들의 독신생활 시행(그레고리 7세)- 1079년
- 묵주(염주, rosario) 사용 - 1090년

묵주 사용은 은둔자 베드로가 시작, 성(聖) 도밍고에 의해 일반화되었습니다. 교황 비오 9세는 바티칸을 다 털어도 묵주보다 위대한 보물은 없다고 했습니다. 묵주는 작은 구슬 15개를 쇠사슬에 묶고, 마리아상과 십자가상이 연결되어 있습니다. 묵주는 힌두교, 불교, 이슬람교에서도 사용되고 있습니다.

- 종교재판 - 1184년, Verona 회의에서 제정

가톨릭은 종교재판을 이단자를 색출하여 처벌하는 거룩한 직분이라 하였습니다. 종교재판은 신교도들에 대한 무참한 핍박과 대학살운동이었습니다. 1197년에는 이단자에 대한 화형을 명하였고, 1252년에는 고문사용이 공식화되었습니다. 개신교에 대한 박해사례의 일부를 열거하면 다음과 같습니다.

나무에 목을 매달아 죽이기, 혀를 도려낸 후 화형, 귀와 코에 끓는 납물 붓기, 눈 도려내기, 못 박힌 송판에 뛰어내리게 하기, 고문실에 묶인 채로 쥐와 해충 집어넣기, 6만 명을 하루 동안에 칼로 죽인 사건(1209년), 라바르 주민 400명을 불태워 죽인 사건(1211년), 10만 명의 알비제스(신교도들)를 하루 동안에 죽인 후 불태운 사건, 부녀자 500

명을 헛간에 가두고 불을 지른 사건, 1562년의 오렌지 대학살 사건, 1572년 위그노 대학살 사건, 성 아비뇽 사건 등입니다.

이러한 사례들은 종교의 이름으로 인간이 어느 정도까지 잔인할 수 있는가를 보여준 사례라 하겠습니다. 우리 역시 하나님의 이름을 빙자하여 얼마나 많은 범죄를 저지르고 있는지 반성해 볼 일입니다.

- 면죄부 판매(sale of indulgences) - 1190년

850년 레오 4세는 스칼라 산타(Scala Santa)에 무릎으로 올라가는 자들에게 형벌을 사유하는 형태로 고행을 통한 속죄를 허락했습니다. 속죄권 판매는 종교개혁 시기까지 지속되었으며, 루터와 속죄권 판매를 정당시한 테젤(Tezel)의 대결은 종교개혁의 도화선이 되었습니다.

- 화체설(transubstantiation) - 1215년, 이노센트 3세

미사를 드릴 때 빵과 포도주의 실체가 그리스도의 몸과 피로 변화된다는 교리입니다. 개신교에서 성찬은 의견일치를 이루지 못하고 있습니다. 기념설(츠빙글리), 공재설(루터), 영적 임재설(칼빈) 등으로 나뉘어 있는 실정입니다.

- 고해성사(auricular confession) - 1215년

라테란(Lateran) 회의에서 결정되어 이노센트 3세 때부터 시작된 것으로 하나님을 대신한 사제에게 죄를 고하는 행위입니다. 그러나 성경은 우리의 죄를 직접 하나님께 고하라고 했을 뿐입니다(요일 1:8-9; 눅 7:48, 15:21; 시 51:1-10).

- 성체(wafer) 경배 - 1220년, 호노리우스(Honorius) 3세

이것은 사람의 손으로 만든 하나님을 예배하는 우상숭배입니다. 예배는 성령과 진리 안에서 하나님께 하는 것입니다(요 4:24).

- 평신도에게 성경 읽는 것을 금지 - 1229년, 발렌시아 회의

성경을 금서목록(禁書目錄)에 포함시켜 성경에 대한 접근을 막았습니다. 그러나 성경은 읽어야 할 하나님의 말씀입니다(요 5:39; 딤후 3:15-17; 행 17:11; 히 4:12; 계 1:3). 가톨릭은 오늘날도 개인의 성경해석을 엄격

히 금하고 교황청의 해석만을 정설로 받아들이고 있습니다.

- 수도사들의 법의(scapular) 착용 - 1287년

시몬 스톡이라는 영국의 수도승에 의해 시작되었으며, 동정녀의 사진과 함께 갈색 법의조각을 휴대하면 모든 재난에 보호받는다고 주장했습니다.

- 성찬 시 평신도에게 포도즙을 금지시킴 - 1414년, 콘스탄스 회의
- 연옥에 대한 교리 - 1439년

플로렌스 회의에서 교의로 선포되었습니다. 1546년 트렌트 회의에서는 이 교의를 받아들이지 않는 자는 저주를 받는다고 하였습니다.

- 일곱 가지 성례 - 1439년

1160년 피터 롬바르드(Peter Lombard)가 처음으로 그 목록을 만들었으나 1439년 플로렌스 회의에서 교의로 비준되었습니다. 성경은 두 가지 성례만을 언급하고 있으나(세례와 성찬) 이들은 영세, 견진, 미사, 고해, 종부, 서품, 혼인 등의 7성례를 주장합니다.

- Ave Maria(마리아에게 하는 기도문, HailMary) 채택 - 1568년
- 예수교단(Jesuit) 창설 - 1534년, 이그나티우스 로욜라(Ignatius Loyola)

군대식 체제와 규율을 가진 조직으로 상관에의 절대복종, 청빈, 독신생활을 서약하게 했으며 교육과 선교에 힘썼습니다. 제수이트회는 가톨릭의 무력단체로 시작되었습니다.

- 교회 전승도 성경과 동등한 권위를 가진다고 선언 - 1545년

종교개혁에 대한 수습책을 논의하기 위해 소집된 트렌트 회의(1545-1563)는 교회전승도 성경과 같은 권위를 가진다고 하였습니다.

- 가경(외경)을 정경으로 채택 - 1546년

트렌트 회의에서는 가경을 성경에 첨가시켰습니다. 가경이란 말라기 이후 400년 동안 선지자가 없던 시대의 작품으로, 성경과 동일시될 수 없는 저작물입니다(공동번역 성경부록 참조).

- 마리아의 무염시태 주장 - 1854년, 피우스(Pius) 9세

- 이교유론 또는 유론표(Syllabus of Errors)

피우스 9세는 로마 교회에서 증명하지 못한 현대과학을 정죄하고, 교황의 권위는 세속 군주보다 우위에 있다고 주장하였습니다.

- 교황무오설(무류설) - 1870년, 피우스 9세
- 모든 공립학교를 인정치 않음 - 1930년, 피우스 11세
- 마리아는 하나님의 어머니라고 재확인 - 1931년, 피우스 12세
- 동정녀 마리아의 승천 주장 - 1950년, 피우스 12세
- 마리아를 교회의 어머니라 추앙 - 1965년, 파울(Paul) 6세

오늘날 가톨릭 신자들은 하나님이나 예수님 칭호보다 마리아를 "어머니"라 부르기를 더 좋아합니다.

제3장 영성의 역사

1. 초대교회의 영성

초대교회는 시대적으로 주후 30년경부터 핍박받던 기독교에서 공인된 기독교로 대전환이 이루어진 313년까지의 시기를 말합니다. 최초의 교회는 예루살렘에서 시작된 공동체였습니다. 그들은 예루살렘에 머물며 약속하신 성령을 기다렸습니다. 예수 그리스도의 부활과 재림을 믿고 모여서 말씀을 연구하고 기도에 힘쓰며 서로 사랑을 나누며 구제했고, 애찬을 나누며 하나님을 찬양하였습니다. 초대교회의 영성은 사도들의 가르침을 받으며 기도와 사랑을 실천하는 형태로 나타났고, 사도들은 이러한 영성을 후대에 계승하며 신학적으로 정립해 나갔습니다.

초대교회의 영성은 모든 시대 영성의 모델을 제공하고 있습니다. 초대교회의 영성은 사도행전과 바울 서신과 베드로 서신과 요한 서신을 포함한 여러 글에서 잘 드러나 있습니다.
바울을 비롯한 제자들은 예수 그리스도의 삶을 본받아 살기를 원하며 교회지도자로서 존경받을 만한 위치에 있었지만 성직자로서 본연에 임무에 충실하고자 했고, 청빈과 봉사의 삶을 살았으며, 유대교의 핍박과 로마 정치세력의 박해에도 굴하지 않고 최선을 다해 복음 전하는 일에 힘썼습니다.

사도들은 대부분 순교로 생을 마감하였거나 순교적 삶을 살았습니다. 특히 그리스도의 재림이 오래지 않아 이루어질 것을 대망하며 종말론적 삶의 태도를 보이기도 하였습니다. 안디옥 교회에서 파송된 바울의 선교로 인해 복음은 소아시아를 넘어 유럽에까지 전파되었고, 당시 유럽의 심장부인 로마에까지 진출하여 많은 그리스도인들이 생겨나게 되었고 복음으로 승리했습니다.

사도들은 예수 그리스도의 분부에 순종하여 많은 사람들을 개종시켜 그리스도인이 되게 하였습니다. 그 결과 예루살렘 교회가 탄생하였습니다. 이 최초의 신앙공동체는 사도들의 가르침을 따르며 날마다 성전에 모여 기도드리고, 집집마다 돌아가며 음식을 나누며 서로 가진 것을 나누었습니다(행 2:42-47). 신자들의 수가 급속도로 증가함에 따라 사도들은 집사(執事)를 세워 협력자로 삼았으며, 처음으로 스데반을 비롯한 7인의 집사들이 선출되었습니다.

교세가 성장하면서 유대교의 박해가 시작되어 스데반이 순교하였고, 베드로가 투옥되는 일이 발생하였으며 사도 야고보가 순교하였습니다. 신자들은 예루살렘을 떠나 타 지역으로 흩어지기 시작하였습니다. 그들은 예루살렘을 떠나 사방으로 흩어졌지만 머무는 곳에서 복음을 전파하였고, 그 결과 시리아 안디옥에도 교회가 탄생하게 되었습니다. 이후 예루살렘 교회가 그 기능을 멈추면서 안디옥 교회는 로마 교회와 더불어 초대교회의 기둥 역할을 하였습니다.

초대교회의 영성은 예배시간 특히 성례전에 참여하는 것이라고 생각하였기에, 성만찬 중심의 예배가 영성의 중요한 부분으로 자리를 잡게 되었습니다. 2-3세기에 형성된 알렉산드리아 학파와 안디옥 학파 간의 기독론 논쟁과 삼위일체 논쟁은 교리적 질서를 확보하는 데 공헌하였습니다. 이로써 예수 그리스도와 구원이 기독교 신앙과 신학의 핵심으로 자리를 잡게 되었고, 더 나아가 기독교 영성이 기독론적이고 삼위일체론적이며 교회론적인 성격을 형성하게 되었습니다.

특히 학문과 덕망이 있어 존경받을 만한 교부들이 등장하여 교회의 스승으로서 초대교회의 전승을 후대에 이어지게 하는 가교역할을 하였습니다. 이 시기에는 순교, 동정성 등이 이슈가 되었으나 점차 수도자, 수도원, 은수자, 독수자, 광야 수도자들의 규칙이 마련되면서 수도원 영성의 바탕을 이루게 되었습니다.

2. 교부들의 영성

기독교에 대한 로마의 핍박은 주후 64년 네로 황제 시대에 시작되어 디오클레시안(Diocletian) 황제 시대 후인 주후 320년경까지 계속되었습니다. 그리스도인들은 250년 동안이나 박해를 당하였고, 교회에는 많은 순교자들이 생겨났지만 반면에 각처에서 성장해 나갔습니다. 이 시기에 교회의 지도자로서 교회의 바른 신앙의 길잡이 역할을 한 사람들을 '교부'라고 합니다.

초대교회는 체계화된 신학이 없었으나 교회의 전승과 교회 지도자들의 가르침에 의해 살았습니다. 폴리캅, 이그나티우스, 저스틴, 키프리아누스 등 교부들은 예수 그리스도를 본받는 삶을 가르치며 그대로 실천하고자 하였는데, 그들의 이상은 금욕적인 삶과 순교를 통해 나타났습니다.

교부(敎父)라는 이름은 '교회의 아버지'라는 뜻입니다. 아버지라는 용어는 신자들의 영적 양육자인 주교들에게 사랑과 존경의 표현으로 이레나이우스의 《이단반론》이나 유세비우스의 《교회사》에서도 찾아볼 수 있습니다.

아우구스티누스는 그의 책 《신국론》에서 '교부들은 사도 이후 교회를 심고 물을 주며 먹이고 양육한 자들'이라 표현했습니다. 이와 같이 교부라는 용어는 역사적으로 기독교 초기에 하나님의 말씀을 올바르게 전달하며 교회의 기초를 놓은 사람들로서, 성경과 교회를 내·외부의 위험으로부터 보호하고 신앙과 신학의 발전에 공헌한 인물들에 대한 명칭이었습니다.

구약성경의 예언서나 잠언과 전도서에서도 스승은 제자를 '아들'이라고 불렀습니다. 사도 바울도 그가 친히 복음을 전하여 그리스도를 믿게 된 신자들에게 자신이 '그들을 낳은 아버지'라고 말하였습니다(고전 4:15). 동양에서도 스승과 제자 사이를 '부자(父子)지간'의 관계와 동일한 것으로 보았으며, 제자들은 스승들을 존경의 마음으로 '사부(師父)'라고 불렀습니다. 유대교의 랍비들도 제자들로부터 '아버지'라는 칭호로 불리었습니다. 이러한 전통을 남용하는 선생들에 대해 예수님은 제자들에게 주의하도록 훈계하신 적이 있었습니다(마 23:7-10).

엄밀한 의미에서 교부란 초기 기독교회의 지도자들이며 정통신앙을 따르는 사람으로서 학문적으로나 삶에 모범적인 사람을 범 교회적으로 교부라고 인정합니다. 시대적으로 교부들을 구분할 때는 초기(100-300년), 황금기(300-450년), 쇠퇴기(450-700년)로 구분하기도 합니다. 초기는 니케아 공의회 이전을 말하는데, 이 시기는 사도교부, 호교교부, 정통신학의 창시자들을 포함합니다.

황금기는 4대 공의회, 즉 니케아, 콘스탄티노플, 에베소, 칼케돈 공의회와 연관된 시기의 교부들로서 여러 이단사상들로부터 신앙의 순수성을 보호하기 위한 변증신학이 발전되었던 시기를 말합니다. 교부학에서 중요하게 거론되는 대부분의 교부들은 이 시대에 속한 인물들입니다.

쇠퇴기는 칼케돈 공의회 이후를 말하는데, 교부들의 독창적인 저술들이 등장하기보다 옛 교부들의 저서들을 정리하여 펴낸 시대를 말합니다. 그레고리우스 1세(Gregory the Great, 540-604)는 이 시기를 빛낸 위대한 교부로 평가받기도 합니다. 그의 영성은 상상적이고 관조적이며 정적인 영성으로 평가되는데, 서구적 영성이 그의 영향을 많이 받은 것으로 평가받는 이유는 도구적 영성으로서 금욕적 교리를 주장하면서도 봉사를 덕으로 삼는 내적 삶을 강조했기 때문입니다.

현대 서구 영성에 크게 영향을 끼친 사람으로는 6세기에 활동했던 디오니수스 아레오파지트(Dionysius Areopagite)를 들 수도 있습니다. 그는 헬라 철학의 신비주의, 특히 플로티누스(Plotinus)의 일자(一者)사상과 필로(Philo)의 유대교적인 신비주의 그리고 기독교 교부들과 성경의 신비주의를 결합시켜 기독교 신비신학을 완성함으로써 기독교 영성의 역사에 큰 영향을 주었기 때문입니다. 그의 영성의 핵심은 하나님의 신비입니다. 그는 하나님을 부정적인 방법으로밖에 알 수 없는 어둠(darkness)이라 표현했으며, 그 하나님을 만나는 방법으로 관상기도(contemplatio)를 제시했습니다.

1) 사도교부(속사도교부)

사도들의 순교 내지 죽음으로 말미암아 그 후계자들에게 교회에 대한 책임이 맡겨지게 되었습니다. 교회의 전승에 따르면 로마 교회는 베드로 다음으로 리누스, 아나클레투스, 클레멘스가 교회의 지도자 역할을 하였고, 안디옥 교회는 사도 베드로와 바울에 이어 이그나티우스(Ignatius)가 감독이 되었습니다. 서머나 교회는 요한 사도의 제자였던 폴리캅이 후계자가 되었는데, 이들을 일컬어 사도교부라고 합니다.

사도교부라는 명칭은 교부학에서 사용되는 용어로서, 사도들 또는 그들의 제자들의 입에서 직접 복음을 전해들은 사람들을 총괄하여 일컫는 대명사로서 '속사도교부'라고 불리기도 합니다.

사도교부 시대는 교회들이 뿌리를 내리는 시대로서, 사도교부들의 범위는 넓게는 초대교회 이후부터 기독교 변증에 기여했던 호교교부들이 등장하기까지의 모든 인물들을 가리키기도 하지만 좁게는 가장 핵심적 역할을 했던 교부들을 일컫는 말입니다.

사도교부들의 가르침과 주장은 사도들 다음으로 중요한 의미와 권위를 나타내는 것으로 평가됩니다. 사도교부들의 저서의 형태와 내용은 신약성경과 긴밀하게 연관되어 있습니다. 구조와 내용이 바울 서신과 닮은꼴이며 헬라어로 기록된 서신들이 대부분입니다. 그들은 순교적 삶을 통해 깊은 영성으로 그들의 가르침을 전달하였습니다.

신약성경 다음으로 가장 오래된 그리스도교 문헌들인 교부들이 남긴 자료들은 학문적, 신학적 저술이라기보다 신자들의 믿음을 돈독하게 하고 그들의 신앙생활에 교훈을 주는 것들입니다. 신자들이 돌려가며 읽도록 회람형식으로 되어 있어서 오랜 시간 동안 초대교회에 큰 영향을 끼쳤을 것이 분명하며, 수신자들뿐만 아니라 다른 교회들의 신앙교육에도 이바지한 문헌들이었을 것입니다.

이 시기 서신들의 특징은 이후 시대의 문헌들과 비교해 볼 때 지극히 단순하며, 신자들에게 평범한 언어로 그리스도께서 보여주신 구원의 의미를 깨닫게 해주고 재림의 소망 가운데 살도록 격려하는 내용으로 구성되어 있습니다. 또한 교회의 질서유지를 위해 사역자들에 대한 신자들의 순종을 가르치며, 이단의 위험성을 경고했습니다. 초대교회의 신앙과 영성을 보여주는 사도교부들의 문헌의 가치는 그것들이 신약성경 다음으로 교회의 가르침의 발전과정과 교회의 구조와 관습 등의 발전을 보여주고 있기 때문이기도 합니다.

2) 호교(변증적) 교부

주후 2세기는 그리스도교가 세계 곳곳으로 널리 퍼져 나가던 시기였습니다. 다양한 계층의 사람들이 교회에 출석하게 되었고 결신자들이 급증했습니다. 그들 가운데는 비천한 신분을 가진 사람들도 있었지만 당대의 뛰어난 지성인들과 철학자들도 있었습니다. 그러나 대부분의 그리스도인들은 아직 자신들의 믿음을 논리적으로 변증할 능력을 갖추지 못하고 있었으며, 세상 사람들은 이러한 그리스도인들을 비웃고 무시하는 경향이 있었습니다. 세상 사람들로부터 억울한 누명을 쓰거나 터무니없는 오해를 받게 되었고 박해를 당하는 경우도 있었습니다.

예를 들어, 서로 형제자매라고 부른다고 하여 근친상간하는 자들로 오해받거나, 주님의 살과 피를 나누어 먹고 마신다고 하여 식인종으로 취급당하기도 했습니다. 그리스도인이라는 이유만으로 어리석은 사람으로 취급되거나 아무런 잘못도 없이 온갖 비난을 받아야 했고, 로마제국으로부터 생명의 위협마저 느끼며 살아야 했습니다.

이 무렵 그리스도교로 개종한 지성인들은 그리스도교에 대한 오해를 벗겨내고 로마제국의 부당한 박해에 맞서기 위해서 그리스도교의 참된 모습을 소개하는 책들을 저술하게 되었는데 이 일에 헌신했던 교부들을 가리켜 '호교 교부'라고 합니다.

호교 교부들은 대부분 당대의 헬라 철학에 정통했으며, 자신의 철학노선을 모색하다가 그리스도교 진리를 발견하고서 신자가 된 사람들도 있었습니다. 이들은 그리스도교를 박해하고 비난하는 사람들을 논리적으로 반박하였을 뿐 아니라 그리스도교 진리를 변호하려고 힘쓴 변증가(辨證家)들이었습니다. 이들에 의해 이루어진 이단과 핍박과 세상의 오해와 비난과 조롱으로부터 복음진리를 방어하고 옹호하고자 했던 2세기 저술들을 '호교론'이라고 하기도 합니다. 2세기 후반기에 집필된 것으로 간주되는 《디오그네투스에게 보낸 편지》는 초대교회 호교론의 대표적인 저술에 속합니다.

호교 교부들 가운데 대표적인 사람은 유스티누스(Justinus, 165년 순교)였습니다. 유스티누스는 헬라 철학을 전공한 평신도 신학자였는데, 기독교에 귀의한 후에도 철학을 포기하지 않았으며 그리스도교 진리는 기존 철학체계를 통하여 얼마든지 설명될 수 있다고 믿었습니다. 그는 사람에게는 누구에게나 하나님 말씀의 씨앗(semina Verbi)이 있으며, 하나님께서 손수 뿌려 주신 이 말씀의 씨앗은 모든 사람들 안에서 자라나고 있다고 생각했습니다. 그러므로 하나님은 세상의 철학과 문화를 통해서도 스스로를 드러내신다고 믿었습니다.

그는 철학자들을 가리켜 '그리스도인'이라 부르기를 주저하지 않았습니다. 참된 것을 추구하는 사람들은 누구나 하나님을 찾는 사람들이며 그 사람들 안에서 하나님 진리의 싹이 자라나고 있다고 보았기 때문입니다. 그는 그리스도교 이전의 그리스도인을 말한 최초의 교부로서, 그리스도교야말로 이 세상에서 유일하게 참된 철학이라 하였습니다.

이와 같이 호교 교부들은 복음을 서양의 철학과 언어로서 변증하려 했던 사람들이었습니다. 자신들이 살았던 그 시대의 언어로 신앙을 이야기한 신학의 선구자들이었습니다.

'교회사의 아버지'로 평가받고 있는 유세비우스(Eusebius) 역시 호교론자에 속합니다. 유세비우스의 명성은 무엇보다 '교회사의 아버지'라는 찬사를 부여하게 한 역사서에서 비롯됩니다. 그가 쓴 《교회사》는 초대교회에 관한 가장 중요한 문헌에 속합니다. 그의 《교회사》가 없었다면 기독교 초기의 역사를 거의 알 수 없었을 것이기 때문입니다. 그는 역사를 신학적 이해를 바탕으로 해석하였으며, 역사의 진행과정을 구원사적 패러다임만이 아니라 실제적인 역사적 사건에서도 하나님의 구원계획이 드러나고 있다고 보았습니다.

특히 그리스도교가 로마제국에서 놀라운 발전을 이룩한 것은 모두 하나님의 계획이며, 당대에 거의 완성되어 가고 있다고 생각하였습니다. 그러한 관점에서 콘스탄티누스 황제의 통치시대를 그리스도교 구원의 정점으로 생각하였기 때문에 그를 아무리 찬양해도 부족하다고 여겼습니다.

호교 교부들 모두가 현실을 존중하고 세상에 대해 개방적이었던 것은 아니었습니다. 타티아누스(Tatianus Assyrus, 120-173)는 세상의 모든 철학과 학문들을 마귀적인 것으로 정죄하였고, 그리스도교 이외의 모든 철학과 사상은 무가치하고 어떤 진리도 담아내지 못하는 야만적인 것들일 뿐이라는 보수적이고 배타적인 생각을 했습니다. 그리스도교 이외의 세계 역시 더불어 살아가야 할 이웃이 아니라 십자가로 정복해야 할 야만 세계로 여겼습니다. 그는 세상의 것들을 속되고 더럽고 타락한 것이라 정죄하고, 그리스도교만 유일하게 참되고 순결한 가치라고 여겼습니다. 그 결과 극단적인 금욕주의자가 되었고, 결국 정통교회에서 나와서 이단이 되었고, 로마 교회로부터 파문당하고 말았습니다.

오늘날에도 여전히 삶의 현실과 현장을 외면하고 세상을 외면하거나 등지고서 보수 정통신앙만을 고집하는 자들을 찾아볼 수 있을 것입니다. 우리는 교회사에서 이단으로 전락한 많은 사람들이 세상을 등진 극단적인 금욕주의이거나 개인적인 열정과 체험을 절대시하다가 이단에 빠지게 된 경우를 얼마든지 볼 수 있기 때문입니다. 교회사에 등장하는 영지주의, 마르시온주의, 몬타누스주의, 아리우스주의 등이 그러했습니다. 현대사회에서도 우리는 그들의 주장과 유사한 이단들을 주변에서 얼마든지 찾아볼 수 있습니다.

호교 교부들은 박해와 공격의 압박을 받는 입장에서 임시적이고 부분적인 해답을 제시하는 호교론적, 논쟁적 저술들을 펴낸 반면 클레멘스를 비롯한 알렉산드리아의 신학자들은 보다 포괄적이고 전체적인 신앙 진리를 다루며 체계적인 신학을 제시하는 선구자 역할을 했습니다.

교부들의 가르침과 전승이 성경과 같은 권위를 가질 수 없는 것은 두말할 필요가 없습니다. 그들의 성경 이해와 해석 역시 당시의 철학적 사조의 영향을 받고 있었고, 시대적 한계성을 드러낼 뿐만 아니라 자의적이어서 현대적 시각으로 볼 때 현대 이단들에게까지도 빌미를 주고 있을 뿐만 아니라 그들 자신이 이단적 가르침에 빠져들기도 했기 때문입니다. 우리가 교부들의 영성에 관심을 가져야 할 이유는 고대 신학을 이해하기 위해서라기보다는 그들의 삶이 교훈과 깨달음을 주고 있기 때문입니다.

3) 동방 교부와 서방 교부

교부들이 사용한 언어에 따라 라틴어를 사용한 라틴 교부, 헬라어를 사용한 헬라 교부로 구분합니다. 그리고 이집트의 콥트어나 아랍어를 사용한 교부들을 동방 교부로 구분하기도 하는데 지역에 따른 두 학파의 형성으로 인해 동방교부(헬라 교부, 동방학파)와 서방교부(라틴 교부, 서방학파)로 구분합니다.

동방학파의 중심지는 알렉산드리아였으며, 오리게을 비롯한 저명한 학자들이 배출되었습니다. 주후 70년 예루살렘은 멸망했을지라도 히브리어 성경의 헬라어판 70인역이 발행되었던 알렉산드리아는 유대교의 지적인 수도였으나 초기 기독교의 신학이론을 산출해낸 도시이기도 했습니다. 알렉산드리아는 유대인 학자 필로의 고향이었으며, 영지주의 이단자 발렌티누스의 고향이기도 했습니다. 그리고 오리게네스와 아타나시우스를 배출한 곳이기도 합니다.

　헬라 교부들의 사상은 사색적이며 철학적이었습니다. 이들은 철학을 기독교와 모순되는 것으로 보지 않고 오히려 기독교의 산물로 받아들였습니다. 이 학파의 주요 지도자들은 판테누스, 알렉산드리아의 클레멘스, 알렉산드리아의 디오니시우스, 그레고리우스, 타우마터거스, 디디머스, 디오도루스, 존 크리소스토무스, 데오도레 등이 있습니다.

　서방 라틴학파의 중심지는 로마였으며, 대표적인 교부는 터툴리아누스였습니다.

　2세기 후반 서방교회는 규율이 해이해지고 예배가 형식화되며 교리가 극단적으로 흘러가 교회 안에 갈등이 형성되었습니다. 교회 안에 세속화 흐름이 나타나기 시작하였고 국가와 타협하는 일이 많아졌습니다.

　이때 교회 안에는 도덕적 순결성과 엄격한 규율 그리고 거룩한 생활을 원하는 사람들이 나타나게 되었습니다. 교회는 그들을 이단자 또는 분열주의자로 몰아 핍박하거나 파문시켜 버렸습니다. 그들의 교리는 많은 문제점을 노출하고 있었기 때문입니다. 그 결과로서 몬타누스파, 노바티안파, 도나투스파 등의 분파가 생겨나기 시작했던 것입니다.

　터툴리아누스도 한때 몬타누스파에 기울어졌던 때가 있었습니다. 그는 많은 저술을 남겼는데 주로 변증적인 것, 이단에 대한 반박, 윤리적이며 실제 생활에 관련된 것들입니다.

　이 밖에 기독교 교리의 발전에 공헌한 교부들로는 키프리아누스, 아우구스티누스, 히에로니무스 등이 있습니다. 이들은 학문적으로만 탁월한 인물이 아니라 절제와 고행을 실천하며 수도생활을 하였습니다.

키프리아누스는 교회제도를 체계화하였고, 아우구스티누스는 수도원을 만들어 수도원생활을 하였으며, 히에로니무스는 라틴어 번역성경인 벌게이트 성경을 완성했습니다. 아리우스와 아타나시우스의 기독론 논쟁, 네스토리우스의 주장에 대한 에베소 회의 등은 신학논쟁의 한 획을 장식했습니다. 카파도키아 출신의 정통신앙의 옹호자들인 대 바실리우스, 니사의 그레고리우스, 그의 친구인 그레고리우스 등은 서방교부요 신학자들로 평가받는 인물들입니다.

초기 서방신학의 중심지는 북아프리카였습니다. 지중해를 끼고 있던 북아프리카 교회는 정치, 종교, 군사, 문화에 있어서 로마에 버금가는 중요한 자리를 차지하고 있었습니다. 이곳에서 터툴리아누스, 키프리아누스, 아우구스티누스와 같은 위대한 교부들의 신학이 두드러지게 나타났습니다. 동방교부들은 직관적이고 사변적이며 서정적이고 신비적이었던 반면, 서방교부들은 법적이고 실용적이며 윤리적이고 현실적인 특성을 보였습니다. 동방교부들이 삼위일체론, 그리스도론에 관심을 기울였다면, 서방교부들은 교회론, 성례론 등을 주요 관심사로 다루었다고 할 수 있습니다.

그 외에도 카파도키아(터키), 알렉산드리아(이집트), 안티오키아(시리아) 등지에서 신학 작업이 활발하게 이루어져, 4세기에 접어들면서 이른바 교부학의 황금시대를 열었습니다.

고대 기독교사에서 유명한 두 학파는 알렉산드리아 학파와 안디옥 학파입니다. 안디옥 학파는 타르수스의 디오도루스(327-394)에 이르러 신학적 체계가 형성되었고, 그의 뛰어난 제자들의 활동에 힘입어 4-5세기에는 전성기를 누렸습니다.

4세기부터 삼위일체론과 기독론에 관한 교의논쟁이 시작되었을 때 안디옥 학파는 성경 해석 방법에서 특히 역사적 의미와 문자적 의미를 중시한 반면, 알렉산드리아 학파는 성경의 알레고리적, 도덕적, 신비적 의미를 강조하여 성경의 깊고 감추어진 의미를 찾는 데 더 주력하였습니다. 교의적 관점에서 안디옥 학파는 하나님과 그리스도를 구분하려는 경향이 강했고, 알렉산드리아 학파는 하나님의 세 위격과 그리스도 안에서 두 본성의 일치를 더 강조하였습니다.

교부들은 교회의 전승과 가르침을 잘 보존해 온 영적 스승들로서 교회의 기둥 역할을 한 사람들입니다. 그들은 성경을 사랑하고 읽고 묵상하였고 깨달은 진리를 강론과 저술들로 후세에 전해 주었습니다. 교부들의 글들은 대부분 성경을 기초로 풍부한 해석을 담고 있기 때문에 우리의 성경 연구에도 크나큰 유익을 줍니다.

우리가 교부들에 대해서 관심을 갖고 이해할 수 있어야 하는 이유와 필요성은 사도 이후 다음 세대였던 그들이 사도들과 다름없는 열정과 헌신으로 삶을 통해 솔선수범하며 복음을 증거하였고, 하나님의 사랑을 깨닫고 실천하며 복음 선포에 앞장선 사람들이었기 때문입니다. 그러므로 우리는 교부들을 통해 초대교회의 열정과 올바른 신앙생활의 진수를 배울 수 있을 것입니다.

처음 교회의 교직제도는 감독, 장로, 집사 등 아주 단순한 것이었습니다. 디모데와 디도는 바울이 세운 몇몇 지역교회의 감독이 되었으며, 요한은 폴리캅을 서머나 교회의 감독으로 세웠습니다. 그 후 대감독(archbishop)이란 명칭이 도시의 감독들에게 쓰였으며, 교회의 회의는 정책을 세우고 교리를 결정하며 이단을 논박하고 그 밖의 문제들을 논의하기 위한 창구가 되었습니다. 가톨릭 교회의 조직과 그 권위는 키프리아누스의 주장에 기초한 것입니다.

325년 니케아 회의는 콘스탄티누스 대제로부터 시작되었습니다. 그 후 590년 그레고리우스 1세가 교황으로 즉위하기까지를 후 니케아 시대라고 합니다. 콘스탄티누스의 황제 등극과 그가 종교의 자유를 허용한 것은 이후 기독교의 판도를 바꾸어 놓는 계기가 되었습니다. 역사가 샤프(Philip Schaff)의 말대로 '수치와 압제의 상징'인 십자가는 이제 '명예와 주권의 휘장'이 되었던 것입니다.

교부들은 금욕생활을 하거나 수도원생활을 한 사람들이 많았습니다. 실제로 순교의 기회가 없어져 버린 상황에서 수도원을 통해 신앙적 이상을 실현해 보고자 하는 사람들이 수도원으로 몰리기 시작했고, 그로 인해 수도원은 중세 이후까지 기독교 신앙의 한 축을 이루게 되었습니다.

동방 수도원과 서방 수도원 영성의 형식적 특성을 비교하자면 동방의 수도사들이 동굴에 은둔하며 수도생활을 했다면, 서방 수도사들은 베네딕트 수도원의 모습에서 보는 것처럼 공동체를 이루어 나갔습니다.

4) 이집트와 시리아 교부들

서기 285년경 안토니로부터 시작된 것으로 알려진 사막교부들의 삶은 320년 파코미우스가 타벤니시에 공동체를 세움으로 새로운 전기를 맞이하게 됩니다. 히에로니무스의 저술에서도 발견되듯이 3-4세기의 사막교부들은 이집트의 여러 사막에서 은둔생활을 하였으며 금욕생활과 기도생활에 전념하였습니다.

사막교부들은 영성을 세 가지 차원으로 구분하였습니다.

첫째, 프라에이스 : 침묵, 기도, 금식, 복종, 따뜻한 옷을 금하는 것.
둘째, 포리테이아 : 개개인이 실천하는 프라에이스
셋째, 숨은 훈련

교부시대 이후 세상을 피하는 은둔의 경향만 존재했던 것은 아니었습니다. 사회를 변화시키려는 노력도 물론 있었습니다. 그렇지만 대다수의 교부들은 세상과 영적인 일을 분리해서 생각했던 초대교회의 전통을 이어받아 세상을 부인하는 경향의 신앙태도를 이어나갔습니다. 이 시기의 영성은 전통적으로 중세의 수도원적 경건, 금욕생활이나 개인의 내면적인 신비체험들을 포괄하는 인간의 영적 생활을 의미하는 것으로 받아들여졌습니다.

사막교부들은 하루 한 끼 정도의 식사로 만족하였는데, 어떤 이는 일주일에 한 끼의 식사를 하였다고 합니다. 이들은 주로 동굴 속에서의 은둔생활을 하였으며 나중에는 공동체를 이루기도 하였습니다. 그들은 방문객들에게 자기들의 생활을 공개하기를 꺼렸고 여인들을 멀리하고자 하였습니다. 금욕적 삶에 방해받지 않기 위해서였습니다.

이들은 겸손을 주요 덕목으로 인식하였고, 나태함과 정신의 산만함을 경계하며 기도생활에 전념하였습니다. 사막은 기도의 장소이기도 하지만 동시에 유혹의 장소이기도 했기 때문입니다. 리코폴리스의 존은 이런 말을 남겼습니다.

"기도할 때에 정욕, 인간적 영예나 칭찬, 이기심, 자랑 등으로 인해 방해를 받지 않도록 하라. 그렇지 않으면 주님과 대화할 때에 유혹을 받게 되며 기도 전체가 무의미한 것이 되고 만다."

수도자들은 기도생활에서 실제로 사탄이 나타나 지난날의 죄를 들먹이고 비아냥대며 기도를 방해하는 것을 경험하기도 하였습니다.
수도자들 중에는 인근 마을에조차 내려오기를 싫어한 자들도 있었습니다. 이들 중에는 신유의 은사를 가진 자들이 많았고 리더십이 있는 사람들은 많은 수도원을 총괄하기도 하였습니다. 테베 지역 옥시린쿠스의 어느 지도자는 3만 명의 수도사와 수녀들을 관할하였다고도 전해집니다.

아래에 소개하는 수도자들의 교훈에서도 우리는 영적 가르침을 받을 수 있을 것입니다.

(1) **페르시아의 아프라하트**(Aphrahat, ?-c.345)
- 마음의 순결은 소리를 내어 기도하는 것보다 더 참된 기도이며, 신실한 마음과 일치를 이루는 침묵이 크게 소리를 지르는 것보다 낫다.
- 가인의 제물이 열납되지 않은 반면 아벨의 제물이 열납된 것은 그의 순결한 마음 때문이었다.
- 모세의 기도는 열 재앙으로 바로의 손에서 구원이 가능하게 했으며, 홍해를 가르고 쓴 물이 단물로 변하게 했고, 만나를 내리게 하고, 메추라기를 날아오게 하였다.
- 한나의 기도는 닫힌 태를 열어 그녀의 수치를 씻고, 나실인이요 제사장인 사무엘을 출산하게 하였다.
- 다니엘의 기도로 사자의 입을 봉하게 되었다.

(2) **시리아의 에프렘**(Ephrem of Syria, 306-373)
- 기도와 믿음은 하나의 형태로 발견되는데, 기도가 숨겨진 부분이라면 믿음은 드러난 부분이다. 기도는 은밀한 분을 위한 것이요, 믿음은 다른 사람들의 눈에 보이는 것이다.
- 기도는 우리 몸 안에 숨겨져 있는 하나의 맛과 같은 것이지만 그것이 믿음의 향기를 충분히 발하게 하라.

(3) **폰투스의 에바그리우스**(Evagrius Ponticus)
- 자기 영혼에 관심을 갖고 회개하는 죄인은 더러운 것이 가득 차

있고 검게 되었으나 씻고 닦아 윤이 나는 그릇과 같다.
- 회개하기를 힘쓰고 멍에를 메라. 악한 행동을 선한 행동으로 바꿔서 주님을 기쁘시게 하라.
- 먼저 성호를 긋고 정신을 한 곳에 모아 기도의 준비를 갖추고 기도의 대상인 주님을 응시하면서 기도를 시작하라.
- 만일 불결한 생각이 그대의 마음에 들어온다면 당황하지 말고 거절하라. 기도하는 중에 그대의 마음이 공허한 것을 생각하며 분심(分心)이 일어나지 않도록 주의하라.
- 우리가 기도에 집중하는 것을 귀신들이 보았을 때 그들이 괴로워한다는 사실을 깨달으라.
- 확신을 가지고 기도의 행진을 시작하라. 그대의 기도는 아벨의 제물처럼 열납될 것이다.
- 그대가 신학자라면, 그대는 정녕 기도할 것이다. 그대가 정녕 기도하고 있다면, 그대는 신학자이다.

(4) **아파메아의 요한**(John of Apamea)
- 돈에 대한 사랑과 칭찬에 대한 욕심을 버리라. 그 후에야 탁월한 마음, 겸손과 인내, 진지함과 경건함, 선과 미에 대한 관심, 하나님과 인간에 대한 사랑을 할 가능성을 가진다. 사람은 이것을 통해서 영혼의 순결과 온전한 삶을 이룰 수 있다.
- 무익한 대화를 삼가라.
- 모든 사람에게 먼저 인사하라.
- 모든 사람을 소중한 사람으로 대하고, 당신보다 지식이 모자라는 사람을 멸시하지 말라.
- 수도원에서 어른들을 존경하고 형제와 화목하게 지내라.
- 금식보다는 철야기도를 택하라. 철야기도는 이성을 총명하게 하고 지성을 깨어 있게 하고 몸을 평온하게 하여 더 유익하다. 금식

은 인간의 욕망을 쫓아 버리고 죄의 노예가 되지 않는다는 확신을 준다.
- 종인 동시에 자유인이 되라. 하나님께 복종한다는 점에서 종이 되고 어떤 것에도 노예가 되지 않는다는 점에서 자유인이 되라.
- 검소하고 정숙한 옷을 입으라. 당신의 궁핍함을 강조하지 말라.
- 모든 사람을 친근하게 대하되 사랑하는 이들에게 애착하지 말라.
- 성경읽기에 힘쓰라. 기도 중에는 자주 마음의 분심이 생기지만 말씀을 읽는 중에는 산만했던 마음도 다시 집중되기 때문이다.
- 기도를 마칠 때에는 주께서 제자들에게 가르치신 기도로 마치라.

(5) **바바이**(Babai)
- 온전하고 완전한 행위는 천사에 의해서 행해지는 예배이다. 이러한 예배를 위해 요구되는 것은 청결한 마음, 하나님께 대한 진정한 사랑, 생각의 단속, 그리스도에 대한 묵상, 끊임없는 기도, 부정한 생각에 대한 싸움으로 구성된 금식, 육체와의 지속적인 싸움, 사치스런 음식에 대한 절제, 영혼의 안식, 진정한 즐거움, 덕스런 모습, 주어지는 모든 것에 대한 죽음, 유혹적인 모든 것에 대한 거절, 모든 염려를 버림, 모든 악으로부터의 도피, 세상 염려와 혼합되지 않은 깨어 있는 마음, 절식, 부지런한 자들의 경기장, 자기를 죽이는 십자가 등이다.
- 필요한 경우 외에는 두 끼 식사를 하지 말라.
- 여자들과의 대화를 피하라. 여자와 교제하고 그들을 즐겨 만나는 사람은 알지 못하는 중에 영적으로 파멸한다. 영혼은 어두워지고 육체의 내면이 더러워지고 순결이 그들의 영혼을 다스리지 못하고 만다.
- 쉬고 있을 때 임하는 육체적인 충동에 주의하고, 악한 생각이 당신의 마음에 자리 잡지 못하도록 하라.

- 세상에서 부유한 사람을 따라다니지 말며, 가문이 좋은 여자와 대화하여 기쁨을 구하려 하지 말라.

앞서 살펴본 바와 같이 수도원 영성은 기독교가 세속적이며 이교적 사고방식과 혼합되어 가는 상황에 대한 저항운동이었으며, 피 흘리지 않는 순교로 생각하는 측면이 있었습니다. 중세의 영성운동은 역시 그 출발점을 수도원운동에서 찾아볼 수 있습니다. 기독교 영성은 수도원을 통하여 역사적으로 기독교 세계로 보존되어 왔던 것입니다.

수도원적 영성이 형성되기 시작할 무렵, 초기에 수도자들이 사막으로 들어가게 된 것은 물론 소명에 따른 선택으로 보는 것이 타당할 것입니다. 사막이란 단순히 지리적인 것 이상의 의미를 내포하고 있었기 때문입니다. 이스라엘 백성들에게 있어서 사막은 구원자이신 여호와 하나님과의 만남이 시작된 장소요, 하나님의 거룩함과 위대함이 드러나는 장소였기 때문입니다. 또한 출애굽의 관점에서 보면 사막은 해방과 장래의 소망을 가능하게 하는 장소이기도 했습니다.

수도자들이 사막을 찾은 것은 이러한 신앙인식을 바탕으로 기독교적인 온전함을 추구하는 데 적절한 공간으로 여겨졌기 때문일 것입니다. 이러한 체험을 바탕으로 사막의 영성이 형성되기에 이르렀고, 점차 수도원과 공동체적 독신주의로 발전하면서 누르시아의 베네딕트(Benedicto de Nursia, 480-543)에 이르러 수도원의 기본적인 토대를 완성해 나가게 되었습니다. 그는 수도원 영성에 기록될 만한 위대한 인물로 평가됩니다. 그의 수도 규칙은 8세기에서 13세기까지의 서방 수도원 생활의 규율에 원형(원조)이 되었습니다. 베네딕트 수도원은 개인적 금욕주의와 고행주의를 보다 높은 영성신학으로 수도원의 성격을 변화시켰습니다. 특히 순종과 침묵과 겸손을 수도원의 주요 3덕목으로 삼았습니다.

"기도하며 일하라"(Ora et Labora).

이 표어는 베네딕트 수도회의 생활신조로 기도와 노동 사이의 균형 있는 가르침을 주었습니다. 뿐만 아니라 수도 규칙에 따르면 철저한 규율 속에서 수도원장의 치리와 감독에 절대 순종해야 했고, 절제와 생활훈련이 강조되었으며, 공동기도를 중심으로 한 침묵과 노동(일) 속에서 그들이 지향하는 영성의 길을 추구해야 했습니다.

3. 중세교회와 수도원의 영성

1) 중세의 개혁운동

기독교의 중세에 대한 이해는 대단히 부정적입니다. 중세기를 자랑스러운 부분보다 대체로 부끄러운 시대로 평가하기 때문입니다. 중세기 또한 기독교의 역사라는 것을 염두에 두어야 할 것입니다. 교권과 세속권 사이에서의 권력투쟁과 교회에 유입된 미신적 요소 그리고 그것들로 인한 부정적 이미지는 이후의 역사가들로 하여금 중세를 암흑시대라고 규정하기에 이르렀기 때문입니다.

그렇지만 중세는 영성이 진보되고 다양하게 발전하는 시기였습니다. 새롭고 다양한 변화의 요인을 통해 유·무형 교회의 모습을 갖추게 되고, 영성의 가치를 발견하고 발전시켜 나갔기 때문입니다.

세속화된 교회와 수도원 개혁의 일환으로 수도원 개혁운동이 일어나기도 했습니다. 클루니(Cluny) 수도원 개혁운동이 그 대표적인 것입니다. 이 개혁운동은 본래의 영성으로 갱신하자는 것이었으며 후에 전체 교회 갱신운동으로 발전하였습니다. 우리는 중세기에도 교회 갱신운동이 있었다는 것을 기억할 필요가 있습니다. 그것은 수도원을 중심으로 일어난 것으로서 중세의 중요한 영성운동이었습니다.

버나드(Bernard)는 시토회를 중심으로 새로운 수도원 개혁운동을 일으킨 사람입니다. 그는 12세기 위대한 영성 신학자이며 실천적 지도자로서, 기독교 영성사에 있어서 사랑에 근거한 '사랑-신비주의'를 확립시킨 영성가입니다. 그는 신앙과 이성의 관계에 있어서 아우구스티누스와 안셀무스의 입장인 신앙과 이성의 협력과 조화(credo ut intelligam, 나는 알기 위하여 믿는다)를 인정하면서도, 종교적 지식에 있어서 영성적인 체험적 인식의 중요성을 강조했습니다.

그의 신비사상의 특징은 그 성격이 감각적인 것이라는 점입니다. 하나님은 단지 이지적으로만 인식되는 것이 아니라 경험되고, 감수되고 그보다 더 감촉(sentire)되지 않으면 안 된다는 것이 그의 지론이었습니다. 이러한 신과의 합일에 도달하는 신비적 체험을 '영적 결혼'(spirituale martimonium)이라고 합니다. 이것을 '그리스도의 신비주의'(Christus mistik)이라고 합니다. 버나드의 영성은 네오플라토니즘과 어거스틴의 전통을 이어오는 하나님 체험과 그리스도와 합일의 체험을 강조하는 그리스도 신비주의로 평가됩니다.

12세기경부터 동방교회와 다른 양상의 수도회들이 생기기 시작했습니다. 이때에 아시시의 프랜시스가 과거 수도사들과는 전혀 다른 새로운 운동을 전개하였습니다. 프랜시스를 중심으로 한 이들은 수도원 안에서만 생활한 것이 아니라 사람들 가운데서 일했기 때문에 '탁발수사'라고도 불렀습니다. 교회사가들은 이들을 '탁발승단'(Mendicant Friars)이라고 했는데, 프란치스코회(Franciscans), 도미니크회(Dominicans), 가르멜회(Carmelites), 어거스틴회(Augustins) 등이 이 범주에 속합니다.

걸식 수도단은 과거의 수도생활과는 반대로 세속 속으로 뚫고 들어가 대중화되고 평민화된 전도운동을 하였습니다. 금욕, 봉쇄로 고독 속에 살면서 권력의 보호를 받는 수도원이 아니라 수도사 개인이 재산이나 소유를 갖지 않는 철저한 청빈주의로 나아갔던 것입니다.

13-14세기에는 지적인 추구를 포기하고 깊은 사색과 명상을 통해 절대자와 접하려는 신비주의자들이 생겨났습니다. 중세 스콜라 신학의 이론적이고 사변적인 경향에 대한 반대세력으로 중세 신비주의가 등장하였던 것입니다. 이들 중 대표적인 인물이 에크하르트 (Meister Eckhart, 1260-1327)입니다. 신비주의 운동으로 두 단체가 유명했는데, 하나는 '하나님의 친구'(The Friends of God)요, 다른 하나는 '공동생활 형제단'(the Brethren of Common Life)이었습니다. 토마스 아 켐피스(Thomas A Kempis, 1380-1471)의 《그리스도를 본받아》는 교회적인 경건을 주장하는 이 시대의 작품입니다.

교회의 순수성은 수도원 운동을 통해 보존되었다고 할 수 있습니다. 수도원의 영성훈련과 생활은 교회갱신, 사회정화, 구제사업, 교육의 발전, 농·축산업의 기술개발, 위대한 인물들을 배출하는 데 큰 공헌을 하였다고 볼 수 있기 때문입니다. 중세의 영성은 상상적이며 정적이라는 특성을 가지면서도 점차 영성이론이 발전해 나가면서 교리가 체계화되는 시기이기도 했습니다.

2) 수도원 운동

기독교는 금욕주의 종교는 아닙니다. 예수 그리스도 역시 금욕적인 삶을 살지 않으셨습니다. 그러나 성경에는 금욕적인 삶을 권면하는 말씀들이 많이 있습니다(막 6:7-9, 10:17-31; 마 19:10-12, 27-28; 눅 12:22-31; 고전 7:31 등).

금욕석인 삶은 음식, 재물, 본능적 욕구 등을 절제하는 것이었습니다. 예수 그리스도는 독신으로 사셨으나 독신의 삶을 강조하지는 않으셨습니다. 금욕주의적 주장은 후기 유대주의 묵시사상과 쿰란 에세네파 등에서 발견되는데, 이들은 외부와 단절된 공동체를 이루고 절제와 금욕적 고행을 의무와 미덕으로 여겼던 것입니다. 영지주의와 스토아 학파, 헬라 종교적 요소들은 기독교가 헬라 세계에 전파되면서 촉진되었습니다. 그러나 기독교의 금욕적 요소를 헬라 종교의 영향으로만 단정하는 것을 옳지 않다고 봅니다.

왜 그들은 정상적인 가정생활과 사회생활을 등지고 사막으로 갔겠습니까? 그 이유는 핍박을 피하기 위해서였으며, 또한 세속화되는 교회를 떠나 경건한 신앙을 지키고자 했던 것입니다. 그리고 금욕생활을 온전히 주님께 헌신하는 산 순교로 여기는 영적 풍조가 있었던 것으로 볼 수 있습니다.

뿐만 아니라 2-4세기의 철학적 사조(思潮)에 익숙해 있었을 것입니다. 플라톤주의(Platonism)나 스토아주의(Stoicism), 영지주의(Gnosticism), 신비주의(Manichaeism), 신플라톤주의(Neoplatonism) 등의 영향이 그것입니다. 이러한 철학적 사조들은 대체로 이원론적 세계관을 가지고 있었으며 금욕주의적이며 명상을 중시하였습니다.

2세기경 나타난 독신주의는 기독교가 참된 종교임을 변호하는 표지로 작용하였습니다. 이 시대는 정통이나 이단이나 할 것 없이 모든 종교가 금욕을 강조하는 분위기였습니다. 독신뿐만 아니라 제자들의 삶은 세상 것을 버린 것으로 이해되었습니다. 특히 부자청년 이야기는 재물에 대한 포기가 참된 신앙의 길인 것으로 받아들여졌습니다.

3세기의 교회는 성인들이 모이는 특별한 집단으로 인식되었습니다. 박해가 끝난 후 교회에는 7세기에 이르러 교황제도가 등장하였고, 그 결과 세속의 영역까지 교회의 손안에 있게 되는 상황이 되었습니다. 이러한 상황에서 수도원은 교회의 세속화를 막고 신앙의 순수성을 지키는 영성 훈련장으로서 위대한 영성가를 배출하는 산실이 되었습니다.

4세기 이후 금욕주의를 가장 고상한 신앙으로 여기는 사람들은 신앙의 순수성과 영적 삶에 대한 동경으로 교회를 등지고 수도원을 찾게 되었습니다. 중세는 이러한 교회 전통의 연속선상에서 이해되어야 할 것입니다. 이러한 분위기에서 오리게네스는 수도원적 삶에 대한 교사이자 수도원제도의 선구자 역할을 하였습니다. 기독교 수도원의 역사는 초대교회로부터 시작된 구도자적 삶의 당연한 요소로 인식되었습니다. 모세, 엘리야, 세례 요한, 예수 그리스도, 사도 바울 역시 수도자생활의 성경적 배경이 되었습니다.

교회를 벗어나 은둔과 고행을 추구하는 삶은 처음에는 개인적인 형태로 시작되었습니다. 아타나시우스가 쓴 《안토니우스의 생애》는 이집트 수도사들의 삶의 모습을 잘 묘사하고 있습니다. 수도원이 공동체적인 형태로 변화된 것은 파코미우스에 의해서였습니다. 수도원은 하나의 거룩한 공동체를 이루었고, 점차 규범이 생겨났으며 조직과 권위가 강화되는 형태로 발전되었습니다.

4세기 후반에는 교회와 수도원의 관계를 확실히 하고자 하는 움직임이 나타났습니다. 451년 칼케돈 회의는 공식 의제로 이 문제를 다루었으며, 이후 수도원은 각각 주교 관구에 편입되고 주교들에게는 수도원을 관리 감독할 수 있는 권한이 주어지게 되었습니다. 이로써 교회와 수도원의 관계가 일단락되었다고 할 수 있습니다.

서방의 수도원은 동방 수도사들의 영향을 받은 것이 분명합니다. 동방 수도사들은 그리스도를 본받는 삶을 추구했으나 반문명적 삶의 형태로 돌아감으로써 비난과 조소의 대상이 되기도 하였습니다. 이런 일로 인해 한곳에 머물면서 수도생활을 하고자 하는 '정주식' (定住式) 체계가 이루어지게 되었던 것입니다. 교부 규칙집에 이어 6세기에 쓰여진 《베네딕트 규칙집》은 서방 수도원의 규범으로 사용되었으며, 말씀과 더불어 규율을 중시하는 풍토를 조성해 나갔습니다.

수도원제도는 11-12세기에 이르는 동안 단일화된 하나의 통일체로 형성되어 나타났습니다. 제도권 교회의 세속화와 사회의 타락상을 보고 세상으로부터의 자유와 개별적 은둔생활에서 시작된 수도원이 새로운 형태로 나타나게 된 것입니다. 현실도피라는 지적에도 불구하고 세상으로부터 벗어나고자 했던 수도원운동이 세상을 향해 큰 반향을 일으키게 되었고, 새로운 경향의 수도원과 공동체로 사람들이 몰려들게 됨으로 유례 없는 성장을 가져오게 되었던 것입니다.

그 후 북유럽에 선교사 파송과 훈련을 베네딕트 수도원이 맡게 되면서부터 교황의 수도원에 대한 간섭이 시작되었습니다. 이때부터 수도원은 점차 제도권 교회에 편입되었다고 할 수 있습니다. 처음에 평신도 중심의 수도원이 사제 중심으로, 신체 노동의 일과보다 지적 노동이 중시되었습니다. 그 결과 베네딕트 수도회, 시토 수도회, 쁘레몽뜨레 수도회 등에서는 수도원 신학이 태동하게 되었습니다.

교회사에서 수도자들이 모습을 드러내기 시작한 것은 주후 200년대 중반이며, 안토니우스를 시작으로 한 이집트 사막의 은수자(anachoreta)들을 그 기원으로 보는 것이 일반적입니다. 수도원 생활(vita religiosa)은 수도자 생활(vita monastica)로부터 시작되었습니다. 이후 파코미우스가 이들을 조직하여 공동체 수도회(coenobita)가 시작되었다고 보는 것이 일반적인 시각입니다. 그 이전에는 수도자(monachos, monachus)란 용어도 사용된 흔적이 없고 제도화된 수도원 생활도 아니었지만 곳곳에 집단을 이루고 있었다는 측면을 간과할 수 없을 것입니다.

수도자를 뜻하는 '모나코스'(monachos)란 헬라어의 어근은 '하나'(monos)입니다. 한마음으로 하나님을 만나 하나님과 하나를 이루며 공동체의 지체들과도 하나를 이루는 사람이 되고자 했다는 의미일 것입니다. 독신수행이나 은둔수행도 모두가 하나를 이루기 위함이었던 것입니다.

수도원의 기원을 이야기할 때 그것을 이집트로 한정지을 수 없는 이유는 수도원은 안토니우스 이전부터 교회 안에 이미 존재하고 있었고, 수도원 이전(pre-monachismus)부터 지중해와 근동지역에 널리 퍼져 있었으며, 수도원들이 각각의 지역에서 대체로 독립적인 뿌리를 지니고 있었기 때문입니다.

수도원 이전 오래전부터 쿰란의 에세네파 공동체의 영향도 있었고, 그리스 철학자들의 신비적 수행, 동양에서 유입된 종교들, 영지주의, 마니교, 엔크라테이아라 불리던 금욕운동, 근동 지역 전체에 널리 퍼져 있던 세례운동 등 이 사조(思潮)의 흐름 가운데 있었다는 것을 이해할 수 있어야 합니다.

이러한 배경에서 수도원의 기원이 기독교의 독특한 문화가 아니라 철학이나 종교적 전통에 따른 것으로 유대인들의 수행운동 유입설, 헬레니즘 유입설, 인도 불교 수도승 전통 유입설이 등장합니다. 그렇지만 뚜렷한 역사적 근거가 미약하기 때문에 외부적 요인들과는 전혀 관계없다는 극단적인 태도 역시 바람직한 결론은 아닐 것입니다.

타 종교와 달리 기독교 수도원의 가장 중요한 동기는 세상과 어느 정도 거리를 두더라도 복음이 제시하는 삶에 따라 그리스도를 따르고자 했다는 것입니다. 또한 그 시작과 성장 시기가 밀라노 칙령(313년)을 기점으로 교회의 세속화가 시작되는 때와 일맥상통한다는 것입니다. 이연학 신부에 의하면 그리스도교 수도원 생활의 소금기는 바로 이 급진성(radicalism)에 있다고 했습니다. 행여 주님의 발자국을 놓칠세라 예수 그리스도의 뒤를 바짝 뒤쫓으며 복음의 요구를 에누리 없이 실천하는 데에 있었다는 것입니다.

수도원제도(Monasticism)는 세상과 격리되어 엄격한 규칙과 제도에서 명상과 기도를 주요 일과로 삼으며 은둔자의 길을 가는 것이었습니다. 오늘날까지 유지되고 있는 가톨릭 수도회로는 카르투지오 수도회, 시토 수도회, 프란치스코 수도회, 도미니크 수도회, 어거스틴 수도회, 카푸친회 등이 있는데 복장의 차이로 구별되며, 나름대로 특색을 유지하고 있습니다.

수도원은 훗날 선교와 교육, 자선, 의료, 변호의 장소로서, 특히 성경연구의 산실로서 기능을 하였습니다. 그렇지만 가난(청빈)과 사랑과 순종을 천명하고 헌신된 삶을 추구하는 그룹이 있었는가 하면 반면에 시리아의 안디옥에서 유행하던 기둥성자들도 있었습니다. 이들은 높은 기둥 위에서 살아야 구원에 가깝다고 생각했는데, 그 대표적인 인물로는 30여 년 동안 기둥 위에서 살았다고 하는 시몬이 있습니다.

동방과 서방의 영성을 비교한다면 동방의 영성이 사막의 영성이요 방랑적이며 철학적 신비적 영성이라면, 서방의 영성은 단순하고 실용적이며 성경적 개념이 강화된 영성으로, 현대교회는 서방의 영성에 더 친숙하며 더 많은 영향을 받은 것으로 볼 수 있습니다. 특히 동방의 영성에서 신화(神化) 교리는 그리스도와의 연합을 통한 일치와 삶의 변화를 말하는 것으로 그리스도 중심적 신비주의라 할 수 있습니다.

4. 종교개혁기의 영성

종교개혁 이전에 가톨릭 교회의 개혁에 나섰다가 순교를 당하거나 핍박을 받은 사람들이 많이 있었습니다. 알려진 몇 사람을 소개하자면 12세기의 인물로는 왈도파의 지도자로 알려진 왈도(Peter

Waldo)가 있었습니다. 14세기의 개혁적인 인물로는 위클리프(John Wycliffe), 후스(John Huss)가 있었습니다. 15세기의 인물로는 사보나롤라(Savonarola)와 에라스무스(Erasmus) 등이 있었습니다.

종교개혁은 성경에 대한 재발견에서 시작되었습니다. 교황의 칙령이나 교회의 결정사항, 수도원 규칙이 아니라 성경중심의 신앙을 추구하고자 했던 것입니다. 그렇다고 성경 속에 갇혀 버린 종교가 아니었습니다. 설교와 성경해석에서 말씀 중심의 위대한 전환이 이루어진 것입니다. 초대교회로 돌아가자는 교회의 원형복귀운동이었습니다.

종교개혁운동은 초대교회의 순수한 신앙으로 돌아가고자 하는 운동이었습니다. 교황의 칙령, 교회의 전승과 수도원의 규칙에 매인 신앙이 아니라 성경말씀으로 돌아가자는 것이었습니다. 예배의식, 교리, 전통신학, 신비체험, 선행이 구원을 보장하지 못하기 때문에 그것들은 절대화해서는 안 된다는 것이었습니다. 그것이 개신교 영성의 특징인 말씀 중심의 영성을 지향하게 하였고, 전통적인 축제나 성례 중심의 영성에서 말씀 중심의 영성으로 전환이 이루어졌던 것입니다.

개신교의 영성은 루터, 칼빈, 츠빙글리 등 종교개혁자들의 교회개혁운동과 또한 그들의 신학사상에 깊이 관련되어 있습니다. 16세기에 독일, 프랑스, 스위스 등 유럽을 중심으로 일어난 그들의 개혁운동은 예수 그리스도의 복음에 입각한 순수한 영성을 회복하는 것이었고, 기독교 본래의 모습으로 되돌아가려는 영성회복운동이었습니다. 개혁자들에게는 종교개혁운동이 인간의 일이 아니라 하나님께서 인간의 역사에 개입하신 결과이고 성령의 사역이라는 확신이 있었습니다.

16세기 종교개혁은 종교적인 요인과 더불어 정치, 사회적 발전, 과학의 새로운 발견, 새로운 사상적인 요인들과도 밀접한 관련을 가지고 있습니다. 정치적으로 근대국가의 탄생은 중세 봉건주의로부터 근대의 중앙집권적 국가로의 변화를 가져왔고, 근대의 민족주의는 중세의 제정일치적인 사회체계를 와해시키면서 종교개혁의 길을 열어 주었습니다. 14-15세기의 교황권의 쇠퇴는 16세기의 종교개혁의 전주곡이었습니다.

종교개혁은 가톨릭 교회의 교리와 정치체제와 삶의 양식을 바꾸어 놓았으며, 수도원제도의 폐해로 인해 그것을 없애려는 것도 하나의 목표였습니다. 루터 자신도 중세 후기의 은둔 수도사 출신이었습니다. 개혁자들이 수도원 제도에 반대한 이유는 수도원 개혁이 아니라 수도사 신분을 없애고자 하였던 것입니다. 그 결과 많은 수도사들이 그들이 속해 있던 수도원을 떠나게 되었습니다. 수도원들이 사라지게 된 이유는 그리스도인의 진정한 자유에 대한 자각과 지방 영주들의 정책에 의한 것이라 할 수도 있습니다.

기독교 신비주의운동은 교회지상주의나 스콜라 신학에 대한 반감을 가진 자들의 관심사였습니다. 합리적 신비주의를 추구하는 마이스터 에크하르트(Meister Eckhart)의 신학과 신비적 명상을 추구하는 요한 타울러(John Tauler), 헨리 수소(Henry Suso), 공동생활 형제단을 창설한 게라드 그루트(Gerard Groote)로 이어지면서 이들로 인해 근대의 경건주의 운동이 가능하게 되었다고 할 수 있습니다. 특히 공동생활 형제단은 학문, 명상, 노동을 통해 교육의 기회를 제공하고 학교설립에 기여했습니다. 인문주의자 에라스무스(Erasmus)는 이러한 시대적 배경에서 교육받은 사람이었습니다.

종교개혁의 선두 주자였던 루터(Martin Luther, 1483-1546)와 칼빈(John Calvin, 1509-1564)의 영성에 대한 개념을 간략히 소개하고자 합니다.

종교개혁 이전 중세의 신학은 스콜라 신학체계였습니다. 은총과 예정의 신학과 성례전 신학은 중세 후반을 지탱하는 신학의 버팀목이었던 것입니다. 그러나 루터는 은총의 신·인협력설을 거부했습니다. 특히 그의 성령론은 내적 고뇌의 경험과 십자가 신학(theologia Crucis)에 대한 반성을 거치면서 다듬어졌습니다.

루터의 종교개혁 사상의 핵심과 근본 목표를 한마디로 요약하면 '하나님을 하나님 되게'(Let God be God)였습니다. 그에 따르면 하나님의 말씀인 성경이 우리의 신앙의 근거와 내용이며, 또한 우리의 신앙을 자라게 하는 터전이라는 것입니다. 루터는 기독교 신앙의 근원과 대상은 바로 하나님이신데, 이러한 하나님에 대한 진정한 지식은 성경과 예수 그리스도를 통하지 않고는 불가능하다고 보았습니다. 루터의 영성은 하나님 말씀과 그리스도 십자가 중심의 영성이었습니다.

루터의 신학의 핵심은 행함으로써가 아니라 하나님의 은혜와 칭의(稱義)의 신학이란 점입니다. 믿음은 두 종류의 의를 성취시키는 역할을 하는데, 고유한 의(proper righteousness)는 우리를 진정한 의로운 자가 되게 하는 의를 말합니다. 따라서 그리스도를 믿음으로써 의롭다고 인정받는 것에 만족할 것이 아니라, 우리 안에서의 성령으로 변화되어 진정한 의인이 됨으로써 실제로 의로운 삶을 살아야 한다는 것입니다. 이것이 루터가 진정으로 의미하는 칭의이며 영성의 핵심입니다.

루터의 성령론은 '고난과 절망 가운데 있는 인간을 찾아오신 하나님 자신'이라는 것이 그 핵심입니다. 성령이 주는 것은 단순한 은총이 아니라 십자가에 달리신 그리스도에 대한 인격적, 영적 체험이라는 것입니다. 성령은 십자가에 달리신 그리스도를 실제로 체험하게 하며, 그리스도와 함께 새로운 삶을 시작하게 한다는 것입니다. 이것은 성령론에 대한 재발견이었습니다.

칼빈의 성령론에서의 경건은 하나님과 인간의 관계를 설명하는 중요한 신학적 용어로, 거룩함을 추구하는 인간의 영성을 표현하는 것이었습니다. 그는 그리스도인의 삶을 경건을 통한 끊임없는 영적 훈련으로 보았습니다. 칼빈에 있어서 경건은 '하나님의 은혜에 대한 경외'를 의미합니다. 이러한 경건은 인간을 기도하는 삶으로 인도하는데, 그 이유는 하나님을 찾고 사랑하고 섬기고자 하는 열망이 뜨거워지기 때문이라는 것입니다.

칼빈은 기도를 신앙의 영속적인 훈련의 개념으로 파악했습니다. 신앙의 중요한 영적 훈련으로서 기도는 하나님의 말씀에 근거하고 올바른 기도는 두려움, 경외, 열심과 일치한다고 보았습니다. 그리고 진정한 기도를 가능하게 하는 힘은 성령이라고 했습니다. 그가 추구하는 영적인 삶, 완전 선(善)의 욕구는 성령 안에서 하나님에 대한 인간의 책임적인 삶으로 인도한다고 보았습니다.

그에 의하면 성령은 스콜라 신학의 주장처럼 인간의 노력에 따라 주입되는 하나의 은총이 아니라 하나님 자신의 역동적인 활동으로 영적인 삶을 거룩으로 이끌어 가는 주도권을 가지고 있다고 하였습니다. 영적인 삶 속에서 하나님처럼 되어 가는 완전(divinazation)이 아니라, 인간의 한계를 하나님 앞에 고백하는 것이 칼빈의 영성이라 하겠습니다.

칼빈은 가톨릭 신비주의의 영성의 단계들인 정화(purification), 조명(illumination), 연합(union)의 단계를 루터처럼 십자가 신학으로 돌려놓기보다 연합의 단계를 성령론의 출발로 삼아 영성에 대한 예전적, 인격적 측면을 통합했습니다. 그러므로 가톨릭의 성사론적 영성 이해나 재침례파의 개인주의적 이해를 넘어서서 성례전적 교회 이해와 개인적인 영적 체험의 중요성을 말하고 있는 것입니다.

칼빈은 《기독교강요》에서 중생(regeneration)과 그리스도인의 생활을 다루면서 루터의 믿음으로 의롭게 되는 이신득의(以信得義)에서 멈추지 않고 성화를 지향하고 있습니다. 칭의는 성화와 분리될 수 없다는 것입니다. 그에 의하면 죄의 사유와 성화, 의인과 중생은 그리스도와의 합일로 말미암아 얻게 되는 최상의 선물이며, 성령에 의해

가능한 것이라 했습니다.

그의 영성적 관심은 경건하고 의로운 삶인 성화와 더불어 그리스도인의 생활에서 '오직 하나님께 영광'(soli Deo gloria)에 있었습니다. 성화는 성령에 의해 신자들의 내면의 변화를 가져다주는 작업이며 우리를 거룩함으로 이끄는 점진적인 과정인데, 이는 그리스도와의 연합이 없이는 이루어질 수 없으며, 또한 그리스도와의 연합이 없이는 하나님과의 연합도 불가능한 것으로 보았습니다.

칼빈의 영성을 한마디로 정리하면 하나님 앞에서 경건하고 의롭게 살며 하나님께 영광을 돌리고, 믿음과 성령 안에서 하나님과의 깊은 연합의 관계를 가지고 그리스도를 본받아서 세상과 사람들을 섬기는 사랑과 봉사의 영성입니다. 이를 위한 기도훈련의 중요성이 강조되며, 성직자들도 세속에 대한 의무와 책임을 다해야 한다는 영성이었습니다.

5. 근대와 현대의 영성

1) 청교도들의 영성

청교도들은 교회정치에서 감독주의를 배격하고 경건주의 신앙노선을 추구하였으며, 경건주의의 원동력이 되었습니다. 청교도들은 이론적이고 추상적인 신학이론보다 이 세상에서 어떻게 살 것인가 하는 문제, 즉 현재적 삶에서 경건의 실천과 선행을 중시하였습니다.

그들은 신앙의 순수성과 성결한 삶을 강조하였지만 세상과 동떨어진 수도원적인 삶이 아니라 생활 속에서 수도원적 이상을 실현하고자 하였습니다. 그들은 자신들을 언약의 사람들로 여기며 중생을 영적 생활의 출발로 보았습니다. 중생 이후의 삶을 하나님 나라를 향해 가는 순례여정으로 보았으며, 순례의 최종목표를 천국에 두었습니다. 1740년대의 대각성운동(The Great Awakening)은 본질적으로 청교도 운동이었습니다.

청교도들의 신학은 칼빈주의였습니다. 하나님 중심적이었고, 구원사역에 있어서는 성부 하나님에 의한 선택, 성자 하나님의 속죄, 성령 하나님의 의한 효과적인 소명을 강조하였습니다. 설교자들은 성직을 하나님께로부터 받은 소명으로 여겼고, 성경해석은 철저하게 연구되고 주의 깊게 다루어져야 할 심오한 기술이라 생각했기 때문에 퀘이커파의 광신적 방법론에 반대하였습니다. 청교도주의는 정통신앙과 열성적인 헌신의 결합이라고 평가할 수 있을 것입니다. 청교도들은 죄에 대한 하나님의 심판과 지옥의 존재를 가감 없이 그대로 믿었습니다. 그들은 구원받는 것이 단순히 인간의 결단에 의해 이루어지는 것이 아니라 은혜에 대한 체험이 있어야 한다고 생각했습니다.

청교도 설교의 특색은 원색적 복음을 가감 없이 전하는 것이었습니다. 그들은 죄, 저주, 심판, 형벌, 지옥, 멸망 등의 용어를 거리낌 없이 사용했습니다. 신자가 불신자와 다른 점은 하나님에 대한 지식, 하나님과 예수 그리스도를 보는 눈을 가진다는 점인데, 회심할 때 하나님께서 선물로 주신다는 것으로 받아들였습니다(갈 1:15-16; 시 119:18, 25:14).

구원은 그들의 가장 중요한 관심이었습니다. 구원사역에 있어 말씀과 성령의 사역이 강조되었고, 회심의 체험과 구원의 확신을 신앙의 소중한 요소로 여겼습니다. 회심에 따른 책임들도 강조되었습니다. 설교자들은 성경지식과 개인적인 수양을 통해 성화의 삶을 살아야 할 것을 강조하였습니다. 하나님께 대한 사랑, 순종, 헌신, 신실함과 순결이 강조되었습니다. 역경을 잘 이겨내기 위해 노력해야 한다는 것이 설교자들의 일반적인 가르침이었습니다.

청교도들의 신앙훈련은 엄격했고, 그중에는 하나님께서만 보시는 일기쓰기도 포함되어 있었는데, 그 이유는 일기를 통해 하나님께 대한 약속들과 죄를 깊이 뉘우치며 죄 문제를 처리하도록 돕는 데 유익하다는 것이었습니다.

2) 정통주의 영성

17세기 정통주의자들은 종교개혁으로 발생한 신학의 주제들을 체계화하고자 노력하는 과정에서 성경의 이론을 발전시켜 나갔습니다. 성경에 입각한 기독교 신앙을 성실하게 이어나가려는 시도였고, 특히 교리적인 면에서 정통신앙과 신조를 사수하려는 움직임이었습니다.

그 결과 웨스트민스터 신앙고백 등 여러 신앙고백의 완성을 통해 성경론, 신론, 구원론 등 종교개혁의 신학적 유산을 체계적으로 정립해 나감으로써 기독교(개신교) 신학의 발전에 크게 공헌하였습니다. 그들은 성경의 전통적인 입장을 고수하며 성경을 하나님의 말씀이며 신앙의 최고권위로 여기고, 하나님의 말씀을 문자적·문법적·역사적인 방법으로 해석해야 한다는 점을 부각시켰습니다.

그렇다고 그들이 신앙의 실천을 간과한 것은 아니었습니다. 그러나 후대에 이르러 교리적 권위의 계승보다 이성주의를 표방한 계몽주의와 합리주의 그리고 지식보다 실천을 강조하는 경건주의로 흘러갔습니다. 참고로 1차 세계대전 후 자유주의에 대한 반작용으로 칼 바르트(Karl Barth)에 의해 복음주의적 운동이 시도되었으나 이들을 정통주의라 하지 않고 신정통주의라고 합니다.

신정통주의는 성경의 무오성을 부인하고 천지창조, 인간의 창조, 죄, 타락, 그리스도의 부활과 재림을 신화적인 것으로 해석하고, 인간의 타락까지도 신화이며 도덕적 타락을 의미한다고 주장하는 등 정통주의의 근본주의적 성향과는 판이한 방향으로 흘러갔기 때문입니다.

3) 경건주의 영성

영성이 성례전과 성령의 직접적인 계시와 체험을 중시하는 가톨릭 교회와 수도원 그리고 동방정교회의 신비적인 전통에서 시작되고 발전된 개념이라면, 경건은 하나님의 말씀과 실천을 중시하는 개신교 전통의 개념으로 자리 잡고 있습니다. 칼빈 이후 기독교 신앙과 생활을 요약하는 용어이기 때문입니다.

경건주의(Pietism)운동은 개신교 영성을 이해하는 데 매우 중요합니다. 17세기 정통주의가 교리적 논쟁으로 흐르면서 종교개혁자들이 지향했던 성경 중심의 신앙과 역동성을 상실함으로 영적 침체로 인해 실천적 측면에 약화되고, 교회가 신앙의 역동성을 상실하고 공허한 논쟁에 빠져갈 즈음, 그리고 30년 전쟁(1618-1648)으로 유럽 인구가 1/3로 줄어드는 사회적 위기상황에서 교리보다 신앙의 실천과 신앙의 생활화를 중시하는 경건주의운동이 독일을 중심으로 일어났습니다. 경건주의는 정통주의자들의 칭의론의 한계를 넘어 성화를 추구하는 운동이었습니다.

요한 아른트(John Arndt)는 그의 저서 《진정한 기독교》를 통해 경건주의의 기치를 들었습니다. 그가 내건 참된 기독교의 핵심은 회개와 내적 체험, 거룩한 삶으로의 변화였습니다. 필립 제이콥 스페너(Philipp Jakob Spener, 1635-1705)는 그의 저서 《경건의 열망》을 통해 미온적 신앙생활과 지나친 신학논쟁을 비판하고, 고백된 신앙과 실천된 신앙의 일치를 강조하였습니다.

그는 진정한 기독교의 여섯 가지 원리를 다음과 같이 제시하였습니다.

첫째, 성경연구의 중요성
둘째, 만인제사장에 대한 인식으로 적극적 신앙생활을 할 것

셋째, 실천적 신앙으로 행위가 동반된 믿음을 가질 것
넷째, 논쟁보다 기도와 사랑을 강조하는 반교권주의
다섯째, 신학교육의 혁명으로 성직의 개혁과 성직자의 사명감 회복
여섯째, 설교개혁

니콜라스 친첸도르프 백작에 이르러 경건주의운동은 하나의 교회조직 형태로 확립되었습니다. 그와 보헤미안 형제단(모라비안)은 아우구스부르크 신앙고백을 자신들의 신앙고백으로 받아들이고, 신학적인 이론정립보다 헌신적이며 도덕적인 삶을 우선시하였습니다.

경건주의를 개인적 내면적인 면만을 강조하는 편협한 신앙운동으로 오해하는 경향이 있습니다. 그러나 그들은 실제적인 삶의 변화와 성화를 추구했고 신앙과 실천을 분리하지 않았으며, 할레 경건주의에서 볼 수 있듯이 사회적 개혁으로 이어졌습니다.

경건주의자들은 초대교회의 신앙과 역동성을 사모하였으며 신비적인 영성을 강조하였습니다. 믿음을 예수 그리스도의 공로를 받아들이는 차원에서 한걸음 더 나아가 '그리스도의 내주'로 이해하였습니다. 특히 예수 그리스도의 재림일자에 관심을 가졌으며 재림일자를 예언하기도 하였습니다.

선교에 대한 열정이 대단했으며 찬송가 발전에도 공헌하였습니다. 그러나 그들 중에는 극단적인 성향으로 기울어 기성교회를 거부하고 배척하는 자들이 많이 있었습니다. 그렇지만 그들의 궁극적 관심은 영적으로 새롭게 되는 것이었습니다. 이후에 일어난 대각성운동과 감리교 운동은 경건주의의 영향으로 보아도 과언이 아닐 것입니다.

4) 퀘이커 운동의 영성

퀘이커 운동의 창시자는 조지 팍스(Goerge Fox, 1624-1691)입니다. 교

회가 하나님과의 관계에서 신앙의 열정을 잃고 제도적 안정 속에서 정체되어 있을 때 기득권에 만족하는 자들이 있는가 하면 영적 갈급함을 갖고 새로운 돌파구를 찾는 자들이 있게 되는데, 조지 팍스가 후자의 경우에 해당하는 인물이었습니다. 그는 기성교회에 대해 회의적이었고 신비적 신앙으로 하나님과의 교감을 통해 탈출구를 모색하였습니다. 퀘이커 운동은 실천을 강조하는 삶의 개혁을 추구한다는 점에서 청교도운동과 맥락을 같이합니다.

그들은 체험을 강조하였고, 체험을 통한 하나님과의 살아 있는 관계를 추구하였습니다. 하나님의 섭리 속에서 성령의 인격적 인도함을 갈망하기보다 성령의 임재와 계시를 직접 체험할 것을 강조하였습니다. 문제는 그들의 주관적인 체험을 절대화시키려고 시도하였다는 것입니다. 그 결과 신비주의에 빠지게 되며 분파현상을 초래하는 원인이 되었습니다.

신비주의는 성경보다 개인의 감정과 신앙체험에 최종적 권위를 부여한다는 점에서 주의해야 할 신앙노선입니다. 신앙은 체험을 동반하나 성경의 권위를 체험으로 대체하려고 해서는 안 됩니다. 신비주의는 극단적 인본주의이며 이원론적이기 때문입니다. 기독교는 신비의 종교이나 신비주의를 지향하는 것은 영성적 삶에서 위험성이 도사리는 있는 부분입니다.

퀘이커주의자들은 기독교인의 영적 성결, 평화, 종교적 자유, 정직한 상거래, 사회정의를 이상으로 내걸었습니다. 신앙의 특색으로는 대속의 능력과 생활 속에서의 경건의 실천이 강조되었고, 무저항주의적 평화주의, 영적 그리스도의 왕국인 교회의 무형교회(무교회주의)가 강조되었습니다. 오늘날 형제교회나 회중교회는 여기에 그 뿌리를 두고 있다고 하겠습니다. 퀘이커 교도들은 자신들을 기성교회와 구별된다는 의미로 '빛의 자녀들', '진리의 선포자', '주의 군대'로 칭했으나 그들의 비판자들은 조소적인 의미로 '떠는 사람들'(Quakers)이라고 하였습니다.

5) 계몽주의 영성

근대사에 결정적인 역할을 한 것은 르네상스 휴머니즘, 종교개혁, 자연과학과 철학의 발달입니다. 과학이 우주와 자연에 대한 새로운 개념을 제시하는 동안 철학은 이성의 이름으로 전통적인 권위에 도전하기 시작하였습니다. 대표적인 사람은 "나는 생각한다. 그러므로 나는 존재한다"라는 말을 남긴 데카르트였습니다. 그는 1644년 그의 저서 《원리》에서 모든 지식의 출발은 의심이며 전혀 의심할 수 없음을 발견하기까지 진보란 있을 수 없다고 하였습니다. 근대 지식의 기초는 모든 것을 의심하는 데서 출발한다고 본 것입니다.

프랜시스 베이컨(1561-1626)에 이르러 이런 데카르트의 사고가 좀 더 과학적인 관찰에 기초한 방법, 즉 뉴턴의 합리적인 법칙과 연계되어 이성주의는 당대의 합리적이고 과학적인 논리를 발전시켜 나갔습니다. 존 로크(1632-1704)는 모든 지식이란 경험에 근거한 이성적 판단에 합리성을 두어야 한다고 하며, 기독교의 합리성을 주장했습니다. 그는 종교는 이성보다 우위에 둘 수 있으나 이성과 결코 모순이 되어서는 안 된다고 하였습니다.

이렇게 출발한 계몽주의는 이성을 절대화하여 이성을 만물의 척도로 보고 이성을 근간으로 하여 기성의 권위에 도전하였습니다. 초자연적 요소, 신의 역사개입을 부정하는 자연신학을 탄생시켰습니다. 성경의 초자연적 역사를 부인하고 기독교를 초자연적 종교가 아닌 도덕종교로 전락시켰습니다. 계몽주의는 정통주의에 대한 반작용의 결과였으며, 자유주의 신학(역사비평, 문서비평 등)과 무신론, 사신신학, 종교다원주의의 발전에 결정적인 역할을 하였습니다.

6) 현대 기독교 영성

　18세기의 계몽주의 이성주의에 대항하여 전통적 신학과 신앙을 지켜 나가려는 노력은 현재까지도 진행형이라 할 수 있습니다. 인본주의에 입각한 신앙은 하나님의 초월성과 내재성의 조화를 이루지 못하고 초월성만을 극도로 강조함으로써 하나님을 초월적이요, 형이상학적인 하나님으로 만들어 버렸습니다.

　현대 기독교의 흐름은 포스트모더니즘의 흐름 속에서 합리주의와 과학주의, 실용주의, 오순절 성령운동, 해방운동, 여성운동, 교회일치운동(에큐메니칼), 동·서간 종교교류(혼합주의)를 지향하고 있다고 할 수 있습니다. 해방신학과 제3세계 신학은 많은 논란이 있어 왔지만 상생과 공존의 중요성을 부각시켜 나가고 있습니다. 최근에는 마틴 루터 킹(Martin Luther King, 1929-1968)의 추구와 테레사(Mother Teresa) 수녀의 헌신적 사역이 공동체적 영성으로 부각되고 있습니다.

　20세기로 접어들면서부터 개인적 차원의 영성보다 사회적이며 정치적 현실에 영성적 관심을 갖게 되고, 웨슬리(John Wesley, 1703-1791)의 영성이 부각되면서 사회복음적인 봉사와 현세지향적인 경향이 두드러지게 나타나고 있기도 합니다.

　정치적 해방과 인권존중, 인종타파, 여성운동이 활발하게 진행되고 있으며 동·서 간 문화와 종교의 교류가 활발한 가운데 성령운동의 중요성이 강조되고 있기도 합니다. 국가 간, 민족 간 배타적 생각과 인종차별은 더 이상 용납될 수 없는 환경이 조성되어 가고 있습니다. 민족주의나 사상으로 외딴 섬을 만들거나 장벽을 구축하기보다 서로를 인정하고 공존의 길을 모색해 나가고 있는 것입니다.

　가톨릭 교회는 중세의 신비주의 신학을 계승하여 영성신학(spirituality theology)으로 발전시켜 나갔고, 현재에도 영성 연구와 영성 이해에 따른 실천적인 영성을 지향해 나가고 있습니다. 반면에 개신교 영성은 1980년대 이후부터 관심을 기울여 나가고 있으나 중세에 대한 거부감으로 인해 아직 일반화되지 못하고 영성에 관한 이해와 학문적 기반이 약한 편이라 하겠습니다.

1960년대 가톨릭은 제2 바티칸 공의회를 통해 나름대로의 교회개혁을 추구하고 있고, 개신교는 다양하고 세분화된 분파 속에서 교파를 중심으로 활동하는 것이 전반적인 모습입니다. 그 가운데 진보적인 자들은 에큐메니칼 운동을 통해 일치를 지향하기도 합니다.

현대 영성운동의 있어서 빼놓을 수 없는 신학자요 탁월한 신비사상가요 영성가 중의 한 사람이 떼이야르 드 샤르댕(Teilhard de Chardin, 1881-1955)입니다. 그의 영성은 하나님의 아들이신 예수 그리스도에게 집중되어 있습니다. 예수 그리스도는 인간을 포함한 모든 생명체와 물질세계 전체의 창조의 수단이며 중심이며 목적이라는 것입니다. 그를 통해서 만물은 창조되고 생기를 얻으며 성화되고 영화된다는 전 우주적 그리스도를 제창하는 것입니다. 이러한 그의 영성은 기독론 중심적이고 성경적이며 교회적 영성에 기초하고 있다고 할 수 있습니다.

21세기의 현대교회는 초대교회와 사도들과 교부들 그리고 그 이후 세대가 면면히 이어왔던 것처럼 신앙의 순수성을 지향하면서도 세상을 포용하며 사랑을 실천하는 일을 지속해 나가야 하는 과제를 안고 있습니다. 그러므로 그리스도인들은 그리스도를 본받아 살면서 시대적 소명을 발견하고 그것을 완수해 나갈 수 있어야 할 것입니다.

제4장 주요 영성가들

　유대 광야로 알려져 있는 사해에 인접해 있는 쿰란(Qumran)은 교회사 이전 에세네파 사람들의 거주지였습니다. 교회사가 유세비우스에 따르면 그들은 자신들을 '진실한 이스라엘'이라 부르면서 부패한 예루살렘을 떠나 사해 주변 광야에서 공동체를 형성하며 금욕적인 생활을 한 것으로 잘 알려져 있습니다. 그들은 그곳에 머물면서 성경을 필사하고 정결의식을 행하였고, 기도시간과 안식일을 철저히 준수한 것으로 알려져 있습니다.
　교회사적으로 영성가 또는 신비가들의 출현은 교회의 세속화와 사회의 타락에 대한 반작용이 발단이 되었는데, 그들은 교회를 떠나 사막으로 계곡으로 떠나 경건한 신앙을 유지하고자 했던 것입니다.
　동기가 어떠하든 영성가들은 현실도피적이란 말을 벗어날 수 없을 것입니다. 이들이 개인적으로 또는 집단을 이루어 수도원 생활을 하기 시작한 배경에는 당시 이원론적 사회풍조를 간과할 수 없을 것입니다. 플라톤주의, 영지주의, 스토아 철학 등의 이원론적이며 금욕주의적 문화가 사회에 확산되어 있었을 것이기 때문입니다.
　영성가들은 순수한 기독교를 지향했습니다. 또한 하나님과의 영적 교제(신비체험, 하나님과의 연합과 일치)를 신앙의 중요한 요소로 생각했습니다. 무엇보다도 진정한 영적 추구를 통해 인간의 악을 극복하고 하나님의 사랑을 실천하는 삶을 원했던 것입니다.
　영성은 그 특성에 따라 동방의 영성과 서방의 영성으로 구분하는

데, 동방의 영성적 특성은 사막의 영성, 명상적, 철학적, 사색적, 폐쇄적이라 할 수 있고 그 대표적 인물로 안토니우스가 있습니다. 반면에 서방의 영성은 단순, 실용적, 개방적(공동체를 통한 영적 삶을 추구)이었으며 대표적 인물로는 파코미우스가 있습니다. 현대의 영성은 서방에 더 친숙하다고 하겠습니다.

일반적으로 수도원의 특성은 하루 일과에서 볼 수 있듯이 기도, 노동, 독서 중심이어서 학문의 발전에 기여했으며, 교회의 수도원에 대한 관여가 시작되면서 선교 훈련장으로서의 역할도 했습니다. 수도원은 점차 제도권에 편입되었고, 동질성을 유지하면서도 각자의 전통을 유지해 나갔습니다.

특히 베네딕트의 《수도규칙》(Holy Rule)은 수도원의 질서를 위한 것으로 규율이 있는 기도, 명상, 노동의 의무 등을 담고 있으며 후대에 많은 영향을 주었습니다. 동방전통의 수도원이 신·인합일을 추구하고 황홀경에 들어가기를 갈망하던 시기에 그는 침묵과 노동을 통한 생산적이고 활동적인 수도원제도를 추구하였습니다. 그의 수도원의 주요 일과는 기도와 시편 찬송과 영적 독서(lectio divina) 그리고 노동(일)이었습니다.

영적 체험을 강조한 영성가들을 신비가 또는 신비주의자로 배척하기도 합니다. 그렇지만 이들이 사모하였던 신비체험이 황홀경이나 성흔(聖痕)과 같이 엑스타시적인 요소가 없지 않으나 기독교는 신비의 종교이며 하나님은 신비하신 하나님이십니다. 그러므로 가톨릭적인 것은 무조건 거부하는 태도는 바람직하지 않다고 봅니다. 물론 비판받아 마땅한 요소들이 없지 않으나 중세 1,000년을 암흑시대로 보고 신앙의 순수성을 보존하며 말씀과 기도와 노동을 귀중한 가치로 여겼던 영성가들의 체험적 신앙까지도 부정한다면 그것은 기독교 역사에 대한 부정일 수밖에 없기 때문입니다.

영성가들은 하나님을 향한 영혼의 명상의 길을 추구하며 그것을 위하여 소외, 고독, 침묵, 단절, 내적 공허, 궁핍 등을 수행을 통해 감내하고자 했습니다. 현대인들은 이것들을 싫어합니다. 그러나 그들은 하나님 한 분으로 만족하고자 했습니다.

"그리스도인은 누구나 수도자가 되어야 한다."

이 말은 모든 그리스도들의 신앙생활에 수도자적 자세가 요구된다는 의미입니다. 교회사적으로 시대마다 영적 각성을 하게 했던 선구자들이 있었습니다. 그들 모두를 어찌 이 좁은 지면에 담을 수 있겠습니까? 다만, 여기 몇 사람의 신앙과 삶을 통해 그들의 영성을 엿볼 수 있도록 간단히 소개하고자 합니다.

모든 종교는 신비적 요소에 대해 말하고 있습니다. 이방종교의 신비주의는 범신론적이며 윤리성이 결여된 샤머니즘적입니다. 그리고 신비주의는 주술적 신비주의와 사색적 신비주의로 구분할 수 있습니다. 기독교는 신비주의를 지향하지는 않으나 수많은 신비적 요소를 지니고 있습니다. 신비체험은 성경에서 '기사'와 '이적'이라는 이름으로 소개되기도 하며, 바울이나 요한의 경험에서와 같이 사도들의 사역에서 직접적인 경험으로 나타나기도 했습니다.

역사적으로 기독교는 이성으로 종교적 진리를 이해하려는 시도와 더불어 이성을 초월한 신비체험을 통해 종교를 이해하고자 하였습니다. 중세 말기에 나타난 신비주의는 종교적 초월에 관심을 가졌고, 내면적 체험을 통한 도덕적 삶의 완성을 추구하였습니다.

인도의 성자로 알려진 선다싱은 종교는 심령으로 체험하는 것이지 지식으로 알게 되는 것이 아니라고 했습니다. 신비체험은 성령론과 깊은 관련이 있습니다. 그 방법론에서 초기 수도자들이 금욕과 고행과 명상을 통해서였다면, 현대 가톨릭은 기도와 관상의 방법을 추구하고 있으며, 개신교는 오직 기도를 통해서라고 여겨 왔습니다.

신비체험은 개인적으로 육적 세계에서 경험하지 못하는 기쁨과 이론적 신앙에 분명한 확신을 갖게 합니다. 그러나 신비체험이 반드시 인격의 변화로 이어지는 것은 아닙니다. 또한 신비체험에 집착하는 경우 탈선하는 경우가 많이 있습니다. 특히 이단들은 교주의 주관적인 체험을 객관화하려고 하다가 더욱 고립의 길로 가는 경우가 허다합니다.

정상적인 기독교는 신비를 인정하나 신비주의를 추구하지 않습니다. 이성을 부정하지 않으나 이성만능주의를 배격하고 균형 잡힌 신앙을 추구합니다. 영성가들은 신비주의자들로 취급하기도 하나 그들이 추구하고자 했던 것은 이 세상에서의 부귀영화나 명예나 권세가 아닌 하나님이었다는 점에서 무조건 부정적으로 매도하는 것은 바람직하지 않다고 봅니다. 그들은 하나님을 사랑하였고, 하나님과 영적 친교를 나누며 살기를 원하였고, 순결하고 착하며 거짓 없는 신앙을 추구하고자 하였습니다.

오늘날까지 영성가들로 알려진 인물로는 널리 알려진 사람들만 해도 그 수를 헤아리기 어려울 정도입니다. 이들은 신비가 또는 신비주의자라고도 하여 배척되기도 하고 혼합주의, 다원주의 이단으로 취급받는 사람들도 있습니다. 그렇지만 이들의 역사도 기독교 역사의 한 부분입니다. 개신교가 종교개혁자들의 신앙을 이어받는 것도 소중하지만 중세 1,000년의 역사를 송두리째 부정하기보다 역사를 균형 있게 보는 안목이 필요하다고 하겠습니다. 이들에 대한 자세한 이야기는 전기(傳記)를 통해 접해야 할 것이나 여기서는 중세와 근대 영성에 많은 영향을 끼친 영성가들과 그들의 신앙적 특징을 기독교 초기 인물들을 중심으로 간단하게나마 살펴보고자 합니다.

한국 기독교의 길지 않은 역사에서도 하나님을 뜨겁게 사랑하며 살고자 했던 영성가들이 있었습니다. 이들에 대해서는 아직까지도 기인(畸人)으로 여기거나 여전히 비판적인 시각을 가진 사람들이 적지 않습니다. 그러나 오늘의 교회 지도자들의 오만과 타락상을 비추어 보면 그분들의 발자취가 고맙고 그리울 뿐입니다. 그만큼 우리 교계에는 존경받을 만한 사역자들이 적다는 반증이기도 합니다. 우리가 주님이 오실 때까지 모든 세대에서 성화를 추구하는 것은 하나님이 거룩하시고 참되시고 의로우시기 때문입니다.

여기서는 기독교 역사에 깊은 영향을 끼친 몇 사람의 영성가들을 소개하고자 합니다. 가톨릭에서는 대부분의 영성가들을 성인(St.)으로 높이며 존경을 표하고 있고, 일부 개신교에서도 성인이라는 칭호를 무비판적으로 사용하기도 하지만 필자는 이를 생략하였습니다. 가톨릭에서 사용하는 주교 칭호도 가능하면 감독이라는 칭호로 사용하고자 했습니다.

1. 고대의 영성가들

교회사에서 수도자로서의 삶을 추구했던 영성가들 가운데 대표적인 인물로 평가되는 안토니우스와 파코미우스에 대해 간단히 소개합니다. 우리는 그들의 영성을 통해서 배울 것이 많을 것입니다.

1) 안토니우스(Antonius, 251-356경)

안토니우스는 최초의 은수자이거나 수도회를 창설하거나 수도규칙을 만든 사람은 아니었습니다. 그러나 그의 수도생활은 초기 수많은 수도자들에게 모범이 되었고, 그의 수도생활은 동·서방 교회에

커다란 영향을 끼쳤기 때문에 그는 '수도원생활의 창시자' 또는 '은수자들의 아버지'로 널리 알려져 있는 것입니다.

그는 이집트의 부유한 기독교 집안에서 태어나 자랐지만 20세에 부모가 세상을 떠나자 사도들과 같은 생활을 추구하던 중 부자 청년에 관한 말씀(마 19:21)에 순종하고자 그가 어릴 때 많은 재산을 남기고 별세한 부친의 재산을 가난한 소작인들에게 나누어 주고 광야 암굴에 들어가 명상과 은둔, 수도와 고행의 생활을 하면서 은수자의 삶을 시작하였다고 전해집니다.

그는 빈 무덤 동굴에서 15년 동안 엄격한 은수자 생활을 하였는데, 알렉산드리아에까지 박해가 시작되자 감옥에 갇힌 신자들을 격려하면서 자신도 순교자들의 대열에 들고 싶어 했다고 합니다. 그러나 순교의 뜻을 이루지 못하고 이집트 사막으로 되돌아가 파스피르 산악지방에 있는 허물어진 옛 성터에서 20년 동안 은둔생활을 했으며 105세에 별세했다고 전해집니다.

그는 학문적 지식은 부족했으나 오랜 영성생활로 지혜가 뛰어났으며, 깊은 영성을 체험하였고, 사탄을 굴복시키고, 많은 치료와 예언을 행한 것으로 전해집니다. 또한 십자가에 대한 믿음과 사탄에 대항할 것에 대해 강조하였다고 전해집니다.

많은 사람들이 안토니우스의 뛰어난 덕망과 그가 행한 수많은 기적을 듣고 찾아와 제자가 되었습니다. 안토니우스는 은수생활에 더욱 전념하기 위해 더 멀리 홍해 근처의 콜짐으로 갔고, 아리우스 이단지 들에 대항하여 정통교리를 옹호해 달라는 아타나시우스 감독의 요청으로 알렉산드리아로 간 일 외에는 죽을 때까지 사막을 떠나지 않았다고 합니다. 오랜 기도와 묵상을 통해서 안토니우스는 하나님의 지혜를 지닌 사람, 은총과 품위를 지닌 사람으로 찬사를 받게 되었습니다. 그가 남긴 말에 귀를 기울여 봅시다.

"나는 자연을 바라보면서 하나님의 글을 읽습니다. 우리는 그리스도의 종으로서 그분을 섬겨야 한다는 것을 명심해야 합니다. 종이 감히 어떻게 일하기 싫다고 이미 일한 기간을 따지거나, 어제 일했으니 오늘은 쉬겠다고 말할 수 있겠습니까? 오히려 복음서에 기록된 대로 매일매일 주님의 마음에 들도록 열심히 일해야 합니다. 마찬가지로 우리도 날마다 열심히 수도생활을 합시다"(안토니우스의 생애 18).

"아침에 일어나면, 저녁때까지 살지 못할 것이라고 생각해야 하고, 저녁에 잘 때는 아침에 깨어나지 못할 것이라고 생각해야 합니다. 왜냐하면 우리의 목숨은 단지 주님의 손에 달려 있기 때문입니다"(안토니우스의 생애 19).

그는 성경의 중요성과 순종의 중요성을 늘 강조했고, 말씀대로 살기 위하여 성경을 암송하며 기도했습니다. 그에게 기도는 하나님의 말씀에 젖어드는 것이었고 마귀의 유혹을 이겨내는 무기였습니다. 그는 은수자란 두 주인을 섬길 수 없고 오직 하나님만을 섬겨야 한다는 것을 직접 몸으로 보여주었습니다. 그는 제자들에게 솔선수범하였고, 그리스도 중심적인 영성을 강조했습니다. 그가 은수자 생활을 지향한 것은 단순히 세상을 떠나 사막에 거하는 것이 아니라 하나님을 만나고 하나님과 일치를 이루고자 함이었습니다.

2) 파코미우스(Pachomius, 292-346)

일반적으로 안토니우스에 의해 시작된 수도자적 삶은 파코미우스에 이르러 수도원 공동체가 생겨나면서 기독교적 삶의 특수한 형태가 되었습니다. 은수자로서 사막에서 홀로 수도생활을 하는 자들은 복음의 정신을 철저히 따르고 오로지 그리스도만을 위해 살고자 개인적인 재산은 물론 사회적 활동과 교류까지도 포기하였기 때문에 항상 위험을 내포하고 있었습니다.

사막이라는 공간에서 영적 생활은 실패할 수 있었지만 극단적인 금욕으로 파멸하는 수도자도 많이 있었을 것입니다. 그는 자신의 경험을 바탕으로 독수도제도의 위험을 피하면서 은수자 생활에는 적응할 수 없지만 금욕생활을 하려는 많은 그리스도인에게 공동체를 통해 수도생활을 할 수 있는 기회를 주고자 하였습니다. 이러한 공동체 수도생활은 이전에도 있었지만 파코미우스는 조직력과 추진력으로 수도생활을 조직화하였습니다.

파코미우스는 테베 지방에서 이교도 가정에서 태어났으며 군(軍)생활 중에 그리스도인들의 아낌없는 자선행위를 보고 기독교로 개종하였다고 합니다. 그는 제대 후에 세례를 받고 처음에는 사회복지 활동을 하였지만 팔라몬의 지도를 받는 은수자로 살았는데, 320년경 타벤네시로 가는 길에서 하늘로부터 계시를 받았다고 합니다.

"여기에 머물러 수도원을 세워라. 수도자가 되려는 많은 사람이 너에게로 올 것이다."

파코미우스의 공동체생활에 관한 규칙서에는 과장된 단식, 노동, 기도 또는 외부 세상과 단절이나 서원도 없습니다. 수도원은 하나의 담으로 둘러싸여 있었고, 문지기 집을 통해서만 수도원으로 들어갈 수 있었는데, 그 중앙에 공동으로 예배를 드리는 공간과 식당이 있었습니다. 수도자들은 저마다의 소명에 따라 더 작은 무리로 나뉘어 약 20명씩 한 명의 장상(長上) 아래 독자적인 집에서 살았으며, 생계를 위해 직접 노동을 하였습니다. 그 이유는 수도원 공동체의 경제적인 문제해결뿐만 아니라 노동은 영적으로도 유익한 것이었기 때문입니다.

파코미우스 수도원은 초대교회의 공동체를 이상으로 삼았습니다.

수도원의 하루 일과에는 성경 읽기와 묵상이 필수 요소였습니다. 모든 수도자는 성경 외에도 지적 수준 향상을 위한 규정도 있었습니다. 무지와 무식은 파코미우스에게 수도자의 이상이 아니었기 때문입니다. 모든 수도자가 평등하며 같은 권리와 의무를 지닌다는 것이 파코미우스 수도제도의 기본규율이었습니다. 의복, 음식, 노동, 영적 훈련, 금욕적 행위에도 적용되었는데, 모든 것을 함께하는 생활에는 완전한 무소유와 수도원장에 대한 무조건적인 순종이 강조되었습니다.

《규칙서》에 나타나는 최고의 덕은 순종이었습니다. 수도자들은 가난하게 살았지만 자신을 책임져야 했기 때문에 삶에 최소한 필수품, 자그마한 움막, 약간의 농기구, 가구를 마련해야 했으나 모든 소유물을 그리스도의 재산으로 여겼으며 필수품은 그리스도께서 각자에게 나누어 주시는 것이라 여겼습니다.

파코미우스가 살아 있는 동안에도 새로운 형태의 이 수도원제도가 급속히 퍼져 나갔습니다. 다른 수도원들까지 파코미우스 수도원과 연합하면서 9개의 남자 수도원, 2개의 여자 수도원이 수도원 연합을 이루었고, 파코미우스가 살아 있을 때만도 그의 수도원에 입회한 수도자가 7,000명이었다고 합니다. 파코미우스에 의해 시작된 새로운 형태의 수도생활은 곧바로 다른 지역으로 전파됨으로써 수도원제도는 교회의 구성요소가 되었고, 확고한 제도로 뿌리를 내리게 되었습니다.

이제 몇 사람의 교부들의 삶과 가르침을 통해 영성적 유익을 얻고자 합니다. 여기에 소개되는 교부들은 저자가 1978년 신학도의 길에 들어서면서부터 제에게 큰 감동을 주었던 인물들로 당시에는 다양한 자료를 구할 길이 없어 베일 속에 있었으나 이제는 이들에 대한 자료들이 충분하지는 않지만 다양하게 번역되어 소개되고 있어 다행이라 여깁니다. 여러분도 교부들에 대해 관심을 가져 보시기를 권합니다.

3) 로마의 클레멘스(Clemens Romanus, 30년경-101)

이레나이우스와 유세비우스 등 많은 고대 저술가들은 클레멘스에 대해 베드로의 세 번째 후계자로서 로마의 감독(90/92-101)이었다고 전해 주고 있습니다. 그의 《고린도인들에게 보낸 편지》는 바로 교회 안에서 일어난 분란에 대해 클레멘스가 주동자들에게 회개를 요구하며, 소동의 원인으로 여겨지는 시기와 질투에 대한 긴 훈계, 겸손, 평화, 애호, 일치, 조화를 위한 권고 등의 내용으로 이루어져 있습니다.

전체적으로 65장으로 구성된 이 서신의 내용 중에는 사도 바울이 스페인까지 선교하였다는 것과 함께 베드로와 바울이 로마에서 선교하다가 순교하였다는 사실을 최초로 증언하고 있습니다. 가톨릭에서는 이 서신을 로마 교회의 수위권과 관련된 근거로 보며, 클레멘스가 수장(首長)으로서 로마 교회의 이름으로 고린도 교회에 개입한 것으로 해석합니다.

4) 이그나티우스(Ignatius, 35년경-110년경)

안디옥은 예수 그리스도를 믿는 이들을 가리켜 '그리스도인'이라고 불렸던 도시입니다. 안디옥의 이그나티우스는 맹수형의 사형선고를 받고 로마로 압송되는 과정에서 일곱 교회에 편지를 써 보냈습니다. 그는 자신이 원했던 것처럼 로마의 원형경기장에서 맹수에서 물려 죽음으로 순교했습니다.

그는 신앙과 주교를 중심으로 한 교회의 일치를 간절히 갈망했던 신자였으며, 순교의 열정을 지녔던 교부였습니다. 한 분 하나님, 한

분 그리스도, 한 교회를 주장하면서 신앙과 사랑 안에서의 일치를 강조했으며, 최초로 가톨릭이라는 용어를 사용했던 교부로 알려져 있기도 합니다.

가톨릭 교회의 해석에 의하면 그가 감독(주교)은 교회의 수장이고, 일치의 상징이며, 교의와 성례와 전례의 중심이기 때문에 감독을 중심으로 일치하는 것이 예수 그리스도와 일치하는 것이며, 감독 중심으로 일치하는 것은 이단과 오류에 빠지지 않았다는 표시이며, 진리 안에 머물러 있다는 보증이 된다고 가르침을 주었다고 합니다. 또한 예수 그리스도께서 성부께 순종하셨듯이 교회공동체는 감독에게 순종해야 한다는 것이 그의 지론이었다는 것입니다. 왜냐하면 감독은 하나님의 대리자이고, 성령은 그의 권위를 보장해 주시기 때문이라는 것입니다.

당시 가현설(假顯說)을 주장하는 자들은 감독이나 사제가 필요 없다는 주장과 함께 그리스도의 성육신과 수난과 죽음과 부활을 부인하고 그리스도의 실제적인 실존까지도 부인했습니다. 그는 이러한 가현설을 반박하면서 그리스도의 성육신과 수난, 죽음과 부활의 역사적인 사실성을 들어 반박했습니다. 그는 로마로 압송되어 가던 그를 위해 로마 교회가 구명운동을 벌이자 그는 어떤 호의도 베풀지 말아 달라고 간청한 것으로 알려져 있습니다.

"여러분의 사랑이 오히려 저를 해칠까봐 두렵습니다. 저로 하여금 나의 하나님의 수난을 본받는 자가 될 수 있게 해주십시오"(로마인들에게 보낸 편지 1:2, 6:3).

"저는 그 맹수들을 빨리 볼 수 있기를 기도합니다. 맹수들이 어떤 사람들에게는 겁을 먹어 달려들지 못하는 경우가 있다고 하지만 그와는 달리 맹수들이 저를 재빨리 삼켜 버리도록 제가 유인하겠습니다"(로마인들에게 보낸 편지 5:2).

"오히려 맹수들을 유인하여 그들이 저의 무덤이 되게 하십시오. 또한 제가 죽었을 때 누구에게도 짐이 되지 않도록 맹수들이 제 몸의 어떤 부분도 남기는 일이 없게 해주십시오. 그리하여 세상이 저의 몸을 볼 수 없게 될 때 저는 참으로 예수 그리스도의 제자가 될 것입니다. 이런 과정을 거쳐 제가 하나님께 바치는 희생제물이 될 수 있도록 저를 위해 그리스도께 간구해 주십시오"(로마인들에게 보낸 편지 4:2).

"저를 맹수의 먹이가 되게 놔두십시오. 그것을 통해서 제가 하나님을 만날 수 있습니다. 저는 하나님의 밀이니 맹수의 이빨에 갈려서 그리스도의 깨끗한 빵이 될 것입니다"(로마인들에게 보낸 편지 4,1).

"신앙은 시작이고, 사랑은 마지막 목적이며, 빵을 나누는 것은 불멸의 약을 나누는 것입니다"(에베소인들에게 보낸 편지 14:1, 20:2).

5) 이레나이우스(Ireneus, 130년경-202년)

이레나이우스는 현재 터키의 이즈미르 지역인 서머나(스미르나) 출신으로, 그리스도교 정통교리 수호에 앞장서며 동방교회와 서방교회의 일치와 평화를 위해 노력한 중재자였습니다. 그가 저술한 《이단논박》(Adversus Haereses)은 지금까지도 초대교회의 가장 귀중한 저술로 평가받고 있습니다. 이 책에는 영지주의 이단과 정통 그리스도교의 가르침에 대한 내용들이 풍부하게 들어 있기 때문입니다. 그의 가장 큰 업적은 영지주의의 위험성과 정체를 폭로하여 초대교회이 정통신앙을 확립했다는 점이라 할 수 있습니다.

그는 로마 교회의 수위권을 강조하면서 모든 교회는 로마 교회와 일치해야 한다고 주장했는데, 그 이유는 이단의 위험성으로부터의 정통교회 보호를 염두에 두었기 때문인 것으로 해석됩니다. 그는 성경공부를 하는 목적에 대해 학문적인 훈련을 위해서가 아니라, 오히려 순교를 준비하는 것이라는 의미심장한 말을 남겼습니다. 이 말은 성경을 단순히 지적으로 이해하는 것으로 만족하고자 하는 현대 그리스도인들에게 시사하는 바가 크다고 하겠습니다.

6) 알렉산드리아의 클레멘스(Clemens Alexandriani, 150년경-215)

알렉산드리아는 기원전 331년 알렉산더 대왕이 세운 도시로서 이곳에는 일찍부터 많은 유대인들이 거주하던 도시였습니다. 알렉산드리아의 랍비들은 히브리어 구약성경을 그리스어(헬라어)로 번역하여 70인역(Septuaginta)을 완성하였습니다. 70인역을 통해 시작된 구약성경을 통한 히브리 사상과의 교류는 이전에 유대인 학자 필로(Philon, BC 20?-AD 45?)에 의해 크게 발전되었는데, 이제 성경과 헬라 철학이 서로 만나는 계기가 되었던 것입니다.

유세비우스에 의하면 마가복음의 저자 마가는 이곳에 복음을 선포하여 교회를 세웠다고 전합니다. 알렉산드리아 교회가 두각을 나타내기 시작한 것은 2세기 후반에 판테누스(Pantaenu)가 교리학교를 세운 후부터입니다. 그는 클레멘스의 스승이었고 그의 유명한 제자들로는 오리게네스, 가이사랴(Caesaria)의 알렉산더 등이 있었습니다.

150년경 아테네의 이교가정에서 태어난 클레멘스는 학구적인 사람으로서 그리스도교에 귀의하기 이전에 진리를 찾기 위해 시칠리아와 시리아, 팔레스티나 지역 등을 돌아다니면서 훌륭한 교육을 받았으며, 180년경에 이 알렉산드리아에 와서 판테누스를 만나 그리스도교에 입문하게 되었습니다. 그는 판테누스가 세운 교리학교의 학생이었으나 후에는 보조자로서, 후에는 교장으로서 활동하였습니다.

클레멘스는 이 학교의 교장으로서 고전문화와 복음을 조화시키는 작업을 계속해 나갔습니다. 그는 성경에 매우 정통하였을 뿐만 아니라 이교철학, 고고학, 신화학, 문학 등에도 뛰어난 식견을 가진 사람이었습니다. 그는 신앙과 이교철학은 서로 모순되는 것이 아니라는 점을 강조했습니다. 모든 학문은 신학에 도움을 주고 그리스도교는 모든 이교학문의 영광이며 화환이라는 확신을 가지고 있었기 때문입니다. 이교철학과 그리스도교의 이러한 조화는 그리스도께서 모든 인간의 이성에 역사하신다는 로고스 신학에 기초를 둔 것이었습니다.

7) 오리게네스(Origenes, 184-254)

오리게네스는 주후 185년 알렉산드리아의 그리스도인 가정에서 태어났습니다. 철저한 신앙 교육과 세속 교육을 받은 그는 플로티누스의 스승 암모니우스 사카스의 문하생이었습니다. 202년 부친이 순교를 당하자 생계를 위해 문법학교를 열어 큰 성공을 거두었으며, 당시 알렉산드리아 감독 데메트리우스에게 발탁되어 예비신자들의 교리교육에도 헌신한 사람으로 알려져 있습니다. 알렉산드리아 교리학교는 그의 명성으로 말미암아 크게 성장하게 되었습니다.

그는 로마와 요르단, 팔레스티나의 가이사랴 등을 두루 다니며 가르쳤는데, 그가 평신도라는 점을 들어 문제를 삼으려 하자 성직을 받았으나 결국 파문과 함께 유배를 당하였고, 가이사랴로 피신하여 거기서 알렉산드리아의 교리학교와 유사한 학교를 설립하고 설교와 성서주석에 매진하며 신학연구의 중심지로 만들었다고 합니다. 주후 250년 데키우스 황제 박해 때 투옥되어 모진 고문을 당하였는데, 결국 이 고문의 후유증으로 세상을 떠난 것으로 알려져 있습니다.

오리게네스는 고대에서 그리스도교 안팎을 막론하고 가장 많은 저술을 남긴 사람으로 평가받습니다. 그의 사후에 벌어진 소위 오리게네스주의 논쟁의 여파로 많은 저술이 조직적으로 파괴되기도 하였으나 남아 있는 그의 작품들 중 일부가 헬라어로 전해 오고 있고, 라틴어 번역본으로 전해 오고 있습니다.

그의 저술들은 철학과 신학, 영적 생활 등을 망라하고 있어서 그의 사상가, 신학자, 신비가, 주석가로서의 면모를 보여주고 있습니다. 특히 네 권으로 구성된 《원리론》(De principiis)은 토마스 아퀴나스의 《신학대전》(Summa The ologiae) 이전의 신학대전에 비길 수 있는 저술로 평가받고 있습니다. 특히 영혼선재설은 대단한 신학적 통찰력으로 평가됩니다. 그의 성경해석은 알레고리 해석으로 논란의 여지가 많은 부분도 있으나 대단한 주석가의 면모를 보여주고 있습니다.

특히 7권의 외경이 포함되어 있는 여섯 가지 본문 대조 성경이라 할 수 있는 《헥사플라》(Hexapla)는 구약성경에 대한 이해에 많은 영향을 주었습니다. 주후 230-240년에 편찬된 이 책은 6,500쪽이 넘도록 각 쪽에 여섯 란을 두고서 그 당시 구할 수 있던 히브리 성경, 그것의 발음을 헬라어로 바꾸어 적은 것, 아퀼라 번역본, 쉼마쿠스 번역본, 70인역, 테오도시온판 등을 서로 비교하는 형태로 편찬되었습니다.

오리게네스의 관심은 히브리 원문을 근거로 기독교인들이 70인역을 자의적으로 쓰고 있다고 비난하는 유대인들의 논쟁에 기독교인들이 맞설 수 있도록 70인역이 히브리 본문에 얼마나 가까운가를 드러내어 보이려고 이 여섯 가지 본문을 비교하면서까지 그 나름대로 70인역을 새롭게 손질한 것으로 이해됩니다.

8) 터툴리아누스(Tertullianus, 160년경-220년경)

터툴리아누스의 정확한 이름은 퀸투스 셉티미우스 플로렌스 터툴리아누스입니다. 아프리카 카르타고 태생인 그는 가장 위대한 신학자 가운데 한 사람이며 라틴 신학의 창시자로 평가받고 있습니다. 그가 교회 안에서 최초로 라틴어로 된 저작물을 내놓았기 때문입니다.

특히 '한 본체 안에 세 위격'이라는 삼위일체를 확립하는 등 수많은 라틴어 신학용어를 만들어 낸 장본인이기도 합니다. 그가 만든 라틴어 신조어가 무려 982개나 되는 것으로 파악됩니다. 알렉산드리아의 오리겐이 헬라 신학의 기초를 놓았다면 터툴리아누스는 라틴 신학의 기초를 놓았다고 할 수 있습니다. 키프리아누스 주교는 그의 저서를 매일 읽으면서 그를 스승으로 존경했다고 알려져 있습니다.

"나는 이해가 안 되기 때문에 믿는다."

그는 이렇게 의미심장한 말을 남겼습니다. 그는 엄격한 윤리생활을 강조하였는데, 배우자가 죽은 후에 재혼하는 것조차 간음이며, 박해를 피하기 위해 피신하는 것도 배교라고 주장했을 정도였습니다. 그는 배교, 살인, 간음과 같은 죄는 교회도 용서해 줄 수 없다고도 주장했습니다.

그리스도교를 온몸으로 수호했던 그는 206년경부터 기존 교회를 맹렬히 비난하고 성령의 교회를 강조했습니다. 특히 기존 교회의 교직제도를 비난하면서 루터 이전에 벌써 보편 사제직을 강하게 주장했습니다. 그는 성령의 교회와 주교들의 교회, 의인들의 교회와 죄인들의 교회를 비교하면서, 성령의 교회는 구원을 가져다주는 참된 교회이지만, 주교들의 교회는 멸망을 초래한다고 주장했던 사람입니다.

그렇지만 한때 초대교회의 순수함을 추구하는 것처럼 보이는 몬타니즘에 빠져들기도 했다고 알려져 있습니다. 그가 정통교회를 등지고 이단에 빠진 이유는 당시 카르타고 교회가 신자 수는 증가했지만 신앙의 질은 형편없이 떨어지고 있었기 때문이라고 알려져 있습니다. 배교자들과 죄인들이 많았고 다수의 행실이 좋지 않은 성직자들도 그 이유에 해당된다고 할 수 있을 것입니다. 박해시대가 지난 후 교회는 배교자 처리 문제로 극한 대립을 보였을 때 그의 성향으로 보아 그는 미지근한 신앙생활을 하는 사람들을 도저히 용납할 수 없었을 것입니다.

9) 키프리아누스(Cyprianus, ? -258)

키프리아누스는 북아프리카에서 태어나 훌륭한 교육을 받았으며 젊은 나이에 당대 유명한 수사학 교수가 되었습니다. 40세 즈음에 카르타고의 사제 시칠리아누스의 영향으로 성경을 읽게 되면서 마침내 그리스도교 신앙을 갖게 되었습니다. 그는 늦은 나이에 세례를 받으면서 모든 재산을 다 팔아 가난한 사람들에게 나누어 주었을 뿐만 아니라 세속의 직업마저도 버렸습니다.

그리스도인이 되어 3년 정도가 지났을 무렵에는 빼어난 학식과 열정으로 교회에 봉사하였고, 북아프리카의 수도 카르타고의 주교가 되었습니다. 어느 날 갑자기 신자들의 뜨거운 사랑을 받는 감독으로 우뚝 선 그는 박해 가운데서도 빼어난 학식과 열정으로 교회를 섬겼으며 발레리아누스 황제의 박해(257-258) 때 순교를 당하였습니다.

"교회 밖에는 구원이 없다"(Salus extra ecclesiam non est).

키프리아누스의 이 말 한마디는 오늘날까지도 수많은 신학 논쟁을 불러일으키고 있습니다. 이단자들은 교회를 떠나면서 이미 성령을 잃어버렸기 때문에 성령께서 활동하시지 않는 교회 밖에는 성령도 없고, 유효한 세례도 없고, 세례의 은총도 없고, 세례의 열매인 구원도 없다는 것, 곧 교회 밖에는 구원이 없다는 그의 지론이었던 것으로 해석됩니다.

10) 아타나시우스(Athanasius, 300-373)

아타나시우스는 4세기에 알렉산드리아 출신의 가장 위대한 신학자로서, 평생을 예수 그리스도의 신성을 부정하는 아리우스 이단과 싸우면서 온몸으로 니케아 신경을 지켜낸 교부로 평가를 받습니다. 그는 수도원운동을 동·서방교회에 전파하는 데 결정적인 역할을 한 인물이기도 합니다.

3세기에 이집트의 나일 강 주변 사막에는 수많은 은수자(隱修者)들이 살고 있었습니다. 어린 시절 순교자들의 삶에 감동을 받은 아타나시우스는 청년 시절에 수도생활에 대한 깊은 열망을 가졌고, 사막으로 가서 안토니우스를 직접 만나기도 했습니다.

또한 유배시기에는 이집트 수도자들과 함께 지냈습니다. 이런 경험을 토대로 아타나시우스는 은수자들의 아버지이며 수도생활의 창시자로 알려진 안토니우스에 대한 책을 썼습니다. 그가 쓴 《안토니우스의 생애》는 동·서방 교회에 수도원운동을 전파하는 데 크게 기여한 것으로 평가됩니다. 아타나시우스는 이 작품에서 하나님께 모든 것을 봉헌한 수도자들의 삶을 소개하면서 신자들에게 온전함에 이르는 길을 제시하고 있습니다. 나지안즈의 그레고리우스는 이 작품을 "이야기를 통해 수도자의 규칙을 제시한 책"이라고 평가했습니다. 375년에 안디옥의 에바그리우스는 이 책을 라틴어로 번역하여 서방 교회에 알렸습니다.

동정(童貞)생활을 찬양한 아타나시우스는, 비록 수도자의 삶을 살지 못한다 할지라도 동정생활을 할 수 있다고 주장했습니다. 동정녀들은 그리스도께 자신을 봉헌한 그리스도의 신부(新婦)이며, 세상의 온갖 욕망을 끊고 침묵을 지키며 성경을 읽고 시편을 바치며 노동을 통해 자신을 성화시켜 나가는 천사의 삶을 사는 사람들이라고 칭송했습니다.

'아리우스 논쟁'이 발생했을 때 그는 알렉산더 감독의 비서로서 알렉산더 감독과 함께 니케아 공의회(325)에 참석했으나 부제였기 때문에 니케아 공의회에서 공적으로 발언은 못했지만 뒤에서 니케아 신경을 작성하여 정통신앙을 수호하는 데 커다란 역할을 했습니다. 아리우스는 예수는 초월적인 분이지만 피조물이며 하나님과 본질이 다르다는 주장을 했습니다. 예수님이 피조물에 지나지 않는다면 예수님은 인간의 구원자라고 말할 수 없게 된 것입니다. 이러한 주장에 대해 그는 '호모우시오스', 즉 성자는 성부와 본질이 같다는 결론을 이끌어냈던 것입니다.

알렉산더 감독은 죽기 전에 후임 감독으로 아타나시우스를 내정했습니다. 그러나 멜리치아누스파가 감독직를 차지하려고 하자, 아타나시우스를 지지하던 사람들이 서둘러서 아타나시우스를 감독으로 임명했고 이것이 문제가 되어 반대자들은 아타나시우스를 비합법적인 감독이라고 비난했습니다.

아리우스에게 호의적이었던 콘스탄티누스 황제는 아타나시우스를 감독으로 인정하는 조건으로 아리우스를 교구에 다시 받아들이라고 명령했으나 아타나시우스는 황제의 요청을 거절했습니다. 반대 여론에 밀린 그는 콘스탄티누스 황제에 의해 335년 11월 7일에 트리어로 1차 유배를 당했고, 그 후 다섯 차례나 유배를 당했으며, 감독직 46년 동안 20년을 유배지에서 보냈고, 70세 되던 해에 다섯 번째 유배(365-366)를 당하기도 했습니다.

그는 기독교 역사상 가장 어려웠던 시기에, 온갖 시련과 압력에 굴복하지 않고 파란만장한 삶을 살면서도 그리스도의 완전한 신성과 인성을 모두 부정했던 아리우스주의를 반대하고 그리스도의 성육신과 신성을 강조했던 것입니다. 불굴의 투지와 강한 믿음으로 니케아 신경을 지켜냈고, 그리스도의 인성과 신성을 강조하여 후대 그리스도론과 삼위일체론의 완전한 기틀을 마련했습니다.

아타나시우스는 동·서방 교회로부터 추앙받는 4대 교부 가운데 한 사람이 되었습니다. 나지안주스의 그레고리우스는 그를 일컬어 "교회의 기둥, 참다운 하나님의 사람, 산 자들 가운데서 가장 위대한 청지기"라고 찬사를 보냈다고 전합니다. 다른 황제들은 아타나시우스에게 "세상과 싸우는 아타나시우스"라는 별명을 주었다고 합니다.

11) 힐라리우스(Hilarius, ?-367)

알렉산드리아에서 시작된 아리우스 논쟁은 동방교회를 중심으로 이루어졌고, 서방교회에서는 심지어 니케아 공의회의 결론조차 제대로 이해하지 못하고 있을 때 서방교회 출신으로서 삼위일체 논쟁의 핵심을 정리한 사람이 힐라리우스였습니다.

힐라리우스는 프랑스의 작은 도시 프와티에에서 태어났습니다. 그는 살아 계신 하나님을 찾기 위하여 철학을 탐구하였으나 참된 해답을 얻지 못하다가 세례를 받고 그리스도인이 되었고, 350년에 프와티에의 감독으로 선출되었습니다. 동·서방을 막론하고 삼위일체에 관한 논쟁으로 교회가 갈가리 찢겨 있었을 때, 콘스탄티누스 황제는 정치적인 목적 때문에 니케아 정통신앙보다는 아리우스주의자들에게 밀려 밀라노 교회회의의 결정에 따라 아타나시우스를 이집트 사막으로 유배 보냈습니다.

그는 이 결정에 반대하는 바람에 동방의 프리기아로 귀양살이를 가게 되었습니다. 그렇지만 4년 동안의 유배생활은 그에게 큰 도움이 되었습니다. 서방교회의 감독으로서 동방교회에 머물면서 동방교회에서 벌어지고 있던 신학논쟁, 특히 아리우스 논쟁의 핵심을 꿰뚫어 볼 수 있는 안목을 지니게 되었기 때문입니다. 359년에는 서방(리미니)과 동방(셀레우치아)에서 동시에 열린 교회회의를 통하여 신학적인 합의를 성사시키고자 했습니다. 콘스탄티누스 황제는 결국 성자는 성부와 성경 말씀에 따라 비슷하다는 모호한 결론을 내렸습니다.

360년 율리아누스 황제의 종교 무차별정책으로 말미암아 고향에 돌아온 힐라리우스는 식지 않는 열정으로 교회를 섬기다가 367년경에 세상을 떠났습니다. 그의 대표작 《삼위일체론》은 훗날 아우구스티누스가 20년에 걸쳐 저술한 《삼위일체론》의 기초가 된 것으로 평가됩니다.

"성부와 성자는 하나(unus)이지만, 홀로(solus) 계시지 않는다."

정통신앙이라도 극단적인 방향으로 나아가면 이단으로 전락될 수 있습니다. 하나님이 구약시대에는 성부로, 성육신하여 성자로, 성령강림 때부터 성령으로 활동하신다는 사벨리우스주의의 주장에 동조하는 세대주의자들은 역사를 성부시대, 성자시대, 성령시대로 시대 구분을 하기에 이르렀습니다. 성자는 성부와 다르다는 것만을 지나치게 강조하면 아리우스주의자들의 주장처럼 인간이 되어 내려오신 하나님의 겸손한 사랑과 성부와 성자와 성령께서 이루고 계시는 일치를 소홀히 여길 수 있습니다.

온건한 평화주의자로서 힐라리우스는 성부와 성자의 '같음'과 '다름'을 다음과 같이 조화롭게 설명하고자 하습니다. 정통신앙 안에 머물면서도, 니케아 공의회의 결정만을 절대시하지는 않았던 것입니다. 오히려 '호모이우스오스', 즉 '성자는 성부와 본질이 비슷하다'는 절충안을 제시함으로써 소모적인 신학논쟁에서 교회의 일치를 모색했던 것입니다. 그렇지만 이러한 태도는 어느 쪽에도 환영받지 못하는 이유가 될 수도 있을 것입니다.

12) 니사의 그레고리우스(Gregorius Nyssa, 335년경-394년경)

니사의 그레고리우스는 초대교부 중 한 사람으로 소아시아 출신이었습니다. 그의 형 바실은 교회의 감독으로서 은둔적 성격의 수도원운동을 교회의 제도권으로 수용하고 공동체 형식으로 발전시켜 나간 사람으로 유명합니다. 그레고리는 교리보다는 영성을 중시하고, 영성과 수도생활을 원하였으며, 수도원적인 삶을 진정한 기독교적 삶의 모습이며 신앙생활의 진수로 여겼습니다.

니사의 그레고리우스는 조부모가 고백자(증거자)였고 할아버지는 순교자였습니다. 할머니 마크리나 1세는 오리게네스, 그레고리우스의 제자였습니다. 그레고리우스의 아버지는 폰투스 출신으로 수사학자로 활동하였습니다. 그레고리우스는 9남매의 셋째로 태어났습니다. 누이 마크리나, 형 바실리우스, 베드로, 그 가운데서도 마크리나는 동생들을 도와 그들을 사역자의 길로 인도하였고, 대 바실리우스, 그레고리우스, 베드로는 그리스도론과 삼위일체론 교리에 영향을 미쳐 큰 업적을 남기는 인물이 되었습니다.

아버지가 별세한 뒤 그의 가족은 네오가이사랴 근처 안네시의 농장으로 이주하여 그곳에서 수도 공동체를 조직하였습니다. 할머니 마크리나 1세, 엠멜리아, 마크리나 2세, 대 바실리우스, 니사의 그레고리우스, 베드로 등은 가톨릭 교회에서 성인으로 공경 받을 정도의 훌륭한 가정환경 속에서 성장하였습니다.

그레고리우스의 생애에 관한 정보는 많지 않습니다. 자신에 관한 자료를 전혀 남기지 않았고, 동시대의 문헌들도 그에 대해서 조금씩 언급하고 있을 뿐이기 때문입니다. 대 바실(Basil)로 알려져 있는 바실리우스는 그레고리우스가 천재적이었지만 어린아이 같고 세상물정에 어두운 사람이라고 평가했습니다. 그는 감독이 되어서도 초기에는 영향력이 크지 않았으나 바실리우스가 세상을 떠난 이후에는 영향력 있는 교회정치가, 신학자, 연설가, 설교가, 성서주석가로서 활발하게 활동하였습니다.

13) 나지안즈의 그레고리우스(Gregorius of Nazianzus)

그레고리우스는 326년경 카파도키아 근처 나지안주스에서 태어났고, 카파도키아의 가이사랴, 팔레스틴의 가이사랴, 알렉산드리아, 아테네 등에서 공부를 했으며, 나중에는 신학자로 칭송받았던 사람입니다. 그는 유학 시절에 만난 카파도키아의 바실리우스와 평생 우정을 지켜 나갔으며, 공부를 마치고 나지안주스로 돌아와 한동안 금욕적인 수도생활을 했습니다. 나지안주스의 감독이었던 아버지의 권유로 강제적으로 사제 서품을 받게 되었는데, 그는 임직식이 끝나자 집을 뛰쳐나갔다가 다음해 부활절이 되어서야 돌아왔다고 합니다. 아직 준비되지 못한 부족한 자임을 깨달았기 때문이었습니다. 우리는 그레고리우스가 왜 임직을 받고 도망칠 수밖에 없었는지를 이해할 수 있을 것입니다.

"내 손을 깨끗이 씻는 거룩한 작업을 하기 전에……내 눈이 오직 창조주 하나님만을 경배하는 데 익숙해지기 전에, 내 귀가 천상학교에서 들려오는 지혜의 말씀들에 귀기울이며 듣는 데 익숙해지기 전에, 내 입이 오직 하나님의 신비만을 선포하는 데에 익숙해지기 전에, 내 혀가 천상의 아름다움을 노래하는 악기가 되기 전에, 내가 감히 어떻게 그분께 영원한 희생제사를 드릴 수 있으며, 사제라는 이름과 직분을 받을 수 있단 말입니까?"(도피의 변명서, 연설 II, 95).

"우리를 위하여 자신을 끝까지 낮추신 겸손하신 그리스도를 참으로 깨닫지 못한 채, 누가 감히 사제직에 오를 수 있단 말입니까?……그리스도와 참된 친교를 맺지 못한 채 누가 감히 사제직에 오를 수 있단 말입니까?"(연설 II, 98).

"진정한 찬미의 제사를 드리기 위해선, 사제 자신이 먼저 거룩하고 합당한 살아있는 제물이 되어야만 합니다. 사제는 영혼을 돌보는 하나님의 사람이면서 동시에 교회의 종입니다. 예술 중의 예술이요, 학문 중의 학문인 사제직은 그 어떤 예술보다도 더 숭고하고, 육체를 치료해 주는 의학보다도 더 월등합니다. 따라서 사제는 인간의 영혼들에 날개를 달아 주어 그들을 세상으로부터 보호하여 하나님께로 인도하고, 만일 그들의 영혼 안에 각인된 하나님의 형상이 있다면 그것을 보존해 주고, 또 만일 그들이 위험에 처해 있다면 지켜 주고, 또 흠집이 났다면 치료해 주는 운명의 소유자입니다"(연설 II, 22).

"남을 정화시키기 전에 먼저 자신을 정화시키십시오. 남을 가르치기 전에 먼저 지혜의 가르침을 배우십시오. 빛을 밝히기 전에 먼저 빛이 되십시오. 남을 하나님께 인도하기 전에 먼저 하나님께 가까워지십시오. 남을 성화시키기 전에 먼저 자신을 성화시키십시오"(연설 II, 71).

대 바실리우스 감독은 그를 사시마의 감독으로 임명했지만, 그는 끝내 성직을 수락하지 않고 나지안주스의 주교인 아버지의 일을 돕는 것으로 만족하다가 아버지가 세상을 떠난 후 사제직을 내려놓고 은수자 생활로 되돌아가면서 다음과 같이 노래했습니다.

"성령의 바람에 나의 양 날개를 펼치리. 그분이 원하는 곳이 그 어디든지, 그분이 원하는 모습이 그 어떤 것이든지 간에……그 누구도 다른 길로 가도록 나를 재촉할 수 없으리"(연설 10:4-5).

그 후 아리우스파가 다수를 차지하고 있던 콘스탄티노플에서 교회의 평화를 위해 총대주교직(patriarcha)을 수락하였으나 아리우스파로 인한 논란이 일자 몇 주 후 공의회 도중에 신자들과 공의회 감독들 앞에서 유명한 고별사를 남기고 콘스탄티노플의 총감독을 사임했습니다.

그레고리우스는 아리우스파를 거슬러서 교회를 수호하기 위해 콘스탄티노플에서 겪었던 어려움과 자신의 결백을 언급하면서, 자신이 그동안 콘스탄티노플에서 했던 일에 대한 상급으로 자신을 다시 은수생활로 되돌아갈 수 있도록 보내 달라고 요청하며 신앙의 유산을 지켜 나가라고 당부했습니다. 그의 고별사를 듣고서 신자들은 하염없이 눈물을 흘렸고, 또 어떤 신자들은 부끄러워서 얼굴을 들지 못했다고 합니다.

영적 고독 속에서 하나님만을 생각하는 은수자 생활에 대한 갈망과 사제가 되어 도와달라는 아버지의 권유 사이에서 갈등했던 그는 일체의 육체적인 것들을 피하여 오직 영적인 것에만 마음을 쏟으며 하나님 닮기를 원했으며, 가장 순결한 영적인 빛을 비추고 싶어 했습니다. 그의 삶은 한마디로 은수자 생활에 대한 강한 열망으로 가득 찬 삶이었습니다. 그는 사제로서 살기보다는 수도자로서 살고 싶었기 때문에 결국 성직을 스스로 사임하고 은수자의 길을 갔습니다.

14) 예루살렘의 시릴(Cyrillus, 315-386/387)

예루살렘의 시릴(Cyrillus Hierosolymitanus)은 주교이며 학자로 알려져 있는 동방교회 교부입니다. 349년 막시무스(Maximus)의 뒤를 이어 예루살렘의 감독이 되었으나 가이사랴의 극단적 아리안파 소속 아카시우스(Accacius)로부터 성직을 받았다는 이유로 오랫동안 아리안파 또는 반(半)아리안파로 낙인찍히기도 하였습니다.

그는 아카시우스와는 그리스도론에 있어서 정반대 입장이었기 때문에 세 번씩이나(357년, 360년, 367-378년) 주교직에서 해임되고 유배를 당하기도 하였습니다. 357년에 있었던 유배는 359년 셀류키아에서 개최된 주교회의에서 철회되어 다시 예루살렘으로 돌아올 수 있었습니다. 세 번째 해임과 유배는 황제 발렌스에 의해 367년에 있었는데 378년까지 무려 11년간이나 지속되었습니다. 381년에 개최되었던 콘스탄티노플 공의회에도 참석하였으며 387년에 별세하였습니다.

그가 저술한 작품 중에는 24편의 강론으로 구성되어 있는 《예비신자 교리》가 있는데, 이는 어떤 사람이 그의 강론을 듣고 기록한 작품으로서 일종의 신앙과 생활의 지침서로서 중요한 문헌으로 평가받고 있습니다. 특히 그는 구약성경을 신약의 모형으로 해석했습니다. 예를 들면, 홍해를 건넌 사건은 세례의 모형이요, 만나는 성찬의 모형으로 보았습니다.

그는 성부와 성자의 본체적 일치 내지 동질성을 가르치는 니케아 공의회의 정신과 믿음에 따라 단호하게 아리안파의 양자설(養子說)과 모든 주장들을 배척했으며 성자를 일컬어 '참된 하나님', '하나님께로부터 나신 하나님'이라고 고백하였고, 성부와 성자의 일치를 성령께 연결시켜 삼위일체 교리의 확립에 공헌하였습니다.

15) 암브로시우스(Ambrosius, 339-397)

암브로시우스는 아우구스티누스, 히에로니무스, 그레고리우스 등과 함께 서방 라틴 교회의 전통적인 4대 교부로 꼽히는 인물로서 오늘날 독일 서쪽 도시인 트리어에서 출생하였습니다. 그의 생애는 그가 남긴 서서들과 그의 사후에 밀리노의 파울리노가 쓴 전기 《암브로시우스의 생애》(Vita S. Ambrosii)를 통해 알려졌습니다.

그는 갈리아의 지방장관으로 재직하던 부친의 영향으로 로마에서 형 사티로와 함께 귀족 가문의 자제들이 공부하는 학교에서 교육을 받았고 수사학, 철학, 법학 등을 배운 그는 관직생활에 들어가서 황궁이 있던 밀라노로 진출하게 되었고, 그 지역의 주 지방장관이 되었습니다. 당시 밀라노에는 아리우스주의자 아욱센시오(아욱센티우스)가 감독으로 있었는데 그가 죽은 후에 후임 감독을 뽑는 과정에서 암브로시우스가 밀라노의 감독이 되었습니다.

주교가 된 후 그는 정통교리를 옹호하고 정통신앙을 보호하는 일에 전념하였습니다. 그리하여 서방교회에서 니케아 신앙고백이 확고하게 자리 잡는 데 큰 역할을 하였습니다. 나아가 교회와 국가의 관계를 정식으로 다룬 최초의 교부이기도 합니다.

그는 고유 영역에서 국가보다 교회가 최고권을 가지며 도덕의 수호자라는 것을 주장하였고, 국가권력에 대해서도 분명하게 대처함으로써 교회의 권리와 가르침에 대하여 황제의 간섭을 막아내는 교회 지도자로서 선구자적 역할을 하였습니다.

그는 감독이 된 직후 이렇게 고백하였다고 합니다.

"학생도 되기 전에 스승이 되었구나. 배워야 할 내가 가르치게 되었구나!"

그래서 성경공부에 더 몰입하였고 늘 성경을 가까이하였고, 동방교부들의 저서를 심취하여 읽었으며 그들에게서 많은 영감을 전해 받았습니다. 필로와 오리게네스와 같이 성서의 3중적인 의미(자연적, 신비적, 윤리적 의미)를 받아들였으며, 윤리적·유비적 해석을 많이 사용하였습니다. 그는 성경의 각 사건 안에서 깊은 의미를 추구하였고, 신앙과 생활에 유익을 주는 가르침으로 활용하였다고 합니다. 특히 필로의 영향을 많이 받았기 때문에 'Philo Christianus'라는 별명을 얻었다고 합니다.

그의 강론은 많은 사람들의 마음에 깊은 감명을 주었는데, 아우구스티누스도 그의 강론을 듣고 개종한 것으로 잘 알려져 있습니다. 그는 이단으로 갈라진 신자들을 화해시키고, 성직자들과 일반인 모두에게 존경을 받았습니다. 그는 동방신학을 서방교회에 소개하고, 사제들이 그의 감독관에 모여 생활하도록 배려했습니다. 감독이 된 후 곧 자신의 재산을 가난한 이들을 위해 희사하였고, 자신은 수도자와 같이 청빈과 극기의 생활을 하며 감독관을 개방하여 원하는 사람들은 항상 그를 만날 수 있게 하였고, 도움이 필요한 사람들이 그를 찾을 수 있게 하였습니다.

기뻐하는 사람과 함께 기뻐하고 우는 사람과 함께 울라는 말씀을 떠올리며 사람들에게 사람들을 책망하고 고발하는 자세보다 동정심을 가지고 대하였고, 매번 죄를 고해하러 사람들이 그에게 올 때마다 그는 항상 같이 울곤 하였다고 합니다. 그는 베드로의 눈물을 자신에게도 내려 주시기를 기도하였고, 눈물은 죄를 씻는 효력과 사람을 새롭게 탄생시키는 영적 효과가 있다고 하면서 이런 종류의 눈물을 '좋은 눈물'이라고 하였습니다.

그는 실천적이며 교육적인 목적으로 많은 저서들을 남겼는데, 성경에 대한 많은 주해서와 윤리·수덕에 관한 저서들과 교의신학서 그리고 연설문, 서간과 찬송가들을 남겼습니다. 《성직자들의 직무론》(De officiis ministrorum)은 라틴 교회의 첫 윤리신학서로 평가되며, 《찬송가》를 만들어서 신자들에게 부르게 한 성가곡의 창시자로 알려져 있기도 합니다.

16) 요한 크리소스톰(Joannes Chrisostomus, 349-407)

요한 크리소스톰은 설교자로 잘 알려진 인물입니다. 그의 감동적인 설교는 청중들의 마음을 사로잡아 '황금의 입'이라는 별명을 가진 사람이었는데, 그의 설교(sermones)와 강해(tractatus)는 열정으로 말씀을 선포하던 그의 모습을 발견할 수 있게 합니다.

그는 안디옥의 부유한 가정에서 태어났으나 일찍이 아버지를 여의

고 홀어머니 안투사의 훌륭한 교육을 받았고 한때 변호사를 꿈꾸었으나 세례를 받으면서 그 꿈을 접었다고 전해집니다. 디오도루스가 교장으로 있던 학교에 들어가서 성경주석과 수행의 삶에 전념하던 그는 대도시 안디옥을 떠나 4년 동안 어느 수행가의 지도를 받으며 수도생활을 했고, 2년 동안은 홀로 동굴에서 지내면서 날마다 성경을 되새김질하며 기도함으로써 마침내 신·구약성경을 외우게 되었다고 전해집니다. 오랜 고행으로 쇠약하여 고향으로 돌아와 5년 동안 가난한 사람들을 정성껏 섬겼고, 사제가 되어 12년 동안 말씀의 봉사자로서 자신이 깨달은 진리를 아낌없이 전하였습니다.

특히 가난하고 소외된 사람들의 삶을 자신의 것으로 여기고, 기득권층의 사치와 부자들의 탐욕을 끊임없이 고발했습니다.

> "그리스도의 제대가 금으로 된 잔으로 가득 차 있으면서, 그리스도(가난한 사람)께서 굶주림으로 돌아가신다면 무슨 유익이 있겠습니까? 여러분은 먼저 배고픈 이들을 충족히 채워 주고 난 다음 그 나머지 것으로 제단을 장식하십시오……그러므로 성전을 장식할 때 고통받는 형제들을 멸시하지 마십시오. 살로 된 성전이 돌로 된 성전보다 훨씬 가치 있기 때문입니다"(마태복음 강해 50:3-4).

로마 제국의 수도 콘스탄티노플의 총감독이었던 넥타리우스가 세상을 떠나자 49세에 콘스탄티노플의 총감독이 되었습니다. 그 후 부패하고 타락한 성직자 수도자들을 과감하게 개혁해 나갔습니다. 에베소에서 교회회의를 열어 성직매매를 하던 주교 6명을 면직시켰고, 세속적인 욕심으로 가득 차 안락하고 화려한 삶을 추구하던 성직자들을 교회에서 쫓아냈습니다. 부잣집만 드나들며 호의호식하던 수도승들을 소속 수도원으로 돌려보냈습니다. 수많은 사람들이 지지를 보냈지만 요한의 개혁에 불만을 품은 몇몇 감독들과 적대자들은 조직적으로 저항하며 복수하고자 했다고 합니다.

안디옥 교회와 경쟁관계에 있던 알렉산드리아의 총감독 시릴은 이러한 정치 상황을 교활하게 이용하여 반대파들과 황비의 후원을 빌미로 참나무 교회회의를 열고, 요한을 거짓 고발하여 총감독직을 박탈했습니다. 이로써 그의 첫 번째 유배가 시작되었는데, 귀양살이에서 돌아온 다음에도 부패한 정치권력에 대한 그의 비판이 계속되자 황제의 명을 받은 군인들에게 끌려나와 종신유배형을 받았습니다. 그는 다음과 같은 말을 남기고 유배지에서 세상을 떠났다고 합니다.

"하나님께서는 모든 것을 통하여 영광 받으소서!"

17) 아우구스티누스(Augustinus, 354-430)

아우구스티누스는 로마제국에 속해 있던 북아프리카(오늘날의 알제리)의 작은 도시 타가스테에서 태어났습니다. 라틴어 문법과 수사학에 뛰어났던 아우구스티누스는 16세에 북아프리카의 수도 카르타고로 유학을 갔습니다. 그곳에서 한 여인과 동거에 들어간 그는 아들 아데오다투스를 얻었고, 그의 동거 생활은 30세까지 계속되었습니다. 그는 키케로의《호르텐시우스》(Hortensius)를 읽고 철학에 깊은 관심을 가지게 되었고, 철학적 관심으로 성경도 읽어 보았지만 별 흥미를 얻지 못하였습니다. 유학 생활을 중단하고 고향 타가스테로 돌아와 수사학 학교를 열기도 하고, 카르타고로 가서 9년 동안 수사학을 가르치기도 하였습니다. 9년 동안 마니교에 심취해 보기도 했습니다(마니교는 유물론적 이원론을 주장하는 종교였습니다. 세상을 빛과 어둠의 투쟁의 산물로 규정하고, 인간의 영을 어둠 속에 있는 빛의 요소로 보았습니다. 마니교에서 성직자들은 철저히 금욕적이고 독신이었으며, 육적인 것은 모두 어둠의 세력에 봉사한다고 주장했습니다).

결국 마니교의 교리체계와 지도자들에게 실망하고 카르타고를 떠나 로마로 가서 수사학을 가르쳤으며, 아카데미 학파의 회의주의에 빠지기도 했습니다. 30세에 밀라노 황실학교의 수사학 교수로 초빙되었고 그곳에서 암브로시우스의 설교를 들으면서 그리스도교 진리를 깨닫기 시작했습니다.

특히 안토니우스에 얽힌 이야기는 큰 감화를 주었습니다. 자기 재산을 다 팔아 가난한 사람들에게 나누어 주고 주님의 길을 따랐던 수도자들의 삶을 진정한 믿음의 길로 생각했습니다. 그는 마침내 387년 부활절에 어머니 모니카가 지켜보는 가운데 아들 아데오다투스, 친구 알리피우스와 함께 암브로시우스 감독으로부터 세례를 받았습니다.

고향 타가스테에 돌아온 아우구스티누스는 모든 재산을 팔아 가난한 이웃들에게 나누어 주었습니다. 그리고는 뜻을 함께하는 사람들과 더불어 고향집에서 작은 수도원 공동체를 세우고 성경을 묵상하면서 금식과 기도에 전념했습니다. 그러던 중 북아프리카 히포를 방문하였다가 발레리우스 감독에 의해 37세의 나이에 사제가 되었습니다. 그는 사제가 되었지만 감독의 허락을 얻어 수도원을 세웠습니다.

사랑과 겸손으로 여생을 가난한 사람들을 섬기며 수도생활과 함께 사제직을 감당하던 그는 발레리우스의 뒤를 이어 히포의 감독이 되었습니다. 참된 사역자, 탁월한 사상가, 기독교 철학자, 존경할만한 감독으로 평가받는 그는 젊은 시절에 방황하고 이교에 빠지기도 했지만 세상을 떠나는 순간까지 40년 가까이 교회를 섬겼습니다. 《고백록》(Confessions)을 비롯한 위대한 저작으로 그는 기독교 역사에서 가장 널리 알려진 인물이 되었고, 서방교회의 4대 교부 중에 가장 위대한 교부로 평가받고 있습니다. 특히 그는 그의 신학을 하나님과 인간의 영혼을 중심으로 전개해 나갔는데, 바울 이후 가장 위대한 신학자로 평가받고 있습니다.

아우구스티누스의 영성은 끝없이 진리를 추구하는 구도자의 영성이라고 말할 수 있습니다. 그가 간절히 추구했던 진리의 핵심은 하나님과 인간의 영혼의 실상에 관한 것이었습니다. 그는 인간의 영혼도 하나님의 실재처럼 신비하고 무한한 깊이를 지닌 심연(abyss)으로 보았습니다. 왜냐하면 인간은 바로 '하나님의 형상'(Imago Dei)대로 지음 받았기 때문이라는 것입니다. 그러므로 하나님을 아는 일과 인간 영혼의 실상을 아는 일은 별개의 일이 아니며, 인간의 영혼이 맑게 정화되어서 하나님의 형상이 회복될 때 비로소 인간은 하나님을 바로 볼 수 있으며 또한 그분과의 연합이 가능하다고 했습니다.

그가 세웠던 수도원의 면모를 보여주는 타가스테 형제단의 일과를 살펴봅시다.

타가스테 형제단의 일과(regulations)
- 무엇보다도 하나님을 사랑하고 네 이웃을 사랑하라.
- 기도와 시편 낭독
이른 아침에 시편 62편, 5편, 89편을 낭독
오전 10시에 시편 한 편을 교독하고 교창 두 편 낭독, 폐회기도
정오와 오후 6시에도 같은 것을 하고 저녁 등불을 켤 때 시편 한 편을 교독하고, 교창 4편과 시편 한 편을 교독하고 독경, 폐회기도
등불을 켠 후 편리할 때 모두 앉아서 성경을 읽고 자기 전에 일정한 시편 낭독
- 아침부터 정오까지 노동하고, 정오에서 오후 3시까지 휴식하면서 독경, 3시에 독서, 그 후 식사하고 밭일이든지 그 밖에 필요한 일을 저녁 등불 켤 때까지 한다.

- 옷이나 그 밖의 어떤 것도 개인 소유물이 될 수 없다.
- 불평하면서 일을 하지 말라.
- 충성스럽게 복종하고 하나님 다음으로 원장을 높이고 거룩한 사람답게 윗사람을 존경하라.
- 식탁에 앉았을 때는 조용히 하고 성경 낭독에 귀기울이며, 만일 어떤 필요한 일이 생기면 지도자가 돌볼 것이며, 모두 합의하면 토요일과 일요일에 술을 마신다.
- 수도원에 필요한 일이 생기면 형제 두 명을 짝지어 보낸다. 긴급한 일로 허락받지 않고는 수도원 밖에서 먹거나 마시지 못한다. 만일 수도원의 생산물을 팔기 위하여 내보내면 지시받은 일에 어긋나지 않게 할 것. 하나님의 종들임을 명심하고 수도원의 필수품을 살 때는 양심적으로 신실하게 매매에 임한다.
- 부질없는 담화를 하지 않는다. 영혼에 도움이 되는 이야기 외의 것을 서로 말하지 않는다. 일자리에 앉으면 침묵한다. 다만 그 일과에 관련된 말만 한다.
- 이 모든 규정을 준수하지 않아서 한두 번 경고를 받고도 고치지 않으면 수도원의 기강에 따라 견책을 받되 나이가 매를 맞아도 상관없을 때에는 매를 맞는다.
- 진심과 경건을 가지고 주님의 이름으로 이 규정들을 지키면 구원의 기쁨을 맛볼 것이다. 아멘.

18) 히에로니무스(Hieronymus, 342년경-419)

히에로니무스는 고대 서방교회의 위대한 신학자로 평가받는 서방교회의 4대 교부 중 한 사람으로 암브로시우스, 아우구스티누스, 대 그레고리우스와 함께 널리 알려져 있습니다. 그는 라틴어, 그리스어, 히브리어를 자유자재로 구사할 수 있었던 교부로서 라틴어로 '일상적', '대중적'이란 뜻을 가진 벌게이트(Vulgata)라는 구약성경의 라틴어 번역본을 20여 년에 걸쳐 완성하였는데, 이는 그의 가장 위대한 업적으로 평가됩니다. 영어식 이름 '제롬'으로 많이 알려져 있는 그는 사제보다는 수도자로서의 삶을 추구했고, 베들레헴의 수도원에서 마지막까지 사역하다가 그곳에서 생을 마감했습니다.

342년경 달마티아(슬로베니아)의 스트리도니아 지방에서 태어난 그는 12세 때 로마로 가서 문법과 수사학과 고전 라틴 문학을 공부했는데, 이때 루피누스를 만나 후일 그와 함께 오리게네스의 작품을 라틴어로 번역할 정도의 실력을 갖추었습니다.

370년경에 고향으로 돌아온 그는 발레리아누스 주교의 지도로 수도원생활을 하면서 터툴리아누스, 키프리아누스, 힐라리우스 등 라틴 교부들의 책들을 읽었습니다. 칼치스 사막으로 들어가 은수자들과 함께 생활하기도 했습니다. 그곳에 머무는 동안 은수자들 사이에 아리우스 이단문제로 대립과 갈등이 일어나자 안디옥으로 떠나갔고, 그곳에서 당대 최고의 주석가였던 라오디게아의 아폴리나리우스로부터 성경 강의를 들으면서 성경 주석법을 배우고 그리스어를 공부했습니다. 379년에는 안디옥의 바올리누스로부터 사제직을 받았습니다.

380년에는 콘스탄티노플의 총대주교 나지안주스의 그레고리우스로부터 성경 강의를 듣고 오리게네스의 성경 주석법에 흥미를 갖고 오리게네스의 작품들을 그리스어에서 라틴어로 번역하면서 니사의 그레고리우스 주교와 교류했습니다. 382년 로마 순례를 갔다가 교황 다마소의 비서가 되었으며, 히브리어와 그리스어로 되어 있는 신·구약성경을 라틴어로 번역하는 작업을 시작하게 되었습니다. 그리스어, 히브리어, 아라메아어 등 성경과 관련된 언어에 능통했던 히에로니무스는 교황 사후에 예루살렘으로 가서 직접 신약성경을 번역했습니다.

히에로니무스는 성경의 중요성을 강조했습니다.

"성경을 사랑하십시오. 그러면 성경이 여러분을 보호해 줄 것입니다. 성경을 흠모하십시오. 그러면 성경이 여러분을 감싸 줄 것입니다"(편지 130:20).

그는 최초로 성경의 무오성과 마리아의 평생 동정성을 주장하면서, 남자들도 여자들처럼 순결을 지켜야 한다고 강조했습니다. 펠라기우스주의자들을 논박했고, 콘스탄티아의 에피파니우스와 예루살렘의 요한 사이에 벌어진 오리게네스 신학논쟁의 와중에 오리게네스의 작품들을 라틴어로 번역하는 데 열정을 쏟기도 하고, 오랜 친구 루피누스와 영원히 등지기도 했습니다. 최초의 수도 규칙서인 《파코미우스 규칙》과 서신 등을 라틴어로 번역한 그는 베들레헴 수도원에서 수도자들에게 정기적으로 강의도 했습니다. 그곳에서 성경번역과 저술활동에 전념하면서도 남녀 수도자들을 지도하면서 수도원생활에 전념했습니다.

410년 로마가 함락되었다는 소식을 접하고 "전 세계를 사로잡았던 로마여 이제는 사로잡힌 신세가 되었구나"라고 탄식했다고 전해집니다. 펠라기우스주의자들의 난동과 방화로 베들레헴의 수도원이 위험에 처하기도 했으나 간신히 피신하였고 그 후 베들레헴의 수도원에서 세상을 떠났습니다.

그의 영성을 보여주는 자료를 여기에 간단히 소개합니다. 그가 로마의 귀부인 유스토키움에게 보낸 서신을 통해 볼 때 파울라와 그의 딸 유스토키움과의 영적 동반자 관계는 그의 생애 마지막까지 계속된 것으로 확인됩니다. 친구 루피누스와의 우정조차 오리게네스 논쟁으로 막을 내렸지만 여성을 가장 혐오했던 교부 중 하나인 그가 여성만을 평생의 친구로 삼을 수 있었던 것은 아이러니하기도 합니다.

6-6 인간의 감각은 내적 정욕에 의해 공격받는 것을 피할 수 없습니다. 그런 생각이 떠오르자마자 상상을 질식시키고 바위에다 메어치는 사람은 칭찬받고 복된 자라 불릴 것입니다.

7-1 수도자의 조야한 거처를 감내하고 있을 때 얼마나 자주 로마의 환락에 빠져 있는 나 자신에 대해서 생각했던가? 나는 매일 신음하고 울었습니다. 잠이 쏟아져 견디기 어려울 때엔 맨땅에서 가련한 뼈를 고문했습니다.

7-2 병든 자라도 찬물과 함께 요리된 음식을 먹는 것은 사치이기 때문에……나의 육은 죽은 자와 같았지만 정욕의 불은 내 안에서 계속 끓어올랐습니다.

7-3 ……육신이 반항할 때면 몇 주간의 금식으로 육을 복종시켰습니다……나 자신에 화가 나고 긴장이 되어서 나는 홀로 사막으로 들어가곤 하였습니다.

8-2 포도주는 마귀가 젊은이에게 사용하는 첫 번째 무기입니다. 포도주와 젊음은 쾌락의 불을 이중으로 타오르게 합니다. 불타오르는 가엾은 몸에 왜 기름을 뿌리겠습니까?

10-2 첫 인간이 하나님께 복종하기보다 배에 복종함으로 낙원에서 쫓겨났습니다. 포식 때문에 낙원에서 쫓겨난 자들은 절제를 통해 되돌아올 수 있음을 명심해야 합니다.

16-3 존경 받아야 할 성직자들조차 여주인의 이마에 입맞춤합니다. 음식을 절제하고 식사가 배부르지 않도록 하십시오. 음식에 배부르면 정신이 나태하게 되며 물 댄 땅에서는 욕망의 가시가 자랍니다.

20-3 동정성에 대한 주님의 명령이 왜 없을까요? 그것은 억지로 하는 것보다 자발적으로 하는 것이 더 값지기 때문입니다.

27-1 또한 조심해서 피할 것이 있는데 그것은 헛된 영광에 대한 동경입니다.

28-4 귀부인들의 이름과 집과 습관을 알기 위해서 모든 관심과 삶 전

체를 바치는 사제들이 있습니다.

2. 중세의 영성가들

1) 클레르보의 버나드(Bernard of Clairvaux, 1090-1153)

클레르보의 수도원장인 버나드는 백작 가문에서 태어났으며 23세에 시토회 수도회에 가입하였습니다. 그는 그가 속해 있던 시토 수도원의 개혁자요 영성가이며 보수적 신학자로 알려져 있는 인물입니다. 그는 어머니의 영향을 받아 세상의 헛된 영광을 포기하고 그리스도와 더불어 살아가는 가난한 삶에 관심을 가졌고, 자신의 모든 시간을 하나님의 사랑에 대한 명상으로 보내기를 원하였습니다.

특히 그리스도의 인성에 계시된 하나님의 사랑을 강조하였습니다. 그는 인간의 존재이유에 대해 하나님을 사랑하는 것이라고 할 만큼 사랑을 강조하였고, 그리스도와 합일(合一)을 강조하는 그리스도 신비주의자이기도 했습니다.

버나드는 하나님께 대한 지식이란 가난과 단순함과 고독 속에서 하나님께 헌신할 때 얻어진다고 하였습니다. 그는 건강을 잃을 정도로 수련에 열중하였고, 학식과 감화력이 뛰어나 교황추대를 요청받을 정도였으나 모든 직책을 사절하고 수도사의 길을 걸었습니다.

특히 영혼의 기능에 대해서 영혼은 기억, 이해, 의지의 기능을 한다고 주장하였습니다. 안셀름의 "나는 이해하기 위해 믿는다"는 명제에 대하여 그는 "나는 경험하기 위해 믿는다"라고 하였습니다. 그는 철학적 방법에 의한 교육보다 성령에 의한 교육을 강조하였던 것입니다. 영성훈련의 방법론에서는 명상을 통한 영성훈련, 독서를 통한 영성훈련, 하나님을 향한 갈망을 통한 영성훈련, 기도를 통한 영성훈련을 제시하였습니다.

그의 영성은 단테, 루터, 파스칼, 존 오웬, 리처드 백스터, 토머스 머튼 등에게 영향을 준 것으로 알려져 있습니다. 교회 역사가들은 그를 기독교 신비주의 전통의 시작으로 평가하기도 합니다. 버나드 이후 중세는 기독교 신비주의의 황금시대로 불리는데 그 중심에 버나드가 자리를 잡고 있습니다.

2) 도미니크(Dominic, 1170-1221)

수도원들이 교회의 관할에 들어가고 나서 교황청의 어용기관으로 전락하고 귀족적인 집단으로 기울어지려 할 때 신앙의 순수성을 찾고자 하는 운동이 일어났는데 그것이 13세기에 일어난 '걸식단' 또는 '탁발승단'이라고 하는 신앙운동이었습니다. 이 운동에 참여한 사람들은 수도원이나 교단을 떠나서는 안 된다는 기존의 규율을 버리고 교회 밖으로 나가서 적극적으로 사랑과 봉사를 실천하고자 했습니다.

도미니크는 종교적 초월과 내면세계에 대한 동경과 더불어 도덕적 삶의 변화를 추구하였습니다. 즉, 하나님 체험을 통해 도덕적 완성을 추구하였던 것입니다. 카타리파의 전성시대에 그는 카타리파보다 더 청빈하고 금욕적이지 않으면 그들을 교회로 인도할 수 없다고 했을 정도였습니다. 이들은 개인적으로뿐만 아니라 단체로서도 철저하게 청빈을 추구했습니다.

특히 설교사역의 중요성을 강조하였습니다. 그들의 설교영성의 강조점은 공동체적이며 교의적이고 긍정적이며 그리스도 중심적이며 예언적인 것이어야 한다고 했습니다. 도미니크파는 프랜시스와 추구한 방향이 같다고 할 수 있는데, 이들의 공통점은 묵상보다는 활동을, 의식보다는 설교를 중시하였고, 안일과 향락보다는 금욕과 봉사를 추구하였다는 점입니다.

3) 프랜시스(Francesco, 1182-1226)

13세기 유럽은 농경문화에서 도시문화로 변화해 나가는 시기였습니다. 교권적 신앙의 황금시대라 할 수 있는 이 시기에 프랜시스(프란치스코)는 부유한 집안의 아들로 자랐고, 청년기에는 세속적 행복을 추구했습니다. 그는 중병으로 인해 기도하던 중 하나님의 음성을 듣게 되었다고 합니다.

"가서 허물어져 가는 나의 집을 고쳐라!"

세속의 꿈을 접고 아버지의 상속권까지도 포기하고 그리스도를 위한 '피에로'로 살기를 꿈꾸었습니다. 그는 그를 따르는 이들과 작은 형제단을 결성하여 기성 교회의 조롱과 핍박을 받으면서도 청빈과 정결, 기도와 순종을 추구하였습니다. 특히 전원생활에서의 청빈과 순종과 복종을 지향하기보다 도시에서의 탁발(托鉢), 봉사, 섬김의 삶을 강조하였습니다.

프랜시스는 잦은 질병에도 불구하고 일평생 예수 그리스도를 닮은 삶을 추구하였습니다. 예수 그리스도 고난과 가난(청빈)을 소중한 가치로 여기고, 주님의 교훈에 순종하며 그의 발자취를 따르고자 했습니다. 절대순종을 강조함으로써 권력에 함몰되어 가는 교회를 각성시켰습니다.

그리스도의 고난을 묵상 중 손과 옆구리에 오상을 체험하기도 했다고 합니다. 아시시에 작은 형제회를 만들었고, 클라라 중심의 여자 수도원을 창설했으며, 훗날 프란치스코 교단 수도회를 창설하였습니다. 탁발승단은 프랜시스의 작은 형제단이 그 대표적인 사례입니다.

이들은 절대사랑을 추구하며 대가를 받지 않고 빈농을 도와주며 병자들을 치료해 주었습니다. 특히 성직자와 수도사라는 직책을 우월하게 여기지 않았고 일반 백성과 구별하지 않았습니다. 종신서약을 해야 하는 수도원생활보다는 일상적인 삶으로서의 신앙을 추구하였습니다.

이 시기의 도미니크파는 수도원의 전통을 지속해 나갔습니다. 특히 왈도파의 신앙회복운동은 예수 그리스도의 가르침을 그대로 따르고자 하는 것이었고, 당시의 제도적 교회에 대해서는 비판적이었습니다. 그들은 청빈과 성경읽기, 순회전도에 전력하였습니다. 우리는 여기서 종교개혁의 싹을 발견할 수 있습니다.

4) 이그나티우스 로욜라(Ignatius de Loyola, 1491-1556)

로욜라는 스페인 바스크 귀족 가문의 기사이자 가톨릭 교회의 은수자, 사제, 신학자이며 예수회의 창립자이자 초대 총장이기도 합니다. 로욜라는 기독교 영성을 기도와 밀접한 것으로 규정하고 하나님 체험을 강조하면서도 일상에서 신앙체험을 구체화해야 할 것을 강조하였습니다.

초월적인 하나님보다 만물을 새롭게 하시며 우주와 만물과 인간을 통해 활동하시는 내재적인 하나님을 강조하였습니다. 서방 영성의 전통이라고 할 수 있는 하나님의 내재적 활동, 하나님과의 연합, 사랑과 봉사의 삶을 지향했던 그는 현대 가톨릭 영성에 많은 영향을 주었습니다. 예수회는 오늘날까지도 로욜라의 전통을 계승하고 있습니다.

5) 십자가의 요한(John of the Cross, 1542-1591)

16세기 스페인의 신비가로 알려진 요한은 가난한 어린 시절을 보냈으며, 어릴 적의 경험을 바탕으로 남자 간호사로 병원사역에 힘을 기울이며 일했습니다. 안나 수도원에서 금욕, 단식, 철야, 고행, 기도 등 수련과정을 거쳐 온유하고 동정심 많은 수도사의 일생을 살았습니다. 그는 신의 부재를 느낄 때 겪는 고통을 '영혼의 어두운 밤'이라 규정하였습니다.

요한은 아빌라의 테레사와 함께 엄격한 규율로 잘 알려진 가르멜 수도원을 세웠습니다. 그는 고요한 묵상을 통한 기도와 하나님의 임재 안에서 신비적 연합을 경험하고 친밀한 관계를 유지하며 성화를 추구하고자 하였습니다. 그는 이것을 그리스도인이 추구해야 할 완전한 삶의 모델로 보았기 때문입니다. 그의 개인적 완성 추구는 제도적 교회의 반작용을 초래하기도 했습니다. 그의 저술로는 《갈멜산에 오름》, 《영혼의 어두운 밤》 등이 있습니다.

그와 함께 사역한 아빌라의 테레사(Teresa of Avila, 1515-1582)는 예수의 테레사로도 불리는데, 영적 성향이 비슷하지만 환시나 성흔(聖痕) 같은 신비체험을 많이 하였으며 그것들을 귀하게 여겼습니다. 하나님만으로 만족하는 삶을 추구했습니다. 이러한 경향은 권력 추구에 여념이 없던 제도권 교회의 반작용으로도 해석할 수 있을 것입니다. 그는 십자가의 요한과 함께 가르멜 수도원을 창설하였고, 15개 남자 수도원, 17개 여자수도원을 창설한 것으로 알려져 있습니다.

3. 근대의 영성가들

1) 마틴 루터(Martin Luther, 1483-1546)

"하나님은 용서하시고 은혜 베푸시는 하나님이시다. 그분께 나아가는 데 필요한 것은 오직 믿음뿐이다."

중세를 지나 근대로 진입하는 과정에서 루터의 메시지와 저술은 지대한 영향을 끼쳤습니다. 1505년 루터는 아우구스티누스 수도회에 들어갔고, 1517년 10월 31일 비텐베르크 성당에 95개 조항의 반박문을 내걸며 개혁을 시도하였다가 교황 모독죄로 고발을 당하고, 로마 가톨릭과의 논쟁으로 파문을 당하였습니다. 생명의 위협을 당하는 상황에서도 그는 성경을 통한 깨달음을 굽히지 않았고, 스콜라 신학을 강력하게 반대하였습니다.

그의 주장은 교회 중심에서 성경 중심의 신앙을 확립해 나가는 시발점이 되었습니다. 그의 이신칭의, 만인제사장론, 소명론, 성경 중심의 교리와 신앙, 찬송은 개신교에 큰 영향을 주었습니다. 성만찬의 공재설, 죄의 고백, 성상의 사용 등은 종교개혁의 미진한 부분으로 이해할 수 있을 것입니다.

그는 신자와 그리스도의 연합을 결혼으로 본 버나드의 신비적 전통을 받아들이면서 우리 안에 계신 그리스도는 금욕이나 묵상의 결과가 아니라 말씀과 결속되어 있음을 강조했습니다. 그는 믿음은 순수한 기도라고 하였고, 기도해야 할 이유에 대해서 기도는 하나님이 원하시는 바이며 응답에 대한 약속이 있고 성화의 과정에서 마귀와 세상과 육을 대면했을 때 기도하는 것보다 더 절실한 것은 없기 때문이라고 했습니다.

그는 기도의 방식으로 십계명을 사용할 것을 권하였습니다. 첫째,

계명을 통해 하나님께서 원하시는 바를 생각하고 둘째, 감사하고 셋째, 죄를 고백하고 넷째, 기도하라는 것입니다.

그는 세상을 마귀와 악한 정욕들이 지배하는 곳으로 규정하고, 이 세상에서는 항상 이것들과의 싸움이 계속될 수밖에 없기 때문에 이 세상에 정착하려고 해서는 안 된다고 하였습니다. 그는 그리스도인의 삶을 어느 여관에 묵고 있는 환영받지 못하는 손님으로 보았던 것입니다.

2) 존 칼빈(John calvin, 1509-1564)

칼빈은 종교개혁자이자 신학자이며 성경주석가입니다. 또한 개혁주의 교회의 기초를 놓은 목회자요 설교자였습니다. 그는 불후의 명작 《기독교강요》를 통해서 그의 신학을 분명하게 피력하였습니다. 그리고 걸어 다니는 종합병원이라 할 만큼 연약한 몸을 가졌지만 제네바에서의 20년 목회사역을 통해 그의 이론을 실천에 옮기고자 하였습니다.

종교개혁은 성경에 대한 재발견이었습니다. 교황의 칙령이나 교회의 회칙, 수도원 규칙이 아니라 성경 중심의 신앙을 추구하고자 했습니다. 초대교회로 돌아가자는 교회 원형으로의 복귀운동이었습니다. 사람들은 칼빈을 조직신학자로 이해하기를 좋아합니다. 아마 불후의 명작인 《기독교강요》의 영향일 것입니다. 그렇지만 그는 하나님과의 만남을 통한 은총의 체험을 중요하게 여겼으며, '그리스도와의 연합'이라는 신비를 소중하게 여겼습니다. 예정론과 튤립(Tulip)으로 표현되는 그의 5대 교리 외에도 그는 하나님의 주권을 말하였고, 인간을 복합적이고 신비적인 존재로 이해하였습니다.

그는 금식을 중요하게 인식하면서도 정상적인 식생활을 더 강조하였습니다. 독신생활보다는 일상적인 가정생활을 더 강조하였습니다.

하나님의 초월성과 인간의 전적 의존성을 말하면서도 하나님 체험이 가능하다고 보았습니다. 그러나 하나님을 완전하게 아는 것은 불가능하다고 보았습니다.

교회를 가시적 교회와 불가시적 교회로 보았고, 교회질서를 위해 권징의 필요성을 강조하였습니다. 그가 개혁을 시도했던 분야에 대해 간단히 살펴보면 다음과 같습니다.

첫째, 신조를 작성하여 바른 노선과 신앙의 순수성을 추구하였습니다.

둘째, 엄격한 권징조례를 만들어 교회의 질서와 신앙의 순결을 유지하고자 하였습니다.

셋째, 예배는 엄숙과 경건과 은혜를 추구하였습니다. 찬송은 시편에 곡을 붙여 사용하였습니다. 가톨릭 미사의 전통적 형식을 버리고, 초대교회의 방식을 선호했습니다.

넷째, 가톨릭 교회의 잔재를 우상숭배의 흔적과 배격되어야 할 거짓 교회의 유물로 보고, 이러한 요소들을 제거하기 위해 초상화, 장식물 등을 제거하고 설교가 예배의 중심이 되게 하였습니다.

다섯째, 유형교회와 무형교회를 구분하였습니다. 그렇지만 이 두 가지 요소를 불가분의 관계로 보았으며 유형교회를 떠나서 정상적인 구원의 방법을 찾을 수 없다고 하였습니다.

여섯째, 성례전을 중시하였으며 유아세례를 인정하고 성례전에서 비성경적 요소를 제거하고자 간소화하였습니다.

일곱째, 교회의 정치세력으로부터의 독립을 위해 노력하였습니다. 로마 교황청의 교황수위권을 부정하고, 성경의 원형에 따라 교회의 직분을 목사, 교사, 장로, 집사로 규정하였습니다.

여덟째, 교회의 기본 사역을 말씀 전파와 예배와 성례, 교육, 권징의 시행, 병자와 빈자를 위한 봉사로 보았습니다. 경건생활을 위해서 사치, 도박, 댄스, 연극, 속된 오락과 농담 등 불경건한 언행까지도 금하였습니다. 신자로서 신앙고백뿐만 아니라 일정한 도덕수준을 요구했던 것입니다.

3) 조나단 에드워즈(Jonathan Edwards, 1703-1758)

조나단 에드워즈는 18세기 미국의 대각성운동을 이끈 선구자로서 대단한 열정의 설교자로 평가받습니다. 그는 전형적인 청교도 설교자이면서도 신앙체험을 중시하였습니다. 그는 성령의 조명을 초자연적인 빛으로 해석하고, 그것이 주는 유익에 대해 인간이 그 빛을 받을 때 참된 행복과 만족과 평안을 얻게 되며, 이 지식이야말로 달콤하고 기쁜 것이라고 했습니다. 이것은 인간을 변화시키는 능력이 있어 이 빛이 비칠 때 비로소 사람의 성품이 변화된다고 보았으며, 성화의 비결은 이 신적 조명을 받는 데 있다고 하였습니다.

신적 조명에 대한 에드워즈의 강조는 그의 깊은 영성의 표현으로 신비주의적으로 비칠 수도 있겠으나 사변적, 관념적 지식이나 계시의 객관성만으로 만족하지 않고, 개개인이 그 계시를 내면적으로 깨닫는 주관적 차원을 강조한 것은 청교도 신학의 특징 중 하나라고 하겠습니다. 곧 마음눈이 열려야 하나님의 말씀과 복음의 진리를 확실히 이해하고 믿을 수 있다는 것입니다. 그렇다고 감정적, 영적 체험만 강조하고 교육이나 지성, 신학은 별로 중요하지 않다고 하는 반지성주의자는 아니었습니다. 반(反)지성주의는 이성주의만큼이나 복음과 기독교에 해를 끼쳤다고 할 수 있을 것입니다.

근대의 영성가들을 꼽자면 "세계는 나의 교구"라고 외쳤던 존 웨슬리(John Wesley, 1703-1791)와 인류애의 사도로 칭송받는 윌리엄 부스(William Booth), 고아들의 아버지였던 조지 뮬러(George Muller, 1805-

1898), 위대한 전도자 무디(Dwight L. Moody, 1837-1899), 설교의 황태자로 불리는 스펄전(Charles Haddon Spurgeon, 1834-1892) 등이 있을 것입니다.

그 외에도 수많은 청교도 지도자들로부터 시작해서 선교와 부흥, 교육과 복지(봉사)에 일생을 헌신했던 많은 분들이 있습니다. 국내에도 타국에 와서 뼈를 묻고자 선교의 열정을 불태웠던 선교사들과 선교 1-4세대에 이르면서 잘 알려져 있지 않지만 예수 그리스도를 위해 위대한 영성을 보여준 사역자들이 많이 있습니다.

현대는 위대한 영웅이 없는 시대입니다. 아직도 루터나 칼빈이나 웨슬리의 그늘에 있고자 하는 사람들이 많아서도 그러하지만 영웅을 인정하지 않으려는 시대에 살고 있기 때문입니다. 그렇지만 세계 각처에서 이름도 없이 빛도 없이 봉사의 영성으로, 선교의 영성으로 헌신하는 영웅들은 적지 않습니다. 이들에게 박수를 보냅니다. 여기에서는 근대를 지나 현대에 가장 큰 영향력을 끼친 영성가 중 한 사람으로 '마더 테레사'로 알려진 테레사를 소개하고자 합니다.

4) 테레사(Agnes Gonxha Bojaxhiu, Theresa, 1910-1997)

테레사는 18세에 기도 중에 수도생활이 그의 소명임을 깨닫고 부르심에 대해 확신을 갖게 되어 더블린에 있는 로레토 성모 수녀회에 입회했습니다. 그곳 수녀들이 인도에서의 봉사에 힘쓰고 있었기 때문이었습니다. 그는 1931년 5월 24일 서원을 하면서 테레사라는 이름을 택했으며, 그 후 7년간 캘커타의 성 마리아 고등학교에서 지리와 역사교사로 시작하여 그 학교의 교장직을 맡게 되었습니다.

그가 새로운 소명을 통해 가난한 자들에게 다가서게 되었고, 그가 시작한 사랑의 선교회를 통한 선행과 활동이 세계적으로 인정받으면서 1962년에는 인도 정부가 수여하는 상을 받았고, 시토(SEATO) 국가들이 수여하는 막사이사이 상을 받았습니다. 미국에서 착한 사마리아인 상을 받았고, 영국에서 템플턴 상을 받았습니다. 1979년에는 노벨 평화상을 받았습니다. 그 후 사랑의 선교회는 크게 성장을 거듭하는 세계적인 구호기관이 되었습니다. 그녀의 수상 소감을 들어봅시다.

"상을 받을 때나 받지 않을 때나 저는 똑같습니다. 그리고 그 상을 받을 만한 자격이 제겐 없습니다. 그런데도 기꺼이 상을 받아들인 것은 가난한 사람들과 나환자들에게 상당한 의미가 있다고 생각했기 때문입니다. 저는 이러한 상이 사랑의 선교사들이 가장 가난한 사람들 속에서 일하는 것을 사람들이 더욱 선의로 바라 볼 수 있도록 크게 돕는다고 생각합니다."

1991년에는 중동의 걸프 전쟁을 중지시키기 위해서 두 나라 정상에게 호소하여 성과를 거두었습니다. 1997년 9월 5일, 그는 가난한 이들의 영적 어머니로서의 생을 마치고 87세로 이 세상을 떠났습니다. 당시 사랑의 집은 566개소나 되었고, 전 세계에서 운영하는 이 구호시설에서 일하는 동역자들이 4,000명을 넘었다고 알려져 있습니다.

테레사의 영성은 마태복음 25장 35-40절의 말씀에 따라 가난한 사람들에게 봉사한다는 것이었습니다. 테레사는 가난을 두 가지로 구분하였는데, 물질적 가난과 영적 가난이 그것입니다. 물질적 가난은 의식주를 위한 생활용품들의 결핍을 말하는 것이고, 영적 가난으로서 소외감, 고독, 이기주의, 윤리의식의 결여, 애정 결핍, 무엇보다 하나님께 대한 사랑의 결여를 꼽았습니다.

특히 물질적인 것은 쉽게 해결될 수 있는 것이지만 영적 가난은 해결되기 어려운 것이며, 개인과 가정 그리고 사회를 병들게 하고 황폐케 하는 것으로 보았습니다. 흔히 가난을 먹고 입고 생활하는 데서 찾지만 그는 훨씬 더 큰 가난이 있는데 그것은 사랑 받지 못하고 있다고 느끼는 가난, 애정과 사랑에서 제외되었다고 느끼는 가난(소외감)이며, 가깝다고 여길 만한 사람이 아무도 없는 가난(외로움)이라고 했습니다.

그에 의하면 배고픈 사람에게 밥 한 그릇을 주거나 집 없는 사람에게 잠자리를 제공하는 것은 쉽고 그것으로 만족시켜 줄 수 있지만 버려짐, 애정 결핍 등 영적인 탈진에서 오는 쓰라린 분노와 외로움을 없애 주거나 위로하는 것은 쉽지 않다고 했습니다. 그는 그들의 사역이 멀리 있는 사람들에게 큰일을 해주는 것이 아니고 가장 가까이 있는 사람들에게 관심을 가지며 작은 일로 봉사하는 일이라 하였습니다. 또 물질적 가난은 모두가 함께 가난을 나눌 때 해결이 가능하고, 물질적 가난은 영적 가난이 해결될 때 자연히 풀릴 수 있다고 했습니다.

테레사의 사역은 '지극히 작은 자 하나에게 한 일을 곧 나에게 한 일'로 인정하시는 주님의 말씀에 따라 길바닥에 쓰러져 죽어 가는 이들을 데려다가 사랑을 체험하며 임종할 수 있도록 돕는 일로부터 시작되었습니다. 그녀의 이러한 선행은 많은 사람들의 심금을 울리며 사랑의 기적을 이루었고, 오늘날도 설립자의 근본정신에 따라 가장 가난한 이들을 위한 봉사가 지속되고 있습니다.

"우리의 사업을 국가가 보장해 주지 않습니다. 교회의 어떤 원조도 받지 않습니다. 우리는 급료도 받지 않으며 대여세도, 은행에 계좌도 어떠한 경제적인 고정 수입도 없습니다……그러나 언제나 의지할 데가 있습니다……꽃이나 새나 들의 풀보다 소중하다고 하신 하나님의 말씀을 신뢰하는 것입니다."

그는 사랑의 봉사가 곧 선교라는 영성적 깨달음으로 수도원이 아니라 거리에서 버림받은 이들 속에서 예수님을 만나는 일상의 관상가였고, 함께 일하는 자매들이 가장 가난하고 고통당하는 이들 안에서 예수님을 보고 만나며 사랑을 실천하는 일상의 관상가들이 되도록 가르쳤습니다. 한센병 환자들에게는 그들의 질병은 결코 죄의 결과가 아니고 하나님의 선물이며 하나님은 특별한 애정으로 그들을 사랑하고 계시다고 격려했다고 합니다.

테레사가 거의 죽어 가고 있던 한 사람을 임종자의 집에 옮겨 간호해 주었는데, 그는 이러한 말을 남겼다고 전해집니다.

"나는 길거리에서 동물처럼 살았어요. 그런데 이토록 관심 속에서 사랑을 받으며 천사처럼 죽을 수 있게 되었군요. 나는 이제 하나님의 집으로 갑니다."

테레사는 사랑의 실천만이 가장 효과적인 선교라고 여겼습니다. 가장 가난한 이들에게 실천하는 사랑의 봉사 그 자체가 선교라는 것입니다. 이 일을 위해 나눔 없이는 평화가 없다고 하며 사랑의 나눔을 강조하였습니다. 사랑의 실천이 어떤 결과를 가져왔는지에 대한 그의 고백입니다.

"우리에게 중요한 것은 여러 가지 행위가 아니고 오히려 행동에 옮기는 사랑입니다. 이것은 하느님께 대한 우리의 사랑입니다……우리가 초대받은 나라 예멘에는 그리스도교 신앙 금지 800년 만에 우리 자매들의 현존이 그 백성의 생활 안에 새로운 빛을 밝혀 주었습니다. 그러므로 이슬람 통치자는 로마에 이렇게 써 보냈습니다. 수녀님들이 여기서 얼마나 놀라운 일을 하고 있는지 아십니까? 그들은 굶주린 그리스도에게 먹을 것을 주고 헐벗은 그리스도에게 옷을 입히며 버림받은 그리스도를 맞아 줍니다."

제5장 영성 회복과 영성 훈련

1. 영성 회복

영성에 대한 정의는 다양합니다. 그렇지만 영성에 대한 공통점은 영성은 곧 그리스도 안에서 삶의 변화를 추구한다는 것입니다. 죄로 물든 인간이 삼위일체 하나님의 은혜와 능력으로 변화되어 거듭난 새사람으로서 하나님의 뜻을 따라 살아가는 것입니다.

그러므로 영성 회복이란 하나님을 떠났던 인생이 하나님께로 돌아와 하나님의 형상을 회복하는 것이며, 영적 질병에서 벗어나 성령의 감화로 변화된 새사람이 되어서 그리스도의 장성한 분량이 충만한 데까지 이르는 것이라고 할 수 있습니다.

현대 그리스도인들은 영성 회복이 매우 필요한 시대를 살아가고 있습니다. 그 필요성에 대해서 공감하지 않을 사람은 거의 없을 것입니다. 현대사회는 황금만능주의와 이기주의로 가득한 무한경쟁사회로 심지어 종교계까지도 부패와 타락이 극심하여 온 땅에 죄악이 가득하고 모든 사람이 죄의 영향력 아래 있기 때문입니다.

또한 고장난 자본주의는 통제불능상태에 있고, 법이나 제도로도 통제할 수 없는 인간의 탐욕은 사회의 양극화를 심화시키고 있으며, 비상식적 종말론 이해에서 출발하는 불건전한 신비주의와 이단 사이비와 신흥종교는 종교를 이용한 인간 영혼의 사냥꾼이 되어서 사회

안전망을 위협하고 있기 때문입니다.

기독교는 신비적인 종교이기에 신비적 요소 그 자체를 터부시하지 않습니다. 하나님과의 합일(연합)과 사랑의 완성을 추구하는 신비주의를 배격하는 것도 아닙니다. 문제는 종교라는 이름으로 개인의 야망과 탐욕을 추구하고 있고, 신자들을 현실 도피적이며 비도덕적이고 반사회적인 신비주의자들로 몰고 가기 때문입니다.

영성 회복은 예수 그리스도를 본받기 위한 필연적 사역입니다. 육에 속한 사람이 아니라 영에 속한 사람으로 살아가도록, 옛 사람은 죽고 새사람으로 살아가기 위한 훈련입니다.

일반 영성은 인본주의 정신과 사상과 교훈을 전수하고자 하나 기독교 영성 훈련은 예수 그리스도 안에서 진리를 따르는 하나님과의 바른 인격적 삶을 추구하고 그의 사랑을 본받아 사랑을 실천하며 살아가기 위해서 필요하기 때문입니다. 삶 속에서의 죄는 하나님께 불순종하는 개인의 행동이자 인류를 병들게 하는 하나의 상태입니다(롬 3:9-18).

헤이니 아놀드(A. Haney)는 《죄된 사고로부터의 자유》(Freedom from Sinful Thoughts)라는 그의 책에서 "인간은 이 죄의 뿌리 깊은 습관의 노예가 되어 있다. 이 죄 문제 해결에 있어서 자기 의지로 자신을 구할 수 있다고 생각하는 한 우리는 우리 속의 악의 세력을 더 강하게 할 뿐이다"라고 하였습니다.

영성 회복을 위해서 영적 지도자는 영적 안내자로서 신자들이 하나님의 부르심에 응답하고 인격적 만남을 지속해 나가며 은혜 속에서 성숙해 가도록 도와줄 수 있어야 합니다. 그렇게 하기 위해서는 하나님을 예배하는 삶 가운데 말씀과 교제와 기도와 봉사로써 정상적인 그리스도인의 길을 가도록 인도할 수 있어야 합니다.

그리스도 안에서 신앙과 인격이 성장해 나가는 과정에도 우여곡절이 있을 수밖에 없습니다. 그럼에도 불구하고 영적 지도자는 부모의 심정으로 해산의 수고를 회피하지 말아야 합니다(갈 4:19). 고대부터 인간들은 물질적 풍요와 안정 가운데서 쾌락을 추구하며 살았지만 참된 그리스도인들은 침묵과 고독의 길을 선택했습니다.

현대사회는 혼합주의, 다원주의, 상대주의, 인본주의로 일컬어지는 포스트 모던 사회입니다. 그리스도인들은 이러한 시대의 흐름을 파악하고 어떻게 반응하며 행동할지를 분별할 수 있는 안목이 있어야 합니다. 그렇지 않으면 진리를 따라 살기보다 죽은 물고기처럼 탁류에 휩쓸려 떠내려가거나 세상의 풍조에 따라 살면서 실패와 회개를 반복하면서 죄책감과 무력감에 빠져 허우적거릴 수밖에 없습니다.

현대 그리스도인들은 정통신학을 거부하고 이성주의에 기반을 둔 자유주의 신학이 팽배하며 문명과 과학의 이름으로 불신을 조장하는 세속사회에 살고 있습니다. 그렇기 때문에 교회조차도 세속의 영향력을 벗어나지 못하고 세상의 기준과 눈높이로 영적인 것을 판단하려는 경향이 많습니다. 초대교회가 가졌던 가치와 귀중한 유산들을 잃어버리고 영적 벌거숭이가 되어 가고 있는 모습입니다.

유진 피터슨(Eugene H. Peterson)은 이 세상을 놀이터로 비유했습니다. 영성가들은 인간사를 드라마나 연극으로 보기도 합니다. 베르디(Giuseppe Verdi)의 오페라 "팔스타프"(Falstaff)의 노랫말을 보면 세상 사람들이 하는 모든 행위를 놀이에 불과한 것이라고 했습니다. 실제 사람들의 살아가는 모습을 들여다보면 어릴 적 아이들이 소꿉장난을 하듯이 임금놀이, 전쟁놀이, 땅따먹기, 편가르기, 힘겨루기, 시장놀이 등에 여념이 없는 것을 보게 됩니다.

미래학자들조차 인류의 미래를 낙관적으로 보지 못하고 있습니다. 인류는 좌·우의 이념놀이를 하며 서로의 편을 가르고, 시장놀이로 제국주의라는 이름으로 시장 확보와 자원전쟁을 벌여 왔습니다.

성장과 발전, 개발과 생산이라는 이름으로 파헤쳐 놓은 생태계의 교란으로 인하며 지구는 몸살을 앓고 있습니다. 그렇지만 정작 가장 큰 위기는 하나님과의 관계적 위기입니다. 범죄하고 타락하게 된 원죄 이전에 선과 은총의 원복이 있었습니다. 죄가 가득한 세상에서 그 세계를 향해 탐험하는 것이 영성 생활이요 성공적인 항해를 위한 준비가 영성 훈련이라 할 수 있을 것입니다.

신자들의 모습을 들여다보면 보수신앙을 가졌으나 오만하고, 온유하기는 하나 인색하고, 믿음이 있어 보이나 탐욕과 이기주의에 찌들어 있어서 인정도 없고 인간미도 없는 사람들이 많습니다. 이러한 영적 환경에서 진정한 그리스도인들은 자신을 디자인해 나갈 뿐 아니라 주어진 사명을 다하기 위해서 영적 싸움을 계속해 나가야 하는 과제를 안고 있습니다. 이러한 과제를 효과적으로 수행해 나가기 위해서 영성 훈련이 필요합니다. 하나님은 사탄의 세력과 영향력을 방치하시거나 원천봉쇄하지 않으셨습니다. 그 이유는 구원받은 신자들이 악과 맞서 싸우며 변화해 나가기를 원하시기 때문입니다.

영적으로 강하게 되려면 영적 전쟁의 대상을 알아야 합니다. 우리의 주적은 사탄입니다(엡 6:12). 사탄은 권세(정치, 권모술수)와 능력(악을 조장함)을 이용하여 공격합니다. 사탄의 신자 개인을 향한 공격 루트는 인간의 약한 것(약점), 능욕, 궁핍, 핍박, 고난, 질병 등입니다. 사탄과의 영적 전쟁에서 중요한 것은 우리의 생각과 마음과 언어입니다. 사탄을 대적하는 것도 필요하고 동시에 악의 영향력에서 벗어나는 것도 중요합니다.

예수 그리스도의 탄생부터 죽음에 이르기까지 그림자처럼 따라다녔던 마귀는 오늘도 호시탐탐 우리를 노리고 있습니다. 때로는 우는 사자와 같이, 때로는 광명한 천사와 같이 접근합니다. 원하거나 원하지 않거나 구원받은 그리스도인은 지상에 머무는 동안 영적 전쟁을 계속해야 합니다(약 4:7).

그러므로 사탄의 정체를 알고 사탄의 전략을 알아야 합니다. 성경에서 사탄은 보좌, 주관자, 권세, 정사, 능력, 참소자, 거짓의 아비, 어둠의 세력들로 묘사되고 있습니다. 사탄은 간악하고 무자비하고 잔인합니다. 부도덕하고 추잡스러우며 비열합니다. 극악무도하고 폭력적입니다. 사람에게 두려움을 주면서도 자신의 정체를 드러내지 않으려 합니다. 인간의 문명과 종교, 관습과 사상, 필요와 탐욕을 적절하게 이용하면서 가면을 쓰고 배후에서 조종합니다. 사고를 조장하고 살인을 즐기며 인간의 판단을 혼미하게 합니다. 단언컨대 사탄은 우리들을 파괴하고 불행하게 할지언정 행복하게 하거나 평화를 줄 수 없습니다.

그러므로 사탄에게 대항하기 위해 완전무장이 필요합니다(엡 6:10-20). 세상에 취해 잠들기보다 항상 깨어 있어야 합니다(벧전 5:8). 그리스도인으로 산다는 것은 세속의 관습이나 유행을 따라 사는 것이 아니라 일상생활에서의 행동 하나하나가 하나님의 뜻에 합당한가를 생각하며, 새사람의 행동지침인 진리를 따라 살고자 노력하는 것입니다. 그러므로 사탄에게 빌미를 제공하지 말아야 합니다. 그래야 사탄의 참소에도 당당할 수 있기 때문입니다.

성령은 겸손, 순종, 인내, 기쁨, 평화를 줍니다. 그러나 악령인 사탄은 오만, 불순종, 불안, 슬픔, 의기소침, 우울증을 가져다줍니다. 낙심, 공포, 실망, 미움, 고통, 불신, 악한 생각, 비판, 교만, 분노, 고난, 질병, 자아도취, 음란, 점술, 약물, 약점, 성향, 거짓(속임수)과 기만, 유언비어, 위선, 비웃음, 무시, 음모, 참소로 인간관계를 파괴시킵니다. 민·형사상 죄의 경험, 성범죄, 부정적인 생각, 감정의 상처, 권력, 권위, 궁핍, 핍박, 능욕, 시억삼성, 편견, 정치, 과학기술, 신흥종교 등으로 계속해서 도발해 옵니다.

여러분의 주변을 둘러보십시오. 우리 주변에는 아예 사탄에게 백기(白旗)를 들고 사는 사람들이 적지 않습니다. 포악한 병적 가학성인 사디즘(sadism)이나 자기학대, 곧 마조히즘(masochism)에 빠져 사는 자들이 적지 않습니다. 그리스도 안에서 새롭게 변화되어 자존감을 회복하기 전까지는 알코올과 마약, 오락과 섹스에 중독되어 열등감을 가진 하류인생으로 살면서 될 대로 되라면서 케 세라 세라(Que sera sera)를 외치기도 합니다.

사탄에게 승리하기 위해서 우리는 그리스도의 정예군사가 되어야 합니다. 적(상대)을 알아야 합니다(엡 6:12; 딤전 4:1). 자기 마음을 다스려야 합니다(잠 4:23). 영적으로 강하고 담대해야 합니다(엡 6:10). 성령 안에서 기도해야 합니다(유 1:19-20). 천사들을 통한 도움을 믿어야 합니다(단 10:12-13, 20). 하나님의 도우심과 구원과 승리의 확신을 가져야 합니다. 악의 영향력을 피해야 합니다(고전 10:13). 주님의 이름으로 마귀를 대적해야 합니다. 하나님의 권세를 사용해야 합니다. 믿음의 행동인 기도를 지속해야 합니다.

사람은 하나님의 형상을 닮은 영적인 존재입니다. 그런데 인류의 조상 아담의 범죄·타락으로 하나님과 단절된 '죽은 영혼'이 되었습니다. 죄는 하나님께 불순종하는 개인의 행동이자 인류를 병들게 하는 하나의 상태입니다(롬 3:9-18).

사람은 중생으로 인하여 비로소 하나님과의 관계를 회복하게 되고 그리스도 안에서 예비된 복된 삶을 약속 받게 됩니다. 중생한 사람만이 성령을 받고 신령한 자, 곧 영적인 사람이 됩니다. 중생한 사람만이 하나님과의 만남과 교제가 가능합니다. 영적인 말씀인 성경은 영적인 사람들만이 식별할 수 있는 진리입니다. 하나님의 말씀을 생명의 말씀으로 권위 있게 받아들임으로 생활의 변화가 이루어지고, 육적인 생활에서 영적인 생활로의 전이(transition)가 이루어지게 됩니다.

　기독교는 인간의 근본적인 문제, 곧 영과 생명의 문제를 다루는 종교입니다. 예수님의 교훈은 영의 문제, 영원한 생명의 문제를 다루고 있습니다. 이렇게 분명한 사실에 대한 확신에 근거하여 출발하지 못하기 때문에 기독교는 조화와 일치와 질서를 잃어버리고 세속적이며 메마른 영성을 드러내고 있는 것입니다. 영성이 죽으면 영혼은 공해로 인하여 오염된 대지와 같이 되고 맙니다. 명목상 그리스도인들로 가득한 세상을 살아갈 수밖에 없게 됩니다. 그러므로 오늘날 교회가 심혈을 기울여야 하는 과제는 영을 살리는 문제입니다.

　영성 회복은 하나님과의 관계 회복입니다. 기독교 영성은 예수 그리스도의 삶을 나의 현재적 삶을 통해 구현하는 것입니다. 그러므로 기독교 영성은 역사의식의 토대 위에 형성되어야 합니다. 그렇지 않으면 신비주의로 흐를 수 있기 때문입니다.

　거듭난 그리스도인이라 할지라도 삶의 현장은 영적 성장을 방해하는 세력들로 둘러싸여 있습니다. 그것들은 죄와 불신앙의 세상문화와 사회구조와 사탄의 역사입니다. 타락한 인간의 심성에 악의 쓴 뿌리를 심어 놓고 육신의 정욕과 안목의 정욕과 이생의 자랑에 따라 살도록 유혹하기 때문입니다.
　그러므로 영적 지도자들은 신자들로 하여금 영적 통찰력을 가지고 거짓 영성을 분별할 수 있도록 도와주어야 합니다. 우리 주변에는 성경의 전통보다 영지주의나 동양종교의 신비주의에 빠져 있어서 자아도취적이며 자아수련을 추구하는 경향이 많이 있기 때문입니다. 불교나 인도 종교에서 파생된 종교들이 체험적인 종교 프로그램을 통해서 평안과 안정을 얻고 세속의 때를 벗기겠다는 흐름들이 그 대표적인 경우라고 할 수 있습니다.

2. 영성 훈련

영성 훈련은 성령에 의한 내적 수련입니다. 레프 톨스토이(Lev Nikolayevich Tolstoi)는 이런 말을 남겼습니다.

"모든 사람은 사람이 변화되어야 한다는 것을 생각하고 있으나 자기 자신이 변화되어야 한다는 것을 생각하는 사람은 아무도 없다."

영성 훈련은 저절로 되는 것이 아닙니다. 습관과 행동의 변화를 위한 노력이 있어야 합니다. 하나님은 그의 은혜를 받는 방편으로 영적인 훈련을 요구하십니다. 본 회퍼(Dietrich Bonhoeffer)는 그의 책 《제자가 되기 위한 대가》에서 은혜는 값을 내지 않고 받는 것이지만 결코 값싼 것은 아니라 하였습니다. 영적 훈련은 우리의 유익을 위한 것이며 영적 부요함을 불러들입니다. 그렇지만 인간의 노력만으로는 이 의(義)에 도달할 수 없습니다. 그러므로 우리가 영성 훈련을 율법으로 전환시킬 위험이 있다는 사실도 염두에 두어야 합니다.

그리스도인들에게 왜 영성 훈련이 필요하겠습니까?

첫째로, 극기(克己, 자기부인, 자기초월)를 위해서입니다. 이것은 인간의 의지에 기초한 집중력 개발이나 잠재력 개발, 마인드컨트롤(mind control), 적극적 사고방식(positive thinking)이 아닙니다. 인간의 의지나 결심만으로는 영성 훈련의 궁극적 목표인 내적 변화(inner transformation)가 불가능하기 때문입니다. 내적 변화는 전능하신 하나님의 은총입니다.

둘째로, 하나님의 말씀, 곧 영적 원리를 깨닫고 그 원리에 따라 살기 위해서입니다. 영적 원리는 수단과 방법이 아닙니다. 율법에 매여 살아가는 것도 아닙니다. 성경에 입각한 그리스도인의 삶이 어떠해야 함을 깨닫고 실천하는 것입니다.

인간의 범죄와 타락, 잔존하고 있는 죄의 부패성은 예수 그리스도를 영접하고 신앙을 고백하는 자라 할지라도 죄의 습성에서 벗어나지 못하게 합니다. 그렇기 때문에 육체의 소욕과 성령의 소욕의 갈등이 지속되는 자기와의 내적 싸움에서 승리하기 위해 영성 훈련이 필요한 것입니다. 영성 훈련은 훈련을 통해 은혜를 받는 길입니다.

3. 영성 훈련의 실제

가톨릭 영성신학자 아우만은 기독교 영성의 단계로 '회심-정화-조명-일치'를 말하였습니다. 이는 막시미우스(580-662)가 제시한 '정화-조명-합일'의 개념을 제시하는 것인데, 이러한 단계는 현대 가톨릭에서도 일반적인 과정으로 받아들여지고 있습니다. 특히 사역자들을 위한 피정(避靜) 프로그램은 개신교에서도 심사숙고하며 시도해 볼 문제라고 봅니다. 왜냐하면 사역자들이 세속에 완전히 노출되어 있고 사역자의 모든 활동에 제한이 없고 자율에 맡겨져 있어서 사역자들의 생활이 세속화되거나 영혼이 황폐화될 가능성이 많기 때문입니다.

영성은 세속적인 생활과 영적인 생활을 구별할 필요가 없습니다. 일상생활에서 항상 문제가 되는 것은 영성 관리입니다. 사탄에게 빈틈을 주지 말아야 한다는 것입니다. 인간의 욕망과 유혹은 인간의 감각기관을 통해서 오기 때문에 영적인 삶과 관계없는 것은 멀리하며, 지성과 의지적인 면에서 성령과 일치되지 않는 것들은 버려야 한다는 것입니다.

영성 훈련이란 나를 찾아오시는 예수님을 깨닫고 그분을 열망하며 그분께 다가가는 훈련이라 할 수 있습니다. 영성 훈련이란 구원받은 그리스도인들이 주님의 부르심에 합당한 자로 살아가기 위한 경건 훈련입니다. 경건에 이르는 훈련은 일정한 단기간에 마스터할 수 있는 성경공부나 제자훈련 프로그램이 아닙니다. 예수 그리스도를 닮아 가기 위하여, 예수 그리스도의 제자로서 예수님처럼 살기 위해 일평생 지속해야 할 신자의 과제입니다.

죄와 악이 관영한 이 세상에서 그리스도인들의 영적 싸움은 매일 매순간 계속되고 있다고 해도 과언이 아닙니다. 그리스도인은 정상에 이르기 위한 노력을 지속하는 등반가처럼 사탄의 집요한 공세 속에서도 흔들림 없이 저 높은 곳을 향하여 나아가야 합니다. 죄와 죄의 종 노릇 하는 자들의 문화가 파도처럼 밀려오고, 그것들과의 끊임없는 마찰과 갈등이 있을지라도 그리스도인들의 선한 싸움은 천국 문에 이르기까지 지속될 수밖에 없습니다.

기독교의 영성 훈련은 불교의 고행과 다릅니다. 불교는 고행주의로 자기 신격화를 지향하며 자기 교만을 내포하지만 기독교는 영성 훈련을 통해 하나님의 은총을 깨닫고 하나님의 뜻에 순종하는 삶을 살기 위한 것이기 때문입니다.

영성 훈련을 통해 우리에게 주어지는 유익이 무엇이겠습니까? 그리스도 안에 거하며 성령과 동행하는 삶 속에서 주님께서 기대하시는 영적 열매를 맺을 수 있게 됩니다. 영적 건강을 유지할 수 있게 됩니다. 주님과 하나 됨을 통해 신앙의 깊은 세계를 체험할 수 있게 됩니다. 영적 성장이 있게 됩니다. 성령 충만한 삶을 살게 됩니다. 너그러운 마음과 넓은 가슴을 소유하게 됩니다. 선한 영향력을 끼치게 됩니다. 예수님의 형상을 이루게 됩니다. 또 하나의 예수로서 예수 정신으로 살게 됩니다. 예수 정신이란 청빈, 순결, 겸손, 자비, 진실, 무저항, 봉사, 자기희생, 자기부인, 십자가 등을 말합니다.

영성에 대한 용어가 보편화되고 타 종교나 다양한 분야에서 영성을 논하고 있는 작금의 상황에서 기독교는 기독교 영성에 대한 분명한 입장을 천명하고, 이론을 위한 영성이 아니라 그리스도인의 신앙과 삶에 적용되어 유익을 주는 방향으로 발전시켜 나가야 합니다.

특히 다행인 것은 오랫동안 영성에 대해 논하기를 금기시하며 거부해 왔던 개혁주의자들까지도 보편화된 용어를 받아들이고, 신자들에게 참된 영성의 대해 분명한 제시를 하기 시작했다는 점입니다. 영성에 대한 다양한 해석만큼이나 한국교회가 제대로 된 영성 훈련으로 초대교회의 모습을 회복하고 하나님의 뜻을 구현해 나갈 수 있어야 할 것입니다.

성령은 삼위일체 하나님이십니다. 천지창조 시기부터 성령은 존재하셨고 활동하셨습니다(창 1:2). 그러므로 성부시대, 성자시대를 말하고, 신약시대를 성령시대라 부르는 것은 하나님의 역사를 단절적인 측면에서 해석하는 것이기 때문에 바람직하지 않습니다. 물론 성령은 여러 선지자들을 통해 예언되었고, 예수 그리스도의 지상 사역 중에도 항상 함께하셨으며, 예수님의 부활승천 이후 약속대로 오순절 마가의 다락방에 모여 기도하던 사람들에게 공식적으로 임하셨습니다. "세상 끝 날까지 너희와 항상 함께 있으리라"는 주님의 약속은 하나님의 주권에 의한 하나님의 구원사역이 성령을 통해 시간과 공간을 초월하여 지속될 것임을 예고하는 것으로 해석할 수 있습니다.

신약시대를 예고하는 강력한 성령의 역사는 교회시대를 알리는 신호탄이었습니다. 성령 받은 사람들은 변화된 인생을 살게 되었고, 아름다운 사랑의 공동체를 이루어 나갔습니다(행 2:42-47). 무엇보다도 큰 확신을 가지고 믿는 진리의 파수꾼이 되었으며, 비겁한 행동으로 위기를 면하고자 했던 베드로도 힘 있게 그리고 담대하게 복음을 전하는 전도의 용사가 되었습니다.

사도행전 2장에 나타난 초대교회의 아름다운 모습은 모든 시대 모든 교회의 모델입니다. 그러므로 초대교회를 이상적인 교회상으로 여기며 "초대교회로 돌아가자"고 외치기도 하는 것입니다. 교회는 주님 오실 때까지 아름다운 신앙의 공동체를 이루어 나가야 하고, 성도들은 삶 속에서 믿는 바를 구현해 나가기 위한 노력을 지속해 나갈 수 있어야 합니다. 세상을 구원하시려는 하나님의 뜻은 교회가 성육신하신 그리스도의 모습으로 세상을 섬기며 교회에 위임된 사명을 감당함으로 이루어집니다. 이 일은 사람의 지혜나 능력으로 될 수 없는 것이기에 바울은 성령의 충만을 받으라고 하였습니다(엡 5:18). 사도의 권위로 "성령을 따라 행하라"고 명령하였습니다(갈 5:16).

성령은 우리로 믿게 하시고 거듭나게 하십니다. 구약시대 하나님께서 성막에 거하시며 그의 백성들과 함께하심같이 거듭난 하나님의 자녀들의 마음을 성전 삼고 그들과 함께하십니다(고전 3:16, 6:19). 그러므로 우리는 의식 중에나 무의식 중에나 하나님께서 우리와 함께하신다는 사실을 잊지 말아야 합니다. 항상 성령과 동행하며 성령을 따라 살아야 합니다. 성령과 동행하는 생활은 하나님 앞에서 사는 생활이요, 진정한 영적 생활입니다. 교회생활은 신앙생활의 전부가 아니며 일부분일 뿐인 것입니다. 하나님 앞에서 옷깃을 여미며 경건하게 사는 생활이 진정한 신앙생활이며 영성 생활이기 때문입니다.

하나님의 형상으로 지음을 받은 사람은 성령을 받아야 합니다. 성령으로 거듭나야 새사람이 되고, 새사람이 되어야 하나님의 형상을 회복한 참된 인간이 되기 때문입니다. 그리스도인은 성령으로 기름부음 받은 자입니다. 성령 받은 사람은 전 인격의 변화를 통해 하나님을 신뢰하게 됩니다. 하나님의 말씀의 타당성을 인정하게 됩니다. 하나님의 말씀에 근거한 가치관과 인생관과 세계관을 갖고 살게 됩니다. 감정이 새롭게 되어 선한 것, 의로운 것, 깨끗한 것을 좋아하게 됩니다. 의지가 새롭게 되어 죄와 싸우고, 악을 멀리하며 참된 일을 추구하게 됩니다. 자기 자신의 지식과 경험보다 하나님의 말씀과 성령의 역사에 더 우선순위를 두며 살아갑니다.

하나님의 자녀임을 확신하게 되고, 일시적인 신앙 체험이 아닌 매일 매 순간의 삶 속에서 그리스도를 증거하며 하나님의 뜻에 순종하는 능력 있는 그리스도인이 됩니다. 죄를 물리칠 수 있게 됩니다. 담대히 복음을 전할 수 있게 됩니다. 다른 사람들에게 감동과 감화를 줄 수 있는 사람이 됩니다. 풍성한 은혜 속에서 하나님의 자녀다움을 나타내며 살아갑니다. 기뻐하며 찬송하며 감사하는 생활이 지속됩니다. 이 모든 것들은 우리 자신이 성령으로 충만하고 성령을 따라 행할 때 가능합니다(엡 5:19-20). 성경의 진리를 옳게 분별하고 깨닫기 위해서는 물론 어느 정도의 신학적인 지식이 필요하겠지만 이 역시 성령의 역사인 것입니다(요 16:13).

성령을 받고 성령과 동행하면 죄와 죽음과 저주와 하나님의 심판으로부터 자유함을 받기 때문에 담대함과 기쁨과 소망이 넘치게 됩니다. 삶에 활기와 자신감과 열심이 있게 됩니다. 시련이 있을지라도 끝까지 견디며 하나님만을 의지하게 됩니다. 아브라함과 같은 믿음으로 순종하면서 하나님의 인도하심을 따르게 됩니다. 이웃들과의 우호적인 관계 속에서 선한 영향력을 끼치며 살아갑니다. 교만에 사로잡히지 않게 됩니다. 생의 의미와 의욕을 상실하고 패배감에 사로잡혀 괴로워하지 않게 됩니다.

그러므로 성령으로 충만해야 합니다. 감정적이며 충동적인 현상이 아니라 지속적으로 성령 충만을 유지해 나갈 수 있어야 합니다. 이것이 그리스도인으로서의 행복한 삶의 관건입니다. 인생만사가 하나님의 손에 있음을 인정한다면 지금 성령 충만을 구해야 합니다. 성령 충만을 받아야 합니다. 성령 **충만**한 그리스도인으로 살아가야 합니다. 선한 싸움에서의 승리와 은혜 충만한 삶은 결국 우리가 얼마만큼 성령을 의지하는가에 달려 있다고 할 수 있을 것입니다.

영성 훈련은 영혼, 즉 자신의 내면세계에 관심을 갖는 것이며 자신의 영혼을 돌보는 것입니다. 영혼은 하나님과 만남의 장소입니다. 이곳에서 그리스도와 연합과 친교가 이루어지고 하나님의 지혜와 능력을 얻게 됩니다. 영성 훈련은 자기 속사람의 케어 활동입니다. 인간의 마음은 양면성을 갖고 있습니다. 생명의 근원이기도 하나(잠 4:23) 만물보다 심히 부패한 상태가 되고 말았습니다(렘 17:9). 그러므로 속사람을 돌보는 자기성찰과 케어는 계속되어야 합니다.

영성 훈련은 영적 성장을 위한 노력입니다. 영적 성장은 하나님께서 은혜 주심으로 가능합니다. 헨리 마틴은 은혜란 내가 변화되는 것이며, 자기 영혼을 돌보는 것은 지상 최대의 사업이라고 하였습니다.

영성 훈련은 성숙을 추구하는 것입니다. 영적 아이는 분별력이 없고 유혹에 약합니다. 그러나 영적 어른은 장성한 사람이 되어 분별력 있는 사람이 되는 것이며, 심지가 견고한 사람이 되는 것입니다(사 26:3). 궁극적으로 하나님께 영광을 돌리며 하나님을 영화롭게 하는 사람이 되는 것입니다.

영성에 대한 은혜로운 글재주를 지닌 강준민 목사는 영성 훈련을 위해서는 광야학교가 필요하다고 했습니다. 그 이유는 광야의 연단을 통해 하나님 쓰시기에 합당한 그릇으로 만들어지기 때문이라는 것입니다. 광야는 하나님의 음성을 듣는 장소이며 성령학교라고 했습니다. 광야는 자아가 죽고 성령 안에서 영적인 사람으로 거듭나게 하는 기름 부음이 있는데 그런 의미에서 모세, 여호수아, 다윗, 예수님, 바울 등은 광야학교 동기생들이라고 하였습니다.

영성훈련에서 기다림은 필수입니다. 사울 왕의 경거망동에서 보듯이 인간의 실수는 대부분 조급함에서 비롯됩니다. 하나님의 음성을 듣기 전에는 움직이지 않겠다는 각오가 필요합니다. 하나님은 '하나님의 때'를 따라 움직이십니다. 그러므로 하나님의 때를 분별하는 지혜가 필요합니다. 막연한 기다림이 아니라 귀가 열려야 한다는 것입니다. 들을 귀가 있어야 합니다.

헨리 나우웬은 "예수님은 몸 전체가 귀였다"라고 했으며, 토저(Aiden Wilson Tozer)는 하나님의 말씀을 듣지 못한 자는 다른 사람에게 조언할 자격이 없다고 하였습니다. 스티븐 옥포드는 그리스도인의 리더십은 꿇는 무릎, 젖은 눈, 깨어진 심장이라고 하였습니다.

영성 훈련에서는 홀로 있는 훈련이 필요합니다. 사람은 홀로 있을 때 자신을 돌아볼 수 있고 하나님을 만날 수 있기 때문입니다. 광야는 하나님 앞에 서게 하고, 하나님과 함께 있게 하고, 하나님과 사랑을 나누는 친교의 장(場)이 될 수 있는 적절한 장소입니다. 그리스도인에게는 여럿이 함께 모여 정돈되지 않은 감정으로 공허한 말을 되풀이하기보다 홀로 있는 시간이 필요합니다.

영성 훈련은 자기를 부인하는 훈련입니다. 예수님은 따르는 것은 자기를 부인하는 것입니다(막 8:34). 사람이 자기를 신뢰할 때 하나님은 그 사람을 쓰시지 않습니다. 자기를 부인하고 자아를 깨뜨릴 때 하나님의 능력이 임합니다. 하나님의 일은 자기를 부인하는데서 시작됩니다. 자기를 부인하는 것은 자기 무시, 자기 비하, 자기 정체성 상실, 자기 멸시가 아니라 하나님 앞에서 자기를 낮추는 것입니다.

기독교 영성신학자 리처드 포스터는 영성 훈련의 방법을 크게 세 가지로 분류하였습니다. 내면 훈련(the inward disiplines), 외면 훈련(the outward disiplines), 공동체 훈련(the coporate disciplines)이 그것입니다. 그는 내면 훈련으로 명상 훈련(maditation), 기도 훈련(prayer), 금식 훈련(fasting), 학습 훈련(study) 등을 제시했습니다. 외면 훈련으로는 청빈(단순성), 고독, 순종, 봉사(섬김) 등을 제시했고, 공동체 훈련(단체훈련, 공동훈련)으로는 고백, 예배, 인도, 축제 등을 제시했습니다.

포스터가 말하는 내면 훈련은 하나님의 평강에 이르는 문입니다. 이 평강은 상황을 초월하는 것입니다(빌 4:10-13). 내면 훈련은 자유에 이르는 문으로 진리 안에서 자유를 얻게 합니다. 이 시대는 물질적 자원 고갈 문제뿐만 아니라 영적 고갈이 가장 심각한 문제입니다. 사람은 빵만으로 살 수 있는 존재가 아니기 때문입니다.

영성 훈련은 경건에 이르기를 연습하는 것입니다. 여기서 중요한 것이 절제 훈련입니다(벧 2:11). 절제 훈련에는 독거, 침묵, 금식, 검소한 생활, 순결, 희생 등이 있습니다. 독거 훈련이 외부와 단절하고 한적한 곳을 찾아 기도하는 훈련이라면, 침묵은 함부로 말하지 않는 것을 포함하여 말을 삼가는 훈련입니다. 특히 검소한 생활의 훈련은 욕망과 허영심을 벗어 버리기 위한 훈련입니다.

사람들이 영성에 관해 무관심하고 훈련을 회피하는 이유는 과학적 사고방식에 의한 이성주의와 물질적 세계가 전부라고 생각하는 유물론과 이기주의적 성향 때문입니다. 현대인들은 육적이고 피상적이며 조급하며 분주합니다. 성장제일주의에 대한 강박관념과 자기숭배에 빠져 있습니다. 그 결과로 인해 기독교인들까지 피상적이며 형식적인 신자들이 되어 버렸고, 신앙을 액세서리나 장식품으로 여기는 경향이 생겨났습니다. 현대교회는 무능력하고 무기력하며 용기 없는 어설픈 실용주의 신자들과 기회주의자들만을 무더기로 양산하고 있는지도 모릅니다.

영성이란 그리스도인들의 신앙의 뿌리입니다. 영성은 예수님처럼 넓은 길을 버리고 좁고 험한 길을 택하는 결단과 행동입니다. 영성은 예수님께 깊이 뿌리내리는 것입니다. 주님을 절대적으로 의지하는 것이요, 그분으로부터 생수를 공급받는 것입니다. 예수님은 영성의 기반(터)이시기 때문입니다.

영성에 있어서 기도와 말씀은 영성 훈련의 기둥과 같습니다. 영성은 기도, 예배, 훈련에 의해 향상되어 가기 때문입니다. 이러한 수단을 통해 사람들은 깊은 영성을 체험해 나갔고, 큰 확신을 갖고 평생을 살았습니다. 모세는 모든 문제를 기도로 풀어 나갔습니다. 기도할 때 하나님을 움직이고 기도할 때 승리할 수 있다는 것을 그는 경험했기 때문입니다. 영성은 하나님의 말씀을 구체적으로 실천에 옮기는 것입니다.

영성 훈련은 자기를 비우는 것으로 시작됩니다(빌 2:7). 예수님은 자기를 비워 이 땅에 오셨습니다. 이처럼 자기를 비울 때 성부 하나님의 충만케 하심을 경험하게 됩니다(골 1:19).

영적 성장과 성숙은 어떻게 이루어질 수 있겠습니까? 이 문제는 이 시대를 살아가는 신자들의 주요 관심사가 되고 있습니다. 영적 성장을 위한 필요성에 근거하여 많은 영성 훈련 프로그램이 개발되고 실행되기도 합니다. 영성 훈련의 방법은 다양할 수 있습니다. 그렇지만 영성 훈련의 궁극적 목적은 하나님과의 살아 있는 교제이며 하나님과의 동행이며 성령 안에서 새로운 삶입니다. 하나님 안에서 진정한 평화와 자유를 누리는 것입니다. 물론 영성의 추구가 개인의 영역에 한정되어서는 안 될 것입니다. 기독교 영성은 신학과 교회뿐만 아니라 개인과 사회의 모든 영역에서 그 기능이 발휘될 수 있어야 하기 때문입니다. 개인의 성결(personal holiness)과 사회적 성결(social holiness)을 항상 분리 또는 대립개념으로 본다면 신비주의(mysticism)나 행동주의(activism)로 치우칠 수 있기 때문입니다.

제6장 그리스도인의 영성적 삶

그리스도인들은 구원받은 하나님의 언약의 백성들입니다. 언약의 백성들은 특권과 책임을 동시에 인식할 수 있어야 합니다. 그릇된 선민의식을 가지기보다는, 그 생각과 행동의 영역이 교회 울타리에 한정되기보다는, 하나님께서 이처럼 사랑하신 세상을 품고 세상을 섬길 수 있는 자세를 가져야 합니다. 교회가 사회적 책임을 간과하고 개 교회의 성장과 교세 확장에만 몰두한다면 불신자들로부터 외면당하고 지역사회로부터 고립되고 말 것입니다.

교회뿐만 아니라 교회공동체의 지체들인 그리스도인들은 사회의 각 영역에서 예수 그리스도의 제자로서, 예수 그리스도의 증인으로서 성경적 가르침을 실천하며 본을 보일 수 있어야 할 것입니다. 어둠을 밝히는 빛으로서, 자연스럽게 녹아들어 부패를 방지하는 소금으로서 말씀의 생활화를 통해 자신들의 직장과 사업을 하나님 나라 확장을 위한 거룩한 일터로 가꾸어 가야 할 것입니다.

인간은 사회적 존재입니다. 그리스도인들은 개인뿐만 아니라 사회 역시 하나님의 주권 아래 있다는 것을 항상 염두에 두고 살아야 합니다. 사회는 나와 타인들과의 관계로 구성된 공동체입니다. 하나님은 우리가 사는 세상이 사랑과 정의, 자유와 질서가 균형을 이루는 사회가 되기를 원하십니다. 우리 개개인이 책임 있는 시민으로서 살아가기를 원하십니다. 이상적인 그리스도인의 삶은 결코 개인의 내면에 한정된 것이 아닙니다. 그러므로 그리스도인들은 사회에서 참된 삶의 지표가 되어야 합니다. 그리스도인의 삶은 그 자체가 하나님의 뜻을 실천하는 것이기 때문입니다.

그리스도인들은 건강한 사회, 성숙한 사회 건설을 위한 사회적 풍토 조성과 시민의식 함양을 위해서도 방관자적 입장을 지양하고 헌신적인 노력을 기울여야 합니다. 우리 사회의 현실과 시급한 과제가 무엇인지를 발견하고 책임감 있는 사회 일원이 되어야 합니다. 불법과 불의에 대해 묵시적으로 동조하며 살아가는 무기력한 그리스도인이 아니라 바람직한 사회윤리를 세우고, 바람직한 여론을 형성하며, 사회적 약자와 소외된 자들에 대한 관심과 사랑의 실천이 구체화되도록 하고, 신앙과 도덕적 가치의 중요성을 부각시켜 나갈 수 있어야 합니다.

그리스도인들의 삶은 일차적으로 하나님과의 관계에서만 그 의미를 발견할 수 있습니다. 이상적인 그리스도인의 모습은 자기의 정체성을 발견하고 하나님의 백성으로서, 하나님의 일꾼으로서 하나님의 나라와 의를 구하며, 그것을 위해 사명과 책임을 다하는 것입니다. 그리스도인답게 사는 것은 개인적으로는 사회 속에서 죄를 멀리하며 경건하게 살아가는 것이고, 신앙의 공동체인 교회에서와 사회에서 소명을 받은 자로서 하나님으로부터 받은 은사와 재능으로 봉사하는 삶을 책임 있게 감당하는 것입니다.

그리스도인들의 진정한 삶의 스타일은 종말론적 윤리관에 입각하여 예수 그리스도의 심판대 앞에 설 그날을 염두에 두고 삶의 현장에서 하나님의 나라와 하나님의 영광을 위해 살아가는 것입니다. 개인적으로는 하나님을 경외하는 매일의 생활 가운데 하나님과 교제하는 삶을 살며, 하나님의 성령의 능력을 힘입어 하나님 나라의 백성다운 인격적 성화를 이루는 것입니다.

"너희는 거룩하라 이는 나 여호와 너희 하나님이 거룩함이니라"(레 19:2).

"하늘에 계신 너희 아버지의 온전하심과 같이 너희도 온전하라"(마 5:48).

"네 이웃을 네 자신과 같이 사랑하라"(막 12:31; 레 19:18).

그리스도인의 영성적 삶의 모델을 산상보훈에서의 새로운 개념의 행복선언이라 할 수 있는 '팔복'을 통해 제시해 보고자 합니다. 특히 산상보훈의 시작을 알리는 서론격인 팔복에서 반복되는 '복'이라는 개념에 대한 이해 역시 팔복을 이해하는 핵심단어라고 할 수 있습니다. 시편 첫째 편의 "복 있는 사람은……"이라는 히브리어는 '아쉐레' (אשׁרי)와 마태복음의 "복이 있나니……"라는 헬라어 '마카리오스'(μακάριος)는 동일한 의미입니다. 그러므로 마태복음 5장 3절을 직역하면 "복이 있도다! 심령이 가난한 자들이여! 천국이 저희 것이로다"라고 번역할 수 있습니다.

본문의 복이란 단어 '마카리오스'(Makarios)는 일반적으로 세상 사람들이 추구하는 부귀영화와 무병장수나 출세성공 등 물질적이며 세속적인 의미의 복의 차원이 아니라 본래 하나님께 속한 복됨을 나타내는 단어로, 인격적이며 영적인 의미를 가지고 있습니다. 이 복은 하나님과의 바른 관계와 하나님과의 교제를 통해 주어지는 것으로, 외부적인 조건이나 환경을 초월하는 것입니다. 특히 '복 있는 자'라는 말씀이 현재형이라면 그들이 받을 상급이 미래적으로 묘사되어 있다는 것은 완성된 천국이 시간적으로 미래에 속한 것임을 알게 합니다.

팔복은 그리스도인이 추구해야 할 삶과 삶의 태도, 궁극적으로 갖추어야 할 인격으로서 심령의 가난, 애통, 온유, 의에 주리고 목마름,

긍휼, 마음의 청결, 화평케 함, 주님을 위한 고난 등 여덟 가지 덕목으로 구분하고 있습니다. 그것들은 서로 밀접하게 관련되어 있으며, 점진적인 과정을 통해 성화에 이르는 단계를 설명해 주기도 합니다. 이러한 덕목들은 타고난 기질이나 후천적인 노력을 통해 얻어지는 것이라기보다는 성령에 의해 변화되고 성령에 의해 새롭게 변화된 영성으로 새로운 차원의 행복에 대한 가르침이라 할 수 있습니다.

사람들은 심령의 가난이나 애통을 원치 아니하며 온유보다는 자존심과 자기 고집을 내세우며 살아갑니다. 그리스도인들조차 핍박을 당하기보다 타협을 추구하는 경향이 다반사입니다. 그 결과 신자와 불신자의 차이가 잘 드러나지 않는 세상이 되고 말았습니다.

현대사회는 교회와 가정이 세속화되어 가고 있고 교회와 세상의 경계선이 점차 희미해져 가고 있습니다. 그러나 진정한 그리스도인들은 그들이 추구하는 것이 비그리스도인과는 달라야 합니다. 먼저 그의 나라와 그의 의를 구하는 자라야 합니다(마 6:33). 개인이나 집단의 욕망 추구가 아니라 하나님과의 바른 관계 속에서 참된 행복을 추구하는 자가 되어야 합니다. 천국을 소유한 자라야 진정으로 복 있는 사람이라 할 수 있기 때문입니다.

이제 성령의 인도하심을 따라 천국에 이르는 참된 영성적 삶의 길인 그 여덟 계단을 한 계단 한 계단씩 올라가 봅시다.

1. 심령이 가난한 사람

"심령이 가난한 자는 복이 있나니 천국이 그들의 것임이요"(마 5:3).
"복이 있도다! 마음(영)이 가난한 자들이여, 천국이 저희 것이로다!"

세상 사람들은 심령의 가난이나 애통을 원치 않습니다. 온유보다는 자기 감정과 아집을 드러내며, 하나님의 의(義)보다는 자기 욕구와 욕망이 우선입니다. 긍휼과 자비보다는 복수할 기회를 찾으며, 마음의 청결보다는 자신의 부끄러움과 더러움을 합리화하며 적당히 얼버무리며 덮고 넘어가는 식의 삶을 살아갑니다. 평화를 원하는 것처럼 보이지만 실제로는 평화보다는 전쟁을 더 선호하고 있습니다. 지구상에 있는 거의 모든 나라가 종교나 이념, 인종과 국경문제 등 자기 우월감과 경제적 이익과 관련된 문제로 인해 끊임없이 분쟁이 일어나고 있는 현실이 그 증거입니다. 힘의 경쟁에서 우월적 지위에 있는 종교나 국가에 의해 핍박(박해)을 당하기보다는 적당한 타협을 시도하며 살아갑니다. 기독교적인 성향이 강한 나라일지라도 강대국의 자존심과 이익을 내세우는 경우가 많아 사대주의(事大主義)와 같이 생존을 위한 공존과 공생의 정치적 논리로 적당히 얼버무리며 합리화합니다.

그러나 진정한 그리스도인들은 천국의 시민권자로서의 정체성을 갖고 그의 나라와 의를 추구하며 살아갑니다(마 6:33). 하나님과의 바른 관계 속에서 행복을 추구합니다. 번쩍이는 세상 영광에 도취되지 않고 천국 지향적인 삶을 살아갑니다.

가난과 눈물, 배고픔과 고난당하는 것이 어찌 복이라 할 수 있겠습니까? 우리는 이러한 진리를 '역설적 진리'라고 말합니다. 그 예를 우리는 얼마든지 성경에서 찾아볼 수 있습니다.

성경의 모든 말씀이 그러하지만 특히 산상보훈은 세속적이며 물질적인 시각으로는 그 의미를 올바로 이해할 수 없습니다. 예수 그리스도의 의도는 현실보다 천국에 집중되어 있기 때문입니다. 성경이 가르치는 참된 복은 영적 차원에서 이해할 수 있는 것으로, 성령의 깨닫게 하심으로 신령한 눈이 뜨여야 비로소 이해할 수 있기 때문입니다. 그렇다고 예수 그리스도가 실천 불가능한 이상주의적 논리를 펴고 있거나 이단자들처럼 궤변을 말하고 있는 것이 아닙니다. 주님의 가르침은 주 안에서 충분히 이해될 수 있고 실천할 수 있는 가르침이기 때문입니다.

1) 심령의 가난이란?

심령의 가난(the poor in Spirit)은 물질적인 또는 경제적인 가난을 말하는 것이 아닙니다. 용기가 부족하거나 의지가 약한 것을 말하는 것도 아닙니다. 헬라어로 '프토코스'(πτωχός)라는 말은 가난하다는 말로 번역되었지만 보통 가난이 아니라 남의 도움이 없이는 도저히 생존할 수 없는 아주 가난한 극빈상태를 말합니다. 이 말은 '낮고 천하다', '겸손하다'라는 의미를 가지고 있습니다. 본문의 심령의 가난은 영적으로 가난한 자 곧 겸손한 사람을 의미합니다.

2) 심령이 가난한 사람의 특성

(1) **하나님 앞에서 자기의 죄인 됨을 깨닫고 겸손히 자기를 낮추는 사람입니다**

시몬 베드로처럼 "주여, 나는 죄인이로소이다" 하고 주님 앞에 엎드리는 사람입니다(눅 5:8). 세리와 같이 하늘을 우러러보지도 못하고 가슴을 치며 "하나님이여, 나를 불쌍히 여겨 주옵소서. 나는 죄인이로소이다" 하고 고백하는 사람입니다(눅 18:13).

사람은 누구나 하나님 앞에 나아와야 자아를 발견할 수 있습니다. 자아발견은 인생문제의 해결책입니다. 자기 모습을 숨기며 합리화하다가 스스로 모순에 빠지기보다 "내 모습 이대로 주 받으옵소서!" 하고 나아오는 것이 인생의 아름다운 모습입니다. 그렇지 않은 인생은 일평생 외식하는 자, 위선자의 모습으로 스스로를 속이며 갈

등 속에서 살아갈 것이기 때문입니다.

(2) 하나님 앞에서 자기 자신의 무가치와 무능을 깨달아 발견하고 겸손히 자기를 낮추는 사람입니다

영적으로 파산한 자로서 내세울 만한 것이 아무것도 없다는 자기 무능을 깨닫고 "나는 아무것도 할 수 없습니다"라고 고백하는 사람입니다. 이런 사람은 하나님의 도우심을 전적으로 기대하며 살아갑니다. 하나님의 도움 따위는 필요 없다고 말하는 것은 독립정신이 아니라 불신앙이며 오만(傲慢)입니다. 피조물인 인간은 하나님의 형상을 닮은 영적 존재로서 하나님과의 바른 관계에서만 참된 행복을 누리며 살아가도록 설계되고 디자인되었기 때문입니다.

(3) 전적으로 자기를 부인하고 주님을 의지하며 따르는 사람입니다

자기의 죄인 됨과 무가치와 무능을 깨달은 사람은 자기에게 어떠한 의나 공로가 없음을 알기에 예수 그리스도를 영접한 후로는 주님께 인생의 핸들을 맡기고 주님의 성령과 말씀의 인도하심을 따라 갑니다. 인생의 꿈과 비전까지도 나보다 나를 잘 아시고 나를 사랑하시는 주님께 전적으로 의탁하는 인생을 사는 것입니다.

이는 노예근성이나 자립의지의 부족이 아닙니다. 하나님의 절대주권을 인정하고 하나님의 사랑과 능력을 신뢰하기에 나의 주관과 지식, 경험과 의지에 따라 사는 것이 아니라 주님과 연합된 새 생명체로서 주님과 동행하며 살아갑니다. 이런 사람은 인생의 파도를 무서워하지 않습니다. 고난 중에도 쉽게 낙심하거나 절망하지 않습니다. 주님을 바라보기 때문입니다. 소망을 주님께 두고 살기 때문입니다. 오히려 주님으로부터 멀어질까봐 염려하며 인생의 목자 되신 주님을 따라가는 사람입니다.

3) 심령이 가난한 사람이 받을 복 : 천국

심령이 가난한 자가 받을 복은 천국이라고 했습니다. '천국이 그들의 것'이란 말은 무슨 의미입니까?

① 천국을 소유한다는 것입니다. 천국에 들어간다는 것입니다.
② 천국을 이룬다는 것입니다.
심령이 천국을 이루고 가정과 공교회를 통해서 작은 천국을 이루며, 미래에 완성된 천국에 들어간다는 의미입니다.
③ 천국의 생활을 누리게 된다는 것입니다.
현실에서 천국의 삶을 미리 맛보고 경험하며 사는 삶입니다. 그것은 하나님의 통치를 따라 살게 됨으로 의와 평강과 희락(기쁨)을 누리게 되는 것입니다(롬 14:17).

이와 같이 심령이 가난한 자는 현재의 삶에서 천국을 이루고 천국의 즐거움을 누리며 미래의 영원한 천국에 들어가게 되니 얼마나 큰 복이겠습니까? 세상에서 출세하는 것과 천국에 이르는 길은 전혀 방향이 다릅니다. 그것은 높아지고자 하는 것과 낮아지고자 하는 차이만큼이나 큽니다. 기독교 최고의 덕은 겸손(謙遜)입니다. 여러분은 겸손하십니까?

4) 적용 : 당신은 심령이 가난한 사람입니까?

① 나는 주님 없이는 살 수 없다고 느끼고 있습니까?
② 나는 자존심보다 주님의 말씀(뜻)에 의지하여 살고 있습니까?
③ 나 자신과 이웃에 대하여 있는 그대로 수용할 마음을 갖고 있있습니까?
④ 나는 자신의 허물과 약함을 드러내는 데 주저하지는 않습니까?

⑤ 내 마음에 하나님의 나라가 이루어지고 있습니까?

2. 애통하는 사람

"애통하는 자는 복이 있나니 그들이 위로를 받을 것임이요"(마 5:4).
"복이 있도다! 애통하는 자들이여, 그들은 위로를 받을 것이로다."

1) 애통(哀痛)이란?

'애통'(mourn)이라는 말은 '메타노이아'로 강한 슬픔을 나타내는 말이며 '슬퍼하는 것', '우는 것'을 말합니다(눅 6:21). 이 슬픔은 세상에서 당하는 슬픔이 아닙니다. 예를 들면 이별의 슬픔, 사별의 슬픔, 건강이나 재산의 상실이나 배반으로 인한 슬픔, 시험의 낙방이나 탈락으로 인한 슬픔이 아니라 심령이 가난한 자, 즉 자기의 죄인 됨과 무가치와 무능을 깨달은 자가 죄의 심각성을 인식하고 영적으로 괴로워하며 우는 것을 말합니다. 하나님 앞에서 자아를 발견한 자가 스스로의 힘으로는 아무것도 할 수 없다는 것을 깨닫고 자신의 죄로 인한 비참한 상태를 정직하게 고백하며 슬픈 마음으로 울부짖는 것입니다.

심령이 가난한 자는 애통하는 자가 됩니다. 심령이 가난한 자는 애통하지 않을 수 없기 때문입니다. 이와 같이 팔복은 서로 밀접하게 단계별로 연결되어 있어서 어느 신학자는 '사다리'로 비유하기도 했습니다. 성경은 그리스도인들에게 늘 죄책감과 죄의식에 사로잡혀 있거나 시무룩하거나 우울한 인생을 살라고 가르치지 않습니다. 오히려 주 안에서 기뻐하라고 가르칩니다. 그렇지만 애통의 단계에서 진심으로 회개하지 않고서는 하나님의 은혜와 축복을 기대할 수 없습니다. 그것은 한낱 하나님을 속이는 가식적인 행동에 불과한 것이기 때문입니다.

2) 애통하는 사람의 특성

(1) 자기의 불의와 죄인 됨을 깨닫고 슬퍼하며 우는 사람입니다

하나님 앞에서 자기의 죄인 됨을 깨달은 사람은 애통하지 않을 수 없습니다. 우리는 성경에서 애통하는 사람들의 모습을 봅니다. 다윗은 자신의 살인과 간음죄를 부여잡고 눈물로 침상을 적셨으며, 이사야는 부정한 입술을 가졌음을 고백했습니다. 그는 성전에서 기도하다가 환상 중에 하나님의 보좌를 보게 되었습니다. 그는 거룩하신 하나님 앞에서 자기의 더러움과 죄인 됨을 깨닫고 "화로다, 나여 망하게 되었도다" 하고 탄식했습니다.

사도 바울은 죄의 세력으로부터 완전히 벗어나지 못하고 있는 자기 실존을 발견하고 "오호라 나는 곤고한 사람이로다! 이 사망의 몸에서 누가 나를 건져내랴?" 하고 탄식하며 통곡하였습니다(롬 7:24). 베드로는 "주여 나를 떠나소서! 나는 죄인이로소이다" 하고 고백했습니다(눅 5:8).

애통하는 자는 자기의 죄를 부둥켜안고 슬퍼하며 우는 사람입니다. 한마디로 자기의 죄를 깨닫고 회개하는 사람입니다. 창조주이시며 역사의 주관자이신 하나님을 떠나 하나님을 등지고 하나님께 불순종하며 하나님 뜻을 따라 살지 못한 것을 안타까워하며 우는 사람입니다. 하나님께 불충성하며 하나님 뜻대로 살지 못함을 괴로워하며 우는 사람입니다. 예수 그리스도는 이렇게 우는 사람이 복이 있다고 하셨습니다. 왜냐하면 이러한 사람은 하나님께 위로를 받게 될 것이기 때문입니다.

사람은 그 누구도 회개의 단계를 서시시 않고 죄 사함의 은총을 받을 수 없습니다(행 2:38, 3:19). 사죄의 기쁨을 맛볼 수 없습니다. 하나님의 위로(慰勞)를 체험할 수 없습니다. 진리의 세계인 영적 세계는 애통하는 자라야 경험을 통해 알 수 있고 맛볼 수 있기 때문입니다. 하나님께서 성령을 통해 주시는 위로와 평안과 기쁨은 애통하는 자에게 주시는 그분의 선물입니다.

(2) **애통은 지식적으로 자기의 죄를 깨닫는 정도에 그치는 것이 아니라 전 인격적(지·정·의)인 것이어야 합니다**

참된 회개(contrition)란 통곡하며 우는 눈물의 기도로 끝나는 것이 아닙니다. 회개의 기도와 함께 다시는 동일한 죄를 범치 아니하리라는 의지적인 결단과 행동의 방향전환이 있어야 합니다. 베드로(마 26:69; 눅 22:54)와 가룟 유다(마 27:3; 행 1:18)의 차이가 바로 그것입니다. 회개는 스승을 넘겨주고 양심의 가책을 받아 뉘우치는(regret) 정도의 차원이 아니라 생활로서 변화된 모습이 나타나야 합니다.

회개하지 않는 사람은 죄 사함을 받지 못하며 죄 사함 없이는 구원받지 못합니다. 구원받지 못한 자는 천국에 들어갈 수 없습니다. 회개하지 않는 사람은 진리를 알 수 없고 영적 세계의 깊은 맛을 볼 수도 없습니다. 여전히 영적 소경이요 귀머거리일 뿐입니다.

기독교 역사상 위대한 업적을 남긴 사람들은 세상의 높은 지위를 탐내거나 큰소리치며 쾌락을 누리며 희희낙락하던 사람들이 아니었습니다. 그들은 눈물의 사람들이었고 슬픔의 사람들이었습니다. 자기 죄 때문에, 신앙인격의 결함 때문에, 불순종과 불충성 때문에 늘 회개하며 살았던 사람들입니다. 예수 그리스도까지도 사랑하는 친구 나사로의 죽음 앞에서, 장차 파괴되고 사라질 운명에 처한 예루살렘을 바라보시면서 우셨습니다.

(3) **자기의 죄뿐만 아니라 타인의 죄와 민족의 죄를 깨닫고 슬퍼하며 우는 사람들입니다**

그리스도인은 자신의 죄로 인해 회개할 뿐만 아니라 형제와 이웃, 민족과 인류를 생각할 수 있어야 합니다. 자기만족과 풍요로움을 기뻐하고 만족하는 것이 아니라 타인의 죄에 대해 공동 책임의식을 갖고 회개하며 기도할 줄 아는 사람이어야 합니다.

형제의 죄에 대한 책임의식을 가져야 합니다. 아브라함이 롯을 위해 기도했던 것처럼, 예레미야나 다니엘 그리고 느헤미야, 에스더가 민족의 죄를 자신의 죄로 여기고 눈물로 기도하고 금식하며 회개했던 것처럼 기도할 수 있어야 합니다. 민족의 위기를 남의 일로 여기지 말고 민족을 사랑하는 마음으로 기도할 수 있어야 합니다.

하나님은 자기의 죄를 깨닫고 뉘우치고 돌이키는 심령을 가장 기뻐하십니다. 잃은 양을 찾은 목자의 비유와 탕자의 비유는 그 대표적인 사례일 것입니다(눅 15:1-32). 시편 기자는 여호와는 마음이 상한 자를 가까이하신다고 했으며, 하나님께서 원하시는 제사는 '상한 심령'이라고 했습니다(시 34:18, 51:17).

3) 애통하는 사람이 받을 복 : 하나님의 위로

하나님의 말씀을 듣고 자기의 죄를 발견하고 우는 사람이 복이 있습니다(느 8:9). 자기의 죄를 깨닫고 슬퍼하며 애통하며 우는 사람이 복이 있습니다(약 4:8-9). 이렇게 애통하는 사람에게 주시는 복은 참된 위로입니다. 위로란 고통과 슬픔을 당한 사람들에게 어깨를 두드리거나 몇 마디 말로 달래 주는 것이 아니라 슬픔의 근본적인 문제를 해결해 주는 것입니다.

예수님은 나인 성 과부에게 "울지 말라" 하시고 그의 외아들을 살려 주셨습니다. 그것이 진정한 위로입니다. 기도의 여인 한나가 그토록 원하던 아들인 사무엘을 낳게 된 것이 진정한 위로입니다. 우리 주님은 위로의 하나님이십니다(고후 1:3). 우리의 모든 문제의 해결사이시며 영원한 위로자이십니다. 그러므로 예수 그리스도를 수단으로 하여 자기 목적을 이루고자 하는 신앙은 샤머니즘이나 다름없는 것입니다. 그것은 참된 신앙이 아닙니다. 그러한 사람은 하나님의 진노에 대한 두려움이 항상 잠재되어 있어서 참된 위로를 경험할 수 없습니다.

애통하는 사람이 받는 위로의 내용이 무엇입니까? 그것은 사죄의 은총, 곧 죄 용서입니다. 그리스도인의 죄 사함과 구원은 사형선고 받은 사람이 특별사면(特別赦免)을 받아 사형집행을 면제받고 집으로 돌아가는 것과 같습니다. 허물과 죄를 사함 받는 자가 복이 있습니다(시 32:1).

이 세상에 흠과 허물이 없는 사람은 아무도 없습니다. 의인은 없나니 하나도 없다고 하는 것이 성경의 선언입니다(롬 3:10). 문제는 죄의 횟수나 분량이나 가중치가 아니라 우리가 과연 죄 사함을 받았느냐 하는 것입니다. 상처 속에 담겨 있는 염증(고름)이 살이 되는 것이 아닙니다. 그러므로 지극히 작은 죄라도 심상치 않게 여기고 덮어 두거나 간과해서는 안 됩니다. 죄는 사탄에게 참소할 조건을 제공하고 사탄의 역사를 불러들여 자기 인생을 불행으로 이끌고 가기 때문입니다. 하나님과의 관계를 방해하며 인생을 고통 속으로 몰아넣어 결국 파멸로 이끌어 가는 독소이기 때문입니다.

일반적으로 사람들은 질병의 심각성은 인지하고 두려워합니다. 에이즈(AIDS)나 사스(SARS), 광우병이나 조류 인플루엔자(AI)와 같은 것들을 암이나 교통사고 이상으로 두려워하는 이유가 있습니다. 14

세기 유럽을 휩쓸었던 흑사병(黑死病)으로 유럽 인구의 1/4 가량인 3,000-4,000만 명이 사망한 사례가 있기 때문입니다. 그렇지만 대다수의 사람들은 죄의 심각성에 대해서 무감각한 상태로 살아갑니다. 그렇기 때문에 노아 시대처럼 먹고 마시며 시집가고 장가가는 등 육체적 만족과 쾌락에 골몰하며 살아가는 것입니다.

그리스도인은 메말라 버린 샛강처럼 눈물이 메마른 시대에 우는 사람들이 되어야 합니다. 여러분에게 인간의 위로와 비교할 수 없는 하나님의 위로가 있기를 바랍니다. 야고보는 이렇게 말했습니다.

"너희 웃음을 애통으로, 너희 즐거움을 근심으로 바꿀지어다!"(약 4:9).

청교도 목사였던 토머스 왓슨(T. Watson)은 "눈물 골짜기를 통과하지 않고는 낙원에 이를 수 없다"고 했습니다.

애통하는 사람의 눈물은 그 눈물이 자기의 심령을 맑고 시원하게 하고 건강하게 합니다. 하나님의 신비한 역사를 경험하게 되며, 변화된 새사람으로서 성숙한 신앙으로 나아갑니다.

애통은 죄에 대한 미련을 버리는 의지적 결단으로 이어져야 합니다. 사탄의 지배를 받던 심령이 하나님의 지배를 받는 심령으로 변화되어야 합니다. 그 후에야 진정으로 마음에 참된 평화와 위로를 경험하게 될 것입니다.

4) 적용 : 당신은 애통하는 사람입니까?

① 죄가 무엇입니까? 죄 문제로 밤을 지새우며 고민해 보셨습니까?
② 진정으로 죄를 회개하고 버리셨습니까?
③ 죄를 멀리하며 죄를 피하며 죄의 습관을 버리며 사십니까?

④ 주님의 위로를 경험해 보셨습니까?
⑤ 죄를 범치 않는 길은 무엇이겠습니까?
항상 하나님과 동행하는 삶이 아니겠습니까?

3. 온유한 사람

"온유한 자는 복이 있나니 그들이 땅을 기업으로 받을 것임이요"(마 5:5).

"복이 있도다! 온유한 자들이여, 그들은 땅을 기업으로 받을 것이로다."

1) 온유함이란?

팔복의 세 번째는 온유한 마음을 가진 사람(the meek)이 받을 복에 관한 말씀입니다. 온유함이란 성품이 부드럽고 온화한 것을 말합니다. 심령이 가난한 자는 애통하게 되고, 애통하는 자는 온유한 자가 됩니다. 그것은 성령의 열매입니다. 온유한 자는 자기의 죄인 됨을 알기에 하나님 앞에서나 타인과의 관계에서 교만하지 않으며, 이해하고 용서하며 관용하는 마음을 갖게 됩니다.

2) 온유한 사람의 특성

(1) **예수 그리스도의 성품을 닮은 사람입니다**
예수님의 온유하고 겸손하신 특성은 복음서에 잘 나타나 있습니다(마 11:29). 온유한 사람은 예수님을 본받아 사는 사람입니다. 예수님은 원수를 위해 기도하시는 모습을 통해 온유의 극치를 보여주셨습니다.

(2) 성령의 열매를 맺는 사람입니다

온유는 성령의 열매 가운데 하나입니다(갈 5:23). 온유는 선천적인 온순한 성품이 아닙니다. 수양을 통해서 다듬어진 부드럽고 유순한 성품이 아닙니다. 구원의 진리를 깨달은 사람이 성령의 능력으로 말미암아 변화하여 소유하게 되는 온화하고 부드럽고 친절하며 포용력 있는 품성으로 중생한 새사람의 속성 가운데 하나입니다.

(3) 무골호인(無骨好人)을 의미하지 않습니다

온유한 사람은 우유부단하고 미지근하거나 주저주저하는 사람이 아닙니다. 애통하며 회개할 때 심령이 변화되어 비로소 온유한 사람이 되는 것입니다. 중심이 없이 흔들리거나 될 대로 되라는 식으로 자포자기하며 사는 사람도 아닙니다. 세상을 부정적인 시각으로 보고 아무것도 하지 않으려는 사람도 아닙니다. 타의에 의해 움직이는 사람도 아니지만 그렇다고 자기 고집대로 사는 사람도 아닙니다. 오히려 죄와 불의에 대해서는 단호하고 의에 대해서는 강한 면모를 가진 사람입니다. 하나님의 말씀과 자아가 부딪힐 때 자기 생각을 버리고 기꺼이 하나님 말씀에 무릎 꿇는 용기 있는 사람입니다.

(4) 하나님의 권위에 순종하는 사람입니다

하나님의 말씀에 대한 통찰력과 분별력을 갖고 만왕의 왕이신 주님의 명령이라면 그 명령에 순종하는 사람입니다. 하나님의 절대주권을 인정하고 하나님의 뜻에 자신을 맡기며 살아가는 사람입니다. 하나님의 말씀에 '아멘' 하며 믿고 순종하는 사람입니다.

온유한 사람은 옥토(沃土)와 같은 마음을 가진 자로서 말씀의 가르침을 따라 살고자 하기 때문에 믿음의 열매가 있으며, 진리에 대한 깨달음의 속도가 빠릅니다. 항상 하나님의 말씀을 귀히 여기며 삽니다. 현대신학과 현대 그리스도인들의 문제는 하나님의 말씀에 대한 권위를 인정하고 순종하기보다 자신의 이성적 판단을 더 중시한다는 것입니다.

(5) 인내와 관용의 사람입니다

온유한 사람은 자기 유익을 먼저 생각하고 우선시하는 이기주의자가 아닙니다. 자기보다 공동체와 타인의 유익을 먼저 생각하는 사람으로서 형제와 이웃에 대하여 인내와 관용으로 대합니다. 상대방의 무례와 경솔한 태도에 대해서도 쉽게 분노하지 않으며, 억울한 일을 당했을 때도 보복하고 복수하려고 하기보다 조용히 원수를 위해 기도하는 사람입니다. 화가 나 있을 때에도 주님을 생각함으로 오래지 않아 마음의 평정을 회복하는 사람입니다.

(6) 자기의 죄를 숨기거나 합리화하지 않고 솔직하고 진실한 사람입니다

이러한 온유한 성품은 믿음의 조상 아브라함의 양보하는 태도에서도 잘 드러납니다(창 13:5-9). 이스라엘의 지도자 모세에게서도 찾아볼 수 있습니다(민 12:3, 13; 출 32:32). 선지자 나단의 지적에 무릎을 꿇었던 이스라엘 왕 다윗에게서 발견할 수 있습니다(삼하 12:1-15).

(7) 다른 사람의 허물이나 약점을 드러내거나 타인의 고통과 슬픔을 기뻐하지 않습니다

자기의 우월성을 나타내기 위해 타인을 평가절하하거나 비난하거나 비판하지 않습니다. 죄로 인해 당하는 타인의 고통을 당연한 것으로 여기거나 좋아하지 않습니다. 아픈 가슴을 안고 용서와 회복을 위해 기도하는 사람입니다. 십자가 위에서 기도하셨던 주님의 모습을 생각해 보십시오! 교회 안팎에서 일어나는 많은 문제들의 뿌리는 결국 교만 때문입니다. 타인에 대해 함부로 말하고 평가를 내리고 비난하는 데서 비롯됩니다. 그러므로 남의 말을 좋게 하는 사람이 되십시오. 다른 사람도 여러분을 칭찬하게 될 것입니다.

3) 온유한 사람이 받을 복 : 땅을 기업으로 받음

온유한 사람은 땅을 기업으로 받는다고 했는데, 여기서 땅은 무엇이고 기업은 무엇을 뜻하는 것입니까? 본문은 지상에서 땅 부자가 되는 것을 의미하는 것이 아닙니다. 새 하늘과 새 땅 곧 천국을 의미하는 것으로 이해할 수 있어야 합니다. 구약 이스라엘 백성들이 가나안을 상속받았던 것처럼 천국을 상속받게 될 것을 의미합니다. 기업(inheritance)이란 상속성을 가진 것으로 유업을 얻는 것을 의미하기 때문입니다. 그러므로 땅을 기업으로 받는다는 것은 결국 천국을 차지하는 것과 동일한 의미입니다. 이렇게 볼 때 우리는 마음이 가난한 자가 받는 복이나 온유한 자가 받는 복이 같다는 사실을 알게 됩니다.

일반적으로 경쟁사회에서는 온유한 사람을 제대로 평가하지 못하는 경향이 있습니다. 온유한 사람은 착한 사람으로 생각하기는 하지만 또한 어리석은 바보로 취급당합니다. 그렇지만 온유한 사람은 하나님께 대하여는 순종하는 사람이요, 이웃에 대하여는 이해하고 관용하는 너그러운 사람이요, 자신에게 대하여는 단호한 외유내강(外柔內剛)형 인간을 말합니다.

우리가 사는 이 세상은 자기 이익과 이상을 성취하기 위해 생존경쟁이 치열합니다. 약육강식(弱肉强食)의 정글의 법칙이 그럴듯한 논리로 포장되고 있습니다. 생산성과 효율성, 신속성과 높은 성장률이 진리인 양 여겨지는 사회입니다. 이러한 사회에서 온유한 자로 살기란 쉬운 일이 아닙니다.

고도의 경쟁사회 열기는 교회에도 전이되어 교회 성장을 위해 사력을 다하는 전투적 교회를 만들었고, 그 결과 교회도 부익부 빈익빈이 되었으며, 성직자나 신자를 막론하고 교회에서 온유한 자를 찾아보기가 결코 쉽지 않은 상황이 되었습니다. 표면적으로는 살기등등하고 큰소리치고 힘을 과시하는 사람들의 성공확률이 높은 세상입니다. 교활하고 속임수에 능한 사람들이 승리할 것 같은 세상입니다. 그러나 이보다 혀가 더 강하듯 궁극적으로 온유한 사람이 승리할 것입니다. 성경은 우리에게 이같이 가르칩니다.

"선으로 악을 이기라"(롬 12:21).

4) 적용 : 당신은 온유한 사람입니까?

기도하는 마음으로 우리 자신들의 내면을 들여다보며 내가 과연 온유한 사람인지를 진단해 봅시다.
① 나는 다른 사람을 용서하며 살고 있는가?
② 나는 다른 사람을 위해 기도하고 있는가?
③ 나는 다른 사람의 유익을 위해 일하는 사람인가?
④ 나는 비교의식과 열등의식에 빠져서 살고 있지 않은가?
⑤ 나는 만족할 줄 알고 기뻐할 줄 아는 사람인가?

4. 의에 주리고 목마른 사람

"의에 주리고 목마른 자는 복이 있나니 그들이 배부를 것임이요"(마 5:6).

"복이 있도다! 의에 주리고 목마른 자들이여, 저희는 배부를 것이로다."

1) 의에 주림과 목마름이란?

의에 주리고 목마른 자는 배부를 것이라고 한 네 번째 복 역시 세속적이고 물질적인 차원에서 이해할 것이 아닙니다. 이는 참되고 영원한 복, 곧 신령한 복에 관한 말씀입니다. 그런 의미에서 팔복은 하나님 앞에서 죄인이라는 것을 깨달은 사람이 회개하고 성령의 도우심으로 변화된 새사람이 되어 점점 예수 그리스도를 닮아 가는 성화의 단계로 이해할 수도 있을 것입니다. 본문 역시 이러한 맥락에서 접근할 때 바른 이해가 가능합니다.

여기서 '의'라고 하는 것은 하나님의 의(義)를 말합니다. 천국 시민에게 이 하나님의 의는 음식과 같이 꼭 필요한 요소입니다. 왜냐하면 인간은 스스로 의로운 자가 될 수 없고 하나님께 의롭다고 인정받을 때만 비로소 천국에 들어갈 수 있기 때문입니다.

왜 주님은 의로운 자가 복이 있다고 말씀하지 않고 의에 주리고 목마른 자가 복이 있다고 하셨겠습니까? 경제적 시각으로 볼 때, 육신이 주리고 목마른 상태를 복이라고 할 수는 없을 것입니다. 지구촌에는 아직도 전쟁과 홍수, 태풍, 지진 등 자연재해로 인해 굶주리고 고통 받는 사람들이 많이 있습니다. 그들의 삶을 우리는 결코 복되다고 말할 수 없을 것이기 때문입니다. 본문의 역설적 진리는 육적인 굶주림이 아니라 영적인 굶주림을 의미합니다.

사람은 선행(善行)이나 고행(苦行)이나 수행(修行) 등 그 어떠한 노력으로도 의롭게 될 수 없습니다. 다만 주리고 목마른 사람처럼 갈급한 심령으로 하나님의 의를 찾고 구함으로 하나님과의 관계가 회복될 때 믿음으로 말미암아 의인에 대열에 서게 되는 것입니다.

2) 의에 주리고 목마른 사람의 특성

하나님의 의를 갈급히 사모합니다.
하나님과의 올바른 관계회복을 갈망하는 사람입니다.
하나님의 정의가 이 세상에 실현되기를 기도하는 사람입니다.
예수 그리스도로 만족하며 기뻐하며 감사하는 사람입니다.

성경은 이 세상에서 의인은 하나도 없다고 단언합니다(롬 3:10). 이 세상은 죄와 악에 물들어 있는 불의한 사회이기 때문입니다. 인간의 불의는 아담의 타락에서 기인합니다. 살인, 강도, 강간, 절도, 사기, 인종차별, 양극화 등 모든 범죄와 사회악은 죄로 인해 나타나는 죄의 열매들이기 때문입니다.

과학기술의 발달과 지식수준의 향상과 경제적 번영은 인간에게 편리함과 지적 호기심의 충족과 풍요로움을 제공해 주었으나 그것으로 인해 인간의 인성(人性)을 변화시킬 수는 없습니다. 생활은 예전보다 편리해졌으나 인간의 도덕성은 개선될 기미를 보이지 않고 있습니다. 매일같이 쏟아져 나오는 각종 사고와 사건들로 얼룩져 있는 뉴스가 그것을 증명합니다.

그리스도인은 이 시대에 이 세상에 태어난 자로서의 사명을 상실해서는 안 됩니다. 이 세상은 우리가 영원히 발 붙이고 살 곳이 아닙니다. 정치단체나 사회단체에서 사회정의를 외치고 인간 양심의 회복을 부르짖지만 세상은 여전히 부정과 비리, 무질서와 혼돈, 불의한 일들이 잇따르고 있습니다. 이러한 흐름은 세상 끝 날까지 앞으로도 지속될 것입니다. 근본적으로 세상은 인간 심령의 변화가 이루어지지 않는 한 불의가 가득한 세상일 수밖에 없기 때문입니다.

성경은 인간의 의에 대해서 더러운 옷과 같다고 했습니다(사 64:6). 욥은 "인생이 어찌 하나님 앞에서 의로우랴!"(욥 9:2)고 했습니다. 아담 이후 범죄하고 타락한 인간은 그 무엇으로도 죄악을 씻을 수 없었습니다(렘 2:22). 하나님의 율법 역시 그 누구도 완전하게 지킬 수 없었습니다. 인간은 의롭다고 인정받을 때에만 구원을 받을 수 있는 존재입니다. 그러나 그 가능성이 전무한 상태에서 선행이나 고행이나 그 어떠한 노력으로도 구원은 불가능한 것이 되었습니다.

성경은 행함으로 의롭다 함을 얻을 육체가 아주 없다고 선언합니다. 바리새인들의 금식과 십일조생활, 안식일 준수 역시 의롭다고 인정받을 수 있는 조건이 될 수 없었습니다. 성경은 인간이 의롭게 되는 길은 오직 예수 그리스도를 믿는 믿음으로만 가능하다고 말씀합니다. 믿음으로 하나님과의 관계가 회복(정상화)되고 그리스도의 의의 전가로 의롭게 되는 것이 하나님께서 정하신 구원의 원리이며 법칙이기 때문입니다(창 15:6; 사 53:5-6; 롬 4:5; 마 5:20; 빌 3:9).

의에 주리고 목마른 자들은 하나님의 의를 생명보다 소중하게 여깁니다. 불의를 기뻐하지 않으며(고전 13:6), 하나님의 나라와 의를 구하며 삽니다(마 6:33). 주기도문을 통해 기원하듯이 하나님의 나라가 사회의 모든 영역에 임하시기를 기도합니다. 가정과 직장과 사회와 국가의 모든 영역에서 하나님의 의가 지배하는 세상이 되기를 기도하며 삽니다.

3) 의에 주리고 목마른 사람이 받을 복 : 배부름(만족)

의에 주리고 목마른 자가 받을 복을 배부름(be filled)이라고 했습니다. 배부름은 참된 만족을 말합니다. 본문의 '배부르다'는 '코르타조'로, 주리고 목마른 자가 충분한 만족을 얻게 된다는 의미입니다. 배부를 것이란 말은 우리가 예수 그리스도로 말미암아 영적 굶주림과 목마름이 문제가 해결되어 참된 만족을 누리며 살게 될 것이라는 말씀입니다.

출애굽한 이스라엘 백성들에게 하나님은 광야에서 만나를 내려 주셨고, 생수를 주셨습니다. 예수 그리스도는 하늘에서 내린 떡, 참 떡, 하나님의 떡, 생명의 떡이 되셔서 우리를 만족하게 하시는 구세주이십니다(요 6:31-35). 성령은 우리의 갈증을 풀어 주시는 하나님이십니다. 주님은 "나를 믿는 자는 그 배에서 생수의 강이 흘러나오리라!"고 약속하셨습니다(요 7:37-39).

인생들의 영적 갈증과 굶주림의 문제는 예수 그리스도만이 해결해 주실 수 있습니다. 영적 배부름은 주님 안에서만 가능한 일입니다. 오직 예수 그리스도만이 우리를 의인 되게 하시고 우리를 구원하실 수 있기 때문입니다(행 4:12).

이 세상의 일은 추구하면 할수록 갈증만을 더하게 할 뿐입니다. 그것들은 참된 만족을 주지 못합니다. 오직 주님만이 우리를 의롭게 하실 수 있고 영적 해갈을 주실 수 있는 분이십니다. 영국의 유명한 설교자 스펄전(C. Spurgeon)은 "하늘이 없다 해도 의를 사모할 것이요, 지옥이 없다 해도 불의를 증오하리라"고 했습니다. 다윗은 "내 영혼이 주를 찾기에 갈급하니이다"라고 고백했습니다(시 42:1-2). 여러분의 경우는 어떻습니까?

4) 적용 : 여러분은 의에 주리고 목마른 사람입니까?

① 하나님의 의가 없다면 우리는 죄의 노예로 살 수밖에 없음을 아십니까?
② 인생문제의 해결사가 오직 하나님이심을 인정하십니까?
③ 목마른 사슴처럼 하나님을 찾는 과정이 있었습니까?
④ 지금도 하나님과 동행하십니까?
신앙의 체험은 과거형이 아니라 현재형이어야 할 것입니다.
⑤ 주님 안에서 영적 만족을 누리며 살고 계십니까?

다윗처럼 "내게 부족함이 없으리로다"라고 고백할 수 있습니까?

5. 긍휼히 여기는 사람

"긍휼히 여기는 자는 복이 있나니 그들이 긍휼히 여김을 받을 것임이요"(마 5:7).

"복이 있도다! 긍휼히 여기는 자들이여, 그들이 긍휼히 여김을 받을 것이로다."

하나님은 '선의 근원'(fons omnium bonorom)이시며 '최고 선'이시며 모든 피조물들에게도 선하십니다. 하나님의 선은 그의 피조물들에게 관대하고 친절하게 대하시는 그분의 애정입니다(시 145:9, 15, 16). 성경은 하나님의 선하심에 대해서 항상 강조하고 있습니다. 이 하나님의 선이 피조물들을 향할 때 사랑의 특성을 나타냅니다. 그는 피조물의 조건이나 상태가 아니라 하나님 그 자신으로 인하여, 그 자신 때문에 피조물을 사랑하십니다. 하나님의 죄인에 대한 사랑도 그의 형상대로 창조된 피조물임을 인정하시기 때문입니다(요 3:16; 마5:44-45).

그가 특별한 사랑으로 그를 신뢰하는 자들을 사랑하시는 것은 그들을 자기의 자녀로 인정하시기 때문입니다. 하나님의 사랑이 피조물에게 전달될 때 그의 사랑을 받는 자에게는 그것이 은혜입니다. 은혜 중의 은혜는 그리스도를 믿음으로 얻는 구원입니다. 이 은혜로 신자는 값없이 의롭다 하심을 얻게 되며, 영적 축복을 받게 되며, 궁극적으로 구원을 받게 됩니다.

하나님의 선하심과 사랑이 사람에게 은혜로 나타나는 것이 자비이며 '긍휼'(tender compassion)입니다. 하나님은 비참한 처지에서 고난당하는 자들을 외면하지 않으시고 동정하시는 하나님이십니다. 그들의 고통을 덜어 주고자 하시는 하나님이십니다(신 5:10; 시 57:10, 86:5). 하나님의 자비는 모든 피조물들에게 임하지만 특히 그를 경외하는 자에게 특별히 나타납니다. 성경에서 말하는 하나님의 긍휼(矜恤) 또는 자비(慈悲)라는 말은 불쌍히 여김(pity), 동정(compassion), 인자 (loving kindness)라는 말로도 번역되었습니다.

하나님의 사랑은 아담에게 가죽옷을 지어 입히신 사건에서부터 가인에 대한 배려, 홍수 후에 노아에게 하신 약속, 족장시대의 불안 정한 사회생활에서와 이스라엘 공동체에 속해 있는 사회적 취약계 층에 대한 보호에서 잘 드러납니다. 출애굽 후 이스라엘에 대해 항상 강조된 메시지는 그들도 한때 핍박당하던 이방인이었다는 사실과 출 애굽에서의 하나님의 구원을 잊지 말고 타인에게 긍휼을 베풀라는 것이었습니다. 이스라엘 백성들 가운데 특히 사회지도층이 이러한 하 나님의 뜻을 저버리고 사치와 향락의 길을 걸을 때 선지자들은 각 시 대마다 나타나 그들을 향해 날카로운 비판을 쏟아냈던 것입니다.

1) 긍휼이란?

긍휼(矜恤)이란 말은 일반적으로 '불쌍히 여기다', '자비를 베풀다', '인정이 많다'는 의미로 쓰입니다. 긍휼이란 불쌍히 여기는 것입니다. 긍휼은 자비, 사랑, 동정, 관용, 인(仁) 등으로 혼용하여 쓰고 있기도 합니다. 영어성경(KJV)은 자비(merciful)란 말과 동일하게 사용하였으 며, 한글사전에서는 '불쌍히 여겨 돌보아 주다', '가엽게 여기다'라고 풀이하고 있습니다.

성경이 가르쳐 주는 '긍휼'은 통속적인 의미에서 단순히 인정(人情) 을 베푸는 것을 의미하는 차원이 아닙니다. 어려움에 처한 이웃에 대한 단순한 동정(同情)이나 적선을 의미하는 것도 아닙니다. 본문의 긍휼은 복음적 의미를 담고 있습니다. 고통 중에 있는 사람의 고통을 나의 고통으로 알고 고통을 나누어 가지는 고통 분담입니다. 진실로 불쌍히 여기며 자비를 베풀며 용서하는 것을 의미합니다. 긍휼은 결코 이론일 수 없기 때문입니다.

긍휼은 예수님의 성품이며 마음이요 삶 그 자체였습니다. 예수님은 인간의 약함을 체휼하시며 지상의 공생애를 사신 분이었기 때문입니다. 주님의 그 큰 사랑! 긍휼로 인해 우리는 절망 중에도 소망을 갖고 살아가는 이유가 됩니다(벧전 1:3). 예수님은 우리의 체질을 아시고 또 우리의 문제를 아시고 우리의 연약함을 아시기에 우리의 행위대로 벌하지 않으시고 사랑과 용서와 은혜로 구원해 주셨습니다. 그것이 긍휼입니다(시 103:13).

긍휼은 하나님을 거역하고 불순종하는 불신앙의 사람들에게도 영향을 미치며 구원의 근거가 됩니다. 죄를 범한 인생은 공의의 처벌을 기다릴 뿐이며, "주여 나를 불쌍히 여기소서" 하고 탄원할 뿐 긍휼히 여김을 받을 자격이 없는 존재들입니다. 그러므로 하나님께 긍휼히 여김을 받는 것 자체가 은혜입니다. 그러므로 하나님의 백성, 하나님의 자녀가 된 것은 주님의 크신 은혜일 뿐입니다. 하나님의 긍휼이 없었다면, 지금도 그 긍휼이 지속되지 않는다면 그 누구라 할지라도 소망을 가질 수 없습니다.

성경에서 하나님의 특별한 배려의 대상인 고아와 과부와 객(이방인, 나그네, 이민자)은 문자적인 의미에서만 이해할 것이 아닙니다. 이 말은 가난하고 힘없는 사회적 약자들을 통칭하는 말입니다. 사회적 약자들에 대한 배려는 신약교회에서도 그대로 적용됩니다. 그러므로 교회와 그리스도인들은 교회 안에 있는 사람들뿐만 아니라 교회 밖에 있는 사람들도 사랑하고 관심을 가져야 합니다. 그 이유는 우리도 과거에는 그리스도 밖에 있는 이방인이었으며, 이 세상에서 여전히 나그네로 존재하고 있기 때문입니다.

사도 베드로 역시 이방인 중에서 착한 행실을 통해 하나님께 영광을 돌리라고 권면했습니다(벧전 2:9-12). 예수 그리스도의 대속을 위한 십자가의 죽음을 통해 긍휼을 입은 자들은 다른 사람들을 긍휼히 여길 수 있어야 합니다. 하나님의 성령은 선한 일을 할 수 있도록 능력과 은사와 필요한 자원들을 제공해 주실 것이기 때문입니다. 그리스도인은 다른 사람들을 위해 사랑과 자비로 섬기도록 먼저 부름받은 하나님의 자녀들이라는 분명한 정체성이 있어야 할 것입니다.

2) 긍휼히 여기는 사람의 특성

(1) 사랑을 실천하며 삽니다
사도 요한은 이렇게 권면합니다.

> "자녀들아 우리가 말과 혀로만 사랑하지 말고 오직 행함과 진실함으로 하자"(요일 3:18).

예수님은 복음을 전파하셨을 뿐만 아니라 가난한 자, 포로 된 자, 눈먼 자, 압박당하는 자들을 불쌍히 여기시고 손과 발로 사랑을 실천하셨습니다. 그의 삶은 이웃을 사랑해야 하는 동기와 최선의 모델을 제공해 줍니다. 그가 병자들을 치료하는 기적을 행하신 것은 단순히 사람들의 관심을 끌거나 칭찬을 염두에 둔 행동이 아니었습니다. 그의 치유사역은 사람의 능력을 회복시켜 주어 사람답게 살게 하는 것이었습니다. 그것은 복음의 핵심입니다.

예수님의 몸 된 교회와 그의 지체들인 우리는 오늘날 예수님의 손과 발의 역할을 하도록 부름을 받았습니다. 예수님의 사랑을 받은 사람들인 우리가 다른 사람들에게 사랑을 실천하는 일은 우리에게 부여된 위대한 사명입니다. 그러므로 그리스도인들은 하나님을 사랑하고 이웃을 사랑하라는 명령을 분명히 깨닫고 지속적으로 실천할 수 있어야 합니다. 그리스도인들의 책임 있는 사랑의 실천은 사람들이 겪고 있는 고통의 근본원인을 확인하고 그것들을 제거하기 위해 힘쓰는 노력까지도 포함됩니다.

그리스도인의 삶은 개인적인 경건을 추구하며 개인의 순결한 삶을 사는 것만으로는 충분하지 못합니다. 예수 그리스도를 본받아 그에게 받은 사랑을 다른 사람들을 위해 실천해야 합니다. 모든 사람들과의 관계에서 하나님께서 나에게 행하신 바를 행하는 것입니다. 마태복음 18장 23-25절의 종과 결산하려던 어떤 임금의 비유에서 보여주듯이 하나님은 우리가 빚을 탕감(면제) 받은 자, 곧 용서받은 자로서 하나님의 은혜와 자비의 통로가 되기를 원하시기 때문입니다.

(2) 다른 사람의 인격을 존중합니다

모든 인간은 하나님의 형상으로 창조된 피조물로 모두가 소중한 존재들입니다. 하나님은 각 사람을 소중히 여기시며 그 가치를 천하보다 귀한 생명으로 인정해 주십니다. 그리스도인들이 선을 행하면서도 자기과시나 우월적인 감정을 버리고 차별 없이 다른 사람들의 인권을 존중해야 할 이유는 그들 역시 하나님의 형상으로 창조된 사람들이기 때문이며, 모든 사람이 하나님의 사랑의 대상이기 때문입니다.

기독교의 사랑의 실천이란 모든 사람의 가치를 차별 없이 인정하고 그들의 행복을 위해 힘쓰는 것입니다. 모든 사람의 천부적 기본권을 인정하며, 모든 사람이 인간다운 삶에 참여할 수 있도록 세워주는 일입니다. 사랑은 정의에 기초하며 정의를 넘어섭니다. 사랑은 정의보다 높은 선이기 때문이다.

웨스트콧(B. F. Westcott)은 기독교의 사랑의 특성에 대해 "자연발생의 정서가 아니라 의지로 인하여 결성된 품성의 표현"이라고 했습니다. 이것은 자기중심의 욕망과 반대되는 개념이며, 죄인에 대한 하나님의 사랑을 받아들인 신앙에 근거한 것으로, 구속의 경험에 뿌리를 둔 감사의 표현입니다. 그리스도인은 타인의 행복을 위해 하나님에 뜻에 순종하는 마음으로 사랑을 실천해야 합니다.

그리스도인의 종교행위(예배)가 사랑의 실천으로 이어지지 못할 때 그것은 외식적인 것으로 평가될 수 있습니다. 예수 그리스도께서 "화 있을진저" 하시면서 바리새인들에게 경고하신 내용이 그것입니다(마 23:1-36). 그리스도인은 하나님의 명령에 순종하지 않고 하나님 나라의 윤리에 따라 살지 않으면서 하나님을 기쁘시게 할 수 없습니다.

그러므로 개인적인 경건생활도 중요하지만 타인을 향해 하나님의 사랑을 실천하는 것을 간과해서는 안 됩니다(약 1:27). 적극적으로 사랑을 실천하는 행동은 하나님께 영광을 돌리는 행위이며, 교회를 교회되게 하고 그리스도인 개인의 인격적 성숙을 촉진시킵니다.

(3) 용서를 실천하며 삽니다

주님의 긍휼을 받아 구원받았다면 그리스도인은 긍휼히 여기는 마음으로 긍휼을 베풀며 살아야 합니다. 긍휼은 성령의 은사이기도 합니다.

선한 사마리아인의 이야기(눅 10:25-37)와 1만 달란트 빚진 사람에 대한 이야기(마 18:21-35)는 우리가 그리스도인으로서 어떻게 살아야 할지에 대한 방향 제시입니다. 사마리아인은 강도 만난 자와 아무런 이해관계도 없었습니다. 그러나 민족적, 종교적 선입관이나 신변의 위험을 생각지 않고 희생적 사랑으로 돌봐주었습니다. 사마리아인의 행동은 긍휼히 여김을 받은 사람의 자세입니다. 그와 정반대로 일생 동안 일해도 갚을 수 없는 1만 달란트나 되는 빚을 탕감 받고도 100 데나리온 빚진 친구를 감옥에 가둬 버린 사람의 행동은 우리들의 삶을 뒤돌아보게 하는 메시지입니다.

진정 땅에서 풀어야 하늘에서도 풀릴 것입니다(마 16:19). 우리는

"너희가 각각 마음으로부터 형제를 용서하지 아니하면 나의 하늘 아버지께서도 너희에게 이와 같이 하시리라"(마 18:35)는 경고 메시지에 귀를 기울여야 합니다.

위의 두 가지 비유에서 우리가 배워야 할 교훈은 무엇입니까? 첫째, 긍휼히 여김을 받은 자는 긍휼히 여기며 살아야 한다는 것입니다. 우리는 곤경에 처한 사람을 보고도 무심코 지나치는 경우가 많이 있습니다. 나와 상관없다는 생각 때문입니다. 자기 숭배나 유아독존이나 독불장군 식의 삶은 하나님께서 원하시는 바가 아닙니다. 우리는 사소한 것이나 별것 아닌 것도 이해하지 못하거나 용서하지 못하고 살아가는 사람들 틈바구니에 살고 있습니다. 그렇지만 그리스도인들은 남을 돕고자 하는 마음, 불쌍히 여기는 마음으로 긍휼을 실천하며 살아야 할 것입니다.

둘째, 용서받은 자로서 남을 용서하며 살아야 합니다. 그리스도인은 타인의 아픔과 슬픔까지도 함께하고자 하는 마음을 가지고 살아야 합니다. 용서가 없는 세상을 생각해 본 적이 있습니까? 정죄와 고소·고발이 난무하고 복수와 보복이 당연시되는 사회가 과연 평화로운 사회, 정의로운 사회, 건강한 사회라고 말할 수 있겠습니까? 그리스도인은 죄와 허물을 용서받은 자로서 용서하며 살아야 합니다.

그리스도인들이 마치 자기는 아무 잘못한 일이 없는 의인처럼 행세한다면 그것은 교만입니다. 타인을 용서하고 허물을 가려 주기보다 정죄하는 것은 하나님의 권한을 침해하는 월권 행위입니다. 용서받았으니 용서하며 살아야 합니다. 세상에서 가장 아름다운 일은 용서일 것입니다. 예수님은 제자들에게 용서를 가르쳐 주셨습니다.

"너희가 사람의 잘못을 용서하면 너희 하늘 아버지께서도 너희 잘못을 용서하시려니와"(마 6:14).

사도 바울은 이렇게 권면하였습니다.

"서로 용납하여 피차 용서하되 주께서 너희를 용서하신 것같이 너희도 그리하고"(골 3:13; 엡 4:32).

여러분! 비록 삶의 여정에서 '상처받은 영혼'으로 살아왔을지라도 이제 마음의 응어리를 풀어 버립시다. 용서하며 삽시다. 결국 타인을 용서하는 것은 나의 마음에 평강과 위로를 주며, 나의 길을 형통하게 한다는 측면에서 결국 나를 위한 것입니다.

우리 역시 언제 어느 때 무슨 일을 만날지 알 수 없는 불확실성의 세계에서 살고 있습니다. 사람 사는 방식이야 저마다 다르겠지만 그리스도인은 긍휼히 여기는 마음으로 살아야 합니다. 성경은 특히 고아와 과부와 나그네에 대해서와 병자와 환난 당한 자(전쟁, 지진, 홍수, 태풍 등 천재지변)에 대한 배려를 강조하고 있음을 간과하지 말아야 할 것입니다.

긍휼히 여기는 마음은 물질적으로 돕는 구제뿐만 아니라 영적인 극빈상태를 보고 영혼 구원을 위해 복음으로 도와주는 것입니다. 초대교회 그리스도인들처럼 하나님을 떠나 버림받은 영혼들에게 따뜻한 마음으로 다가가 불쌍히 여기는 마음으로 복음을 전하는 것입니다. 영혼을 사랑하는 마음과 구령의 열정은 우리로 긍휼을 실천할 수 있는 사람으로 만들어 줄 것입니다.

3) 긍휼히 여기는 사람이 받을 복 : 긍휼히 여김을 받음

우리가 형제와 이웃에게 긍휼을 베풀며 살 때 우리의 행동을 통해 하나님께 영광을 돌리게 되며, 우리도 하나님께 긍휼히 여김을 받게 됩니다. 주님의 긍휼사역을 본받아 경제적 어려움과 마음의 상처로 인해 어렵고 힘들게 살아가는 이웃들에게 이타적인 사랑으로 최선을 다해 긍휼을 베풀며 살아가야 합니다. 그것이 천국시민의 삶의 모습이기 때문입니다. 성경은 긍휼을 베풀지 않는 자들에게 긍휼 없는 심판을 경고합니다(약 2:13). 그러나 긍휼히 여기는 자들에게는 심판 날에 칭찬과 상급을 약속하고 있습니다(마 25:31-46).

"주여! 나에게도 긍휼히 여기는 마음을 주옵소서!"

6. 마음이 청결한 사람

"마음이 청결한 자는 복이 있나니 그들이 하나님을 볼 것임이요"(마 5:8).

"복이 있도다! 마음이 청결한 자들이여, 그들이 하나님을 볼 것임이요."

1) 마음의 청결이란?

팔복의 여섯 번째 말씀은 마음이 청결한 자(the pure in heart)가 받을 복에 관한 말씀입니다. 마음이란 심령, 정신, 혼, 영혼 등과 같이 일반적으로 구별 없이 사용되고 있습니다. 흔히 사람들은 마음은 가슴(심장)에 자리 잡고 있고, 정신은 머리(뇌)에 자리 잡고 있다고 생각합니다만 마음이 시적 표현이라면 정신은 철학적 용어로 이해할 수도 있을 것입니다. 그러나 마음(heart)과 영혼(spirit)은 뚜렷하게 규명하지는 못하지만 엄연히 다른, 보이지 않는 실체들입니다.

마음은 지적, 정서적, 의지적 작용의 자리이며 인간의 생각과 감정을 지배하는 능력이자 인격의 중심입니다. 그러므로 마음은 생각, 기억, 기쁨, 슬픔, 안정, 불안정, 가책, 결정 등의 기능을 갖고 몸을 통해 그 상태의 어떠함을 표정과 행동을 통해 나타냅니다. 이러한 마음이 깨끗한 사람은 하나님을 볼 수 있다는 것입니다. 마음의 청결은 하나님과의 교제에 있어서 필수적인 요소입니다. 하나님은 거룩하신 분이시기 때문입니다(시 24:3-4).

그렇다면 마음의 청결이 무엇이겠습니까? 그것은 마음이 깨끗하고 순수하고 순전하고 순결하여 잡것이 섞이지 않고 더럽혀지지 않은 것을 말합니다. 이러한 마음의 청결은 도덕적 차원이 아니라 신앙적 차원에서 거듭남으로 새사람이 될 때 비로소 가능합니다.

2) 마음이 청결한 사람의 특성

마음이 청결한 자는 어떤 사람입니까? 그리고 어떤 사람이 청결한 마음을 가질 수 있습니까? 그것은 회개와 순종하는 믿음이라고 답할 수 있을 것입니다.

(1) 진실한 마음으로 회개한 사람입니다

예수님은 타락한 인생들의 마음에서 나오는 것이란 악한 생각, 살인, 음란, 도둑질, 거짓 증언, 비방이라고 하셨습니다(마 15:19). 이와 같이 범죄하고 타락한 인생들이 그 더럽고 추한 죄악을 깨끗이 회개할 때 깨끗한 마음을 소유할 수 있게 되는 것입니다. 사람이 그 마음의 악을 토해낼 때 성령은 그 마음을 청결하게 해주십니다. 누구나 예수 그리스도를 믿고 회개하면 깨끗하게 됩니다(요일 1:9).

(2) 오직 하나님만 섬기는 사람입니다

세상과 하나님을 겸하여 섬기지 않고 어린아이와 같은 순수한 마음으로 오직 하나님만 섬기는 사람이 될 때 청결한 마음을 가질 수 있습니다.

(3) 중생한 영의 소욕의 따라 순종하며 사는 사람입니다

세상의 물욕과 육체의 그릇된 정욕을 버리고, 부패한 옛 성품을 따라 세상에 대한 미련을 버리지 못하고 사는 것이 아니라 성령을 따라 살아갈 때 속사람이 깨끗하게 됩니다. 겉사람은 나이가 들수록 쇠약해지고 무기력해질지라도 속사람은 날로 새로워질 것입니다.

마음이 청결한 자는 어떤 성향을 갖게 됩니까? 죄가 죄인 줄 모르고 살았던 과거의 생활을 부끄러워합니다. 죄와 불의를 미워합니다. 위선과 기만과 거짓과 음란과 강포와 더러움으로 가득한 세상에서 살지라도 거룩한 것과 진실한 것과 선한 것을 추구합니다. 눈치가 빠르지 못하고 계산적이지 못하며 융통성이 모자라고 그로 인해 손해를 보면서 살지라도 성경은 악은 모양이라도 버리라고 했기 때문입니다. 자기의 몸을 불의의 병기가 아닌 의의 병기로서 하나님의 도구로서 쓰임 받기를 원하며 삽니다(롬 6:13). 죄의 종이 아니라 의의 종으로 삽니다. 여러분은 어떻습니까?

3) 마음이 청결한 자가 받을 복 : 하나님을 봄

우리는 하나님께서 창조하신 자연만물에서 하나님의 아름다움과 하나님의 손길을 발견하게 됩니다. 인류역사나 개인의 역사 속에서도 얼마든지 하나님의 섭리를 인식할 수 있습니다. 하나님은 영이십니다(요 4:24). 성경은 하나님의 실존을 사람의 육안으로 볼 수 없다고 말합니다.

"(하나님은) 가까이 가지 못할 빛에 거하시고 어떤 사람도 보지 못하였고 또 볼 수 없는 이시니"(딤전 6:16).

출애굽기 33장 11절의 하나님과 모세의 대면(對面)에서 '아혼'이란 히브리어는 하나님의 임재를 가리키는 말입니다.

성경은 하나님의 얼굴을 보고 살 자가 없다고도 했습니다(출 33:20-23). 그런데 왜 예수님은 하나님을 볼 수 있다고 하셨겠습니까? 그것은 마음의 눈, 영혼의 눈으로 볼 수 있다는 것입니다. 하나님은 마음이 청결한 자에게 성령으로 자기를 나타내시며(계시), 하나님의 계시를 깨달아 알게 하시며(인식), 하나님 자신을 체험하게 하시기 때문입니다(경험). 그러므로 하나님을 본다는 것은 하나님을 아는 것입니다. 하나님의 임재를 경험하며, 하나님의 함께하심(임마누엘)을 체험하는 것을 말합니다.

현존하는 그리스도인들의 소원은 단 한 번만이라도 하나님의 얼굴을 뵙는 것이라고 말할 수 있을 것입니다. 저 역시 그런 마음이었습니다. 그것은 우리를 그토록 사랑해 주시는 분에 대한 동경심일 것입니다. 열두 제자 중 하나인 빌립은 예수님에게 (하나님) 아버지를 보여 달라고 했습니다. 그때 예수님의 대답은 "나를 본 자는 아버지를 보았거늘 어찌하여 아버지를 보이라 하느냐?"고 하셨습니다(요 14:8-11). 선지자 이사야가 성전에서 기도하다가 하나님 앞에 서 있는 자신의 모습에서 가장 먼저 발견한 것은 자기의 불결함이었습니다. 그러므로 "화로다 나여 망하게 되었도다"라고 하면서 탄식했던 것입니다(사 6:5).

천국은 죄를 가지고는 들어가지 못합니다. 심령이 깨끗한 자만이 천국에 들어가 거룩하신 하나님을 뵈올 것입니다. 그런 의미에서 하나님을 본다는 것과 천국(영생)에 들어간다는 말은 동일한 의미로 해석될 수 있을 것입니다. 그리스도인들은 지상에서도 청결한 마음으로 하나님과 교제가 이루어지지만 주께서 재림하시는 그날! 천국에서 변화된 신령한 몸으로 주의 얼굴을 뵙게 될 것이며, 영원토록 복 누리며 살게 될 것입니다. 이러한 소망이 있기에 그리스도인은 죄를 멀리하며 깨끗한 심령으로 살고자 하는 것입니다.

4) 적용 : 여러분은 마음이 청결한 자입니까?

① 내 마음은 성령께서 거하시는 성전(聖殿)임을 의식하며 살고 있습니까?
② 청결한 마음이 하나님과의 교제에서 가장 중요한 요소임을 알고 있습니까?
③ 죄와 악을 멀리하며 하나님을 가까이하며 살고 계십니까?
④ 습관적으로 자신의 내면을 들여다보며 죄를 고백하며 사십니까?
⑤ 내 몸을 관리하듯이 내 마음을 잘 관리하고 있습니까?

7. 화평하게 하는 사람

"화평하게 하는 자는 복이 있나니 그들이 하나님의 아들이라 일컬음을 받을 것임이요"(마 5:9).

"복이 있도다! 화평케 하는 자들이여, 이는 그들이 하나님의 아들이라 칭함을 받으리라."

하나님은 우리에게 평강 주시기를 원하십니다(눅 24:36; 요 20:19). 사람들은 누구나 평강을 원합니다. 이스라엘 백성들이 샬롬(Shalom)을 추구하듯이 사람은 누구나 평화를 원하며 평화로운 세상에서 두려움이나 걱정 근심 없이 살기를 합니다. 평화란 공기와 같이, 또 자유와 같이 삶의 기본적이며 필수적인 요소입니다. 평화 없이는 개인이나 가정이나 국가가 행복할 수 없습니다. 그러므로 인간은 평화를 갈망하며 평화를 추구합니다. 불안과 공포, 불안정한 상태에서는 결코 행복할 수 없기 때문입니다.

그럼에도 불구하고 대다수의 사람들은 이 세상에서 평화를 누리며 살지 못합니다. 그 이유가 무엇이겠습니까?

① 평화란 원한다고 해서 찾아오는 것이 아니기 때문입니다.
② 하나님과의 관계회복이 우선이기 때문입니다.
③ 분쟁과 싸움을 일으켜 평화를 깨뜨려 놓으려는 사탄의 방해공작이 계속되고 있기 때문입니다.
④ 아직도 평화를 위해 노력하는 사람(peacemaker)이 적기 때문입니다.

1) 화평이란?

'화평'이란 히브리어로는 '샬롬'이라 하고 헬라어로는 '에이레네'라고 하며, 라틴어로는 '팍스'(Pax)라 하고 영어로는 '피스'(peace)라고 합니다. 화평이란 말은 우리말에서 평화, 평안, 평강, 화목, 화친, 안녕 등으로 다양하게 표현됩니다. 평화란 완전함, 조화와 통일, 불안과 두려움이 없는 상태, 부족함이 없는 만족한 상태, 분쟁이나 전쟁이 없는 상태를 말합니다.

본문의 의미는 한걸음 더 나아가 예수 그리스도를 통해 얻게 되는 하나님 나라의 행복과 평안을 말합니다. 복음은 평화를 만드는 소식으로 화목하게 하는 말씀입니다. 그러므로 진정으로 평화를 원한다면 먼저 복음을 듣고 하나님과 화목할 수 있어야 합니다. 하나님과의 관계를 회복하는 것이 급선무이기 때문입니다. 예수님은 우리와 하나님의 관계회복을 위해 십자가에서 화목제물이 되셨습니다.

하나님과의 화목은 인간의 노력으로 되는 것이 아니라 예수 그리스도를 영접하고 진정으로 회개하고 믿음을 가질 때 가능합니다. 주님 품으로 돌아올 때 참 평화를 얻게 되는 것입니다(엡 2:14). 그럴 때 세상이 줄 수 없는 평안, 세상 그 어느 곳에서도 경험할 수 없었던 참된 평안을 맛보게 될 것입니다. 주님이 주시는 평화! 그 평화 없이 진정한 행복은 불가능합니다. 이러한 하나님의 평강은 인간의 지각에 뛰어난 것으로 인간적인 이해와 상상력을 능가하는 것으로 세상이 주는 것과는 다른 것이라고 했습니다(요 14:27).

2) 화평하게 하는 사람의 특성

예수 그리스도는 '화평하게 하는 자'가 되라고 말씀하셨습니다. 오늘날까지도 세상 곳곳에는 갈등과 불화가 있고 살인, 강도, 전쟁, 테러 등 두려움을 주는 요소들이 산재해 있고 인간의 삶의 현장인 사회와 집단의 요소요소에 미움, 다툼, 시기, 질투, 불신, 욕심, 이기주의, 독선으로 인해 조화와 균형이 상실되고 불협화음이 팽배해 있기 때문입니다.

사랑의 부족, 신뢰의 부족, 이해의 부족은 인간관계나 국가들 사이의 문제에서 평화를 좀먹는 요인이 되고 있습니다. 그러므로 국가 간, 민족 간, 종족 간에 크고 작은 갈등으로 인해 지구촌은 전쟁이 그칠 날이 없습니다.

민족적 자존심과 우월감을 내세우며 힘겨루기를 하고 있고, 이념과 힘의 우위를 유지하며 경제적 이익과 영토 확장을 위한 약육강식이 지속되고 있습니다. 강대국들의 경제논리에 의해 빈곤국들은 희생양이 되고 있습니다. 특히 이웃 국가들 사이에 영토와 이념분쟁은 각처에서 끊임없이 지속되고 있습니다. 기업체마다 공생과 상생의 공동체를 형성하려는 노력보다 노·사 간 과격한 갈등과 마찰이 연례행사가 되고 있습니다. 가정에서는 고부간, 부부간, 형제들 간에 화목하지 못한 일들이 다반사로 일어나고 있고, 가정이 깨지는 소리가 진동하고 있습니다. 그 결과 가정파탄은 이제 사회적인 문제가 되고 있습니다. 심지어 교회 내에서 신자들 간에 파벌을 형성하거나 사회적으로 부끄러운 일들이 적지 않게 일어나 하나님의 영광을 가리고 있습니다.

예수님은 평화의 왕으로 이 세상에 오셨고 평화를 위해 일생을 사셨습니다. 우리에게 평화의 길이 무엇인가를 교훈과 삶을 통해 보여 주셨습니다. 사탄은 분쟁의 중심부에 자리 잡고 있으면서 싸움을 부추기지만 주님은 우리에게 화평을 주시고 우리가 화평케 하는 자가 되기를 원하십니다. 그러므로 화평하게 하는 자가 되어야 합니다.

화평하게 하는 자란 영어성경(KJV)에서 피스메이커(peacemaker), 곧 '평화를 만들어내는 사람'이라고 했습니다. 화평하게 하는 자는 단순히 평화를 원하는 자가 아니라 하나님과 사람, 사람과 사람 사이에 평화가 이루어지도록 힘쓰는 사람입니다. 화평하게 하는 삶의 자세는 나보다 남을 낫게 여기는 것입니다. 화평하게 하는 일의 출발점은 타인에 대해서 긍정적이며 좋게 말해 줄 수 있는 사람이 되는 것입니다.

사탄은 '거짓의 아비'로서 평화를 미워하고 평화를 파괴하는 자입니다. 그리스도인들의 부족함을 들추어내며, 참소하고 모함하여 오해받게 하며, 이간질하고 꼬투리를 잡아서 넘어뜨리거나 그의 손아귀에 사로잡혀 말썽과 분쟁을 야기시키는 문제아(troublemaker)가 되게 합니다.

그렇지만 예수 그리스도에게 속한 자는 평화를 위해 일하는 사람이 되어야 합니다. 가족관계에서, 지역사회에서, 단체 활동에서, 교회에서, 생활 속에서 만나는 모든 사람들과의 관계에서 화평하게 하는 자로 살아야 합니다. 이 일에 필요한 덕목들을 몇 가지만 열거하자면 친절, 희생, 봉사, 관용, 이해, 사랑, 인내, 존경, 겸손 등을 들 수 있습니다.

예수님은 "너희 속에 소금을 두고 서로 화목하라"(막 9:50) 하셨습니다. 사도 바울은 고린도 교회에 보낸 편지에서 모든 그리스도인들은 화목하게 하는 말씀을 받은 사람들로서 '화목하게 하는 직책'을 받았다고 했습니다(고후 5:18-20). "너희는 평강을 위하여 한 몸으로 부르심을 받았다"(골 3:15)고 하였습니다. "할 수 있거든 너희로서는 모든 사람과 더불어 화목하라"(롬 12:18)고 했습니다. 히브리서 기자는 "모든 사람들과 더불어 화평함과 거룩함을 따르라"(히 12:14)고 했습니다. 그러므로 화평을 위해 덕을 세우는 일은 그리스도의 몸인 교회의 핵심사역이 되어야 할 것입니다.

3) 화평하게 하는 사람이 받을 복 : 하나님의 아들이라 일컬음

화평은 하나님의 성품이며(벧후 1:4) 성령의 열매입니다(갈 5:22). 하나님의 아들이라 칭함을 받는다는 것은 하나님의 자녀로 인정받게 된다는 것이요, 아들이 아버지의 성품을 닮는 것처럼 거듭난 새 생명으로서 하나님의 성품을 소유한 자로 인정을 받는 것입니다. 모든 그리스도인들은 화평하게 하는 자가 되어야 합니다. 그럴 때 하나님을 닮은 하나님의 자녀로 인정받을 수 있습니다. 본문의 강조점은 선민으로서의 탁월한 지위보다는 회복된 하나님의 형상, 변화된 성품입니다.

오늘날 우리의 고민은 모든 신자들이 초대교회 신자들처럼 존경과 칭찬의 대상이 되지 못하고 있다는 것입니다. 이러한 현실은 우리를 슬프게 합니다. 그렇지만 신자 한 사람 한 사람이 지역사회에서 평화를 위해 일하는 사람이 될 때 주님께서 평화를 위한 사역에 우리를 사용해 주실 것입니다. 여러분! 화평하게 하는 자의 생애를 사십시오.

8. 의를 위하여 박해를 받는 사람

"의를 위하여 박해를 받은 자는 복이 있나니 천국이 그들의 것임이라"
(마 5:10).

"복이 있도다! 의로 인하여 박해를 받은 자들이여, 이는 천국이 저희 것임이라."

남에게 박해를 당하는 것이 어찌 복이라 할 수 있겠습니까? 예수 믿고 복을 받는 것은 당연한 것이 아닙니까? 예수 믿고 손해보고, 예수 믿고 핍박과 고난을 당한다는 것은 쉽게 이해될 수 있는 것이 아닐 것입니다. 일반적으로 예수를 영접하고 나서 건강하고 행복한 가정을 이루고, 경제적으로 풍요롭게 되고, 원하는 소망이 다 이루어지고, 세상에서도 권세를 누리고, 사람들에게 인정받고 인기를 누리는 것이 신자의 특권이며 기본적인 옵션으로 여기는 것이 오늘의 현실이기 때문입니다.

여러분은 신앙 때문에, 예수님 때문에 핍박을 받아 본 적이 있습니까? 우리에게 아무런 핍박이 없었다면 우리의 신앙이 참된 신앙인지 반문해 보아야 할 것입니다.

한국교회는 예수를 믿고 핍박받는 것이 무엇인지를 일본제국주의 치하와 한국전쟁과 군사독재정권의 탄압을 겪으면서 경험했습니다. 북한의 지하교회는 지금도 그것이 무엇을 의미하는지 고난과 피 흘림을 통해 보여주고 있습니다.

산업화의 물결 속에서 경제적 부흥을 이루면서 한국교회는 예수 믿고 축복받는 것에만 몰두했습니다. 번영신학의 여파로 인해 예수 믿고 손해보고 예수님 때문에 고통받는 것에 대해서는 잘 가르치지 못했습니다. 그야말로 잘되고 복받고 쉽고 편안하게 예수 믿는 것만 가르친 것입니다. 그 결과 교회 내에 관람객은 많으나 헌신적인 사람은 드물고, 그리스도의 정예군사들을 찾아보기가 쉽지 않고 오합지졸들만이 즐비한 광경이 연출되고 있습니다. 교회는 웅장해졌고 인테리어는 멋지게 꾸며졌지만 그리스도인다운 사람들을 찾기가 쉽지 않은 상황이 되었습니다.

우리는 로마서 10장 10절의 마음으로 믿어 의에 이르고 입으로 시인하여 구원에 이른다는 말씀에 대해 죽음을 각오하고 예수를 시인했던 초대교회의 상황을 이해하지 못하고 그냥 믿는다고 말만 하면 구원을 받는다는 식의 값싼 예수, 값싼 은혜만 가르쳤던 것입니다. 삶의 변화야 있건 없건 믿음의 '고백'만 하면 된다고 생각했기 때문입니다.

오늘날 한국에서 예수 믿는 것은 쉽습니다. 수평이동이 잦은 문화에서 어디 가나 교회들은 많고 새신자들은 선물을 받고 환대를 받기 때문입니다. 그러나 제자가 되는 것은 그리 쉽지 않습니다. 그것은 자기 십자가를 지는 일이기 때문입니다.

믿음의 선조들은 사명 때문에 부모형제, 고향과 친척까지도 떠나야 했다는 것을 기억해야 합니다. 내가 가진 재산뿐만 아니라 생명의 위험을 무릅써야 했던 사실을 기억해야 합니다. 오늘의 기독교는 예수 그리스도의 십자가 보혈과 앞서 믿음의 삶을 살다 간 순교자들의 피 뿌림 위에서 피어난 꽃이라는 것을 기억해야 합니다.

본문은 심령이 가난한 자가 복이 있다고 하신 말씀처럼 역설적 진리이며 최고의 복, 가장 큰 영적 복에 관한 말씀인 것을 깨달아야 합니다. 주님은 어떤 이유로든지 박해를 당하는 자가 복이 있다고 하지 않으셨습니다. '의를 위하여' 박해를 받는 자가 복이 있다고 하셨습니다. 의를 위해 박해를 받는 것은 무엇이며, 의를 위해 박해를 받는 자란 어떤 사람을 말하는 것입니까?

1) 의를 위한 박해란?

의를 위하여 박해를 받는 자란 말을 사회정의를 위해 핍박받는 것으로 해석하는 사람들이 있습니다. '의를 위한 박해'의 본래 의미가 무엇입니까?

첫째, 예수님을 위해 핍박을 당하는 사람을 말합니다.

둘째, 예수님을 믿는 신앙 때문에 고난을 당하는 사람을 말합니다.

성경은 의를 위한 박해와 주님을 위한 박해를 동일시하고 있습니다. 마태복음 5장 10절에 이어 11절에서 "나로 말미암아"라고 하신 말씀에 주목해야 합니다. 예수님 때문에, 예수님을 믿는 신앙 때문에 욕먹고 소외당하고 비난받으며 고난을 당할 때 복이 있다고 하셨습니다. 그러므로 의를 위해 당하는 고난은 신앙 때문에 당하는 고난과 같은 의미인 것입니다.

환난과 박해는 세대주의자들의 논리처럼 예수님의 재림 직전에만 있는 것이 아닙니다. 초대교회 그리스도인들은 예수를 믿는다는 이유로 인해 그들의 사회공동체에서 출교를 당해야 했고, 가정에서 푸대접을 받아야 했으며, 직장에서 떠나야 했고, 사회적인 냉대를 감수해야 했습니다. 이스라엘 사람인 경우에는 회당에서 출교를 당하고 마을과 직장에서 추방을 당해야 했습니다. 이러한 일들은 지금도 인도를 비롯한 100여 나라의 복음의 불모지에서 비일비재하게 일어나고 있습니다. 전통적인 종교를 거부하고 기독교인이 되었을 경우, 종교가 다르다는 이유로 사회로부터 멸시와 천대를 받고 급기야 순교의 제물이 되는 경우가 종종 발생하고 있기 때문입니다.

18세기 한국에서도 신앙의 선구자들은 전통적인 종교인 유교나 불교가 아닌 다른 신앙을 가졌다는 이유로 순교의 제물이 되어야 했습니다. 절두산은 오늘도 신유박해로 인한 그 당시의 참상을 말해 주고 있습니다. 일제하에서는 일왕(日王)을 숭배하거나 신사참배를 하지 않는다는 이유로 한국교회가 문을 닫아야 했습니다. 일제에 협력하지 않는 모든 선교사들은 일제히 추방당해야 했습니다. 수많은 사람들이 순교하였습니다.

북한의 공산치하에서의 박해는 아직까지도 잘 드러나 있지 않지만 증언에 따르면 상상을 초월한 것임을 알 수 있습니다. 평양의 23미터 김일성 동상이 세워진 자리는 원래 산정현교회의 터라고 합니다. 중국에 문화혁명 바람이 불 때에도 교회들은 일제히 문을 닫아야 했고 교회는 다른 용도로 사용되었습니다. 신자들은 숨을 죽이며 지하에 숨어 예배를 드려야 했습니다. 오늘날 이슬람권의 선교 역시 생명의 위험을 무릅써야 하는 상황이 지속되고 있습니다.

오늘날에도 기독교 신앙의 뿌리가 있는 가정은 별 어려움이 없을지라도 유교나 불교의 집안으로 출가했거나 그러한 집안에서 기독교 신앙의 선구자 역할을 하는 사람들에게도 어려움이 적지 않습니다. 시부모나 형제, 배우자나 그들의 친척들로부터 참기 어려운 비방과 견디기 어려운 고통과 수모를 당하는 경우가 많이 발생하고 있기 때문입니다. 특히 가족행사나 가정의례를 빙자한 제사문제로 특히 마찰이 심합니다. 그리스도인들의 지혜로운 행동이 필요한 부분입니다.

이러한 상황에서 그리스도인들은 어떻게 해야 하겠습니까? 화를 내며 맞서 욕하고 대항하다가 싸움을 일으키는 경우도 있습니다. 부부간에 심각한 이견으로 갈등을 겪다가 이혼에 이르는 경우도 있습니다. 가족관계를 단절하고 살거나 믿음에서 떠나거나 무신론자로 살거나 심지어 기독교 신앙을 떠나 개종하는 경우도 있습니다.

2) 의를 위하여 박해를 받는 사람의 특성

예수님은 이렇게 말씀하십니다.

"기뻐하고 즐거워하라 하늘에서 너희의 상이 큼이라"(마 5:12).

우리가 박해 중에도 기뻐할 이유는 천국에서 받을 상이 크다는 사실입니다. 박해를 통해 내 믿음이 단련되고 내가 거룩하고 흠이 없는 사람으로 만들어져 가기 때문입니다. 즉 성화구원을 이루어 나가는 방편이 되기 때문이라는 것입니다.

그리스도인들이 박해를 당하는 것은 사탄의 권세 아래 있는 세상이 그 사람을 용납하지 못하기 때문입니다. 그러므로 박해가 있다는 사실은 사탄의 발악이 있다는 것이요, 나의 믿음이 살아 있다는 증거이며, 의의 길을 가고 있다는 증거입니다. 오늘날에는 이단들이 즐겨 사용하는 용어가 되어 버렸지만 신앙 때문에 당하는 핍박에 대해 우리는 그것을 당연한 것으로 받아들일 수 있어야 하는 것입니다.

역사 이래 하나님의 편, 진리의 편에 선 사람들은 항상 세상과 마찰을 빚어 왔습니다. 예수님처럼 온갖 핍박을 받아 왔습니다. 주님은 "너희 전에 있던 선지자들도 이같이 박해하였느니라"(마 5:12)고 하셨습니다. 사도 바울은 "그리스도 예수 안에서 경건하게 살고자 하는 자는 박해를 받으리라"(딤후 3:12)고 했습니다.

사도와 선지자들의 후예로서 그들의 길을 따라가노라면 핍박이 있을 수 있습니다. 그러나 사도 베드로는 그리스도를 위해 능욕 받는 일을 기쁘게 여기며 전도자의 삶을 살았습니다(행 5:41). 십자가 없이는 면류관도 없다는 진리를 깨달은 사도 바울은 환난 중에도 즐거워하며 사명자의 길을 갔습니다(롬 5:3-4). 그는 이렇게 고백했습니다.

"현재의 고난은 장차 우리에게 나타날 영광과 비교할 수 없도다"(롬 8:18).

주기철, 주남선, 이기선, 손양원 목사 등 신앙의 선진들은 환난과 핍박 중에도 믿음을 지키며 백절불굴, 일편단심으로 살다가 하나님 나라에 들어갔습니다. 그들이 고난을 견뎌낼 수 있었던 것은 의의 면류관을 바라보았기 때문입니다(딤후 4:7-8).

그러므로 우리들의 신앙생활에서 핍박이 없다는 것은 반성해 볼 여지가 있습니다. 예수를 믿되 거북이 식 또는 카멜레온 식으로 믿는 사람은 세상과 적당히 타협하며 양지를 찾아다니면서 고난과 핍박을 면하며 살 수 있을 것이기 때문입니다.

이스라엘의 지도자 모세는 하나님의 백성과 함께 고난받기를 잠시 죄악의 낙(樂)을 누리는 것보다 더 좋아하였다고 했습니다. 그 이유는 상 주심을 바라보았기 때문입니다(히 11:24-26). 사도 바울 역시 상 주심을 바라보았기 때문에 예수 그리스도를 위하여 세상의 부귀영화를 분토(먼지)와 같이 여겼습니다(딤후 4:8). 아브라함, 노아, 모세, 이사야, 예레미야, 엘리야, 다니엘과 그의 친구들인 하나냐와 미사엘과 아사랴 역시 핍박을 두려워하지 않고 진리의 길을 걸어 갔습니다. 베드로, 바울, 야고보, 마태, 도마 등 제자들 역시 순교자의 길을 갔습니다. 스데반 역시 죽어 가면서도 주님처럼 기도했고 기쁘게 죽음을 맞이했습니다(행 7:59-60).

주님과 고락을 함께하며 복음을 위해 일생을 살았던 사도들 역시 의를 위하여 박해를 받는 자가 복이 있다고 했습니다. 베드로는 "의를 위하여 고난을 받으면 복 있는 자"(벧전 3:14)라 하면서 "너희가 그리스도의 고난에 참여하는 것으로 즐거워하라"(벧전 4:13)고 했습니다. 바울은 "(하나님께서 우리에게) 은혜를 주신 것은 다만 그를 믿을 뿐 아니라 또한 그를 위하여 고난도 받게 하려 하심이라"(빌 1:29)고 했습니다. 믿음으로 사는 자에게는 정도의 차이는 있을지라도 모두 박해가 있습니다. 그 수모와 고통은 주님께서 재림하실 때 심판주로서 갚아 주실 것입니다. 원수 갚는 것은 하나님께서 하실 일이기 때문입니다(롬 12:19).

"세상에서는 너희가 환난을 당하나 담대하라 내가 세상을 이기었노라"(요 16:33).

3) 의를 위하여 박해를 받은 사람이 받을 복 : 천국과 상급

어떤 사람들은 천국의 공평성을 이야기하면서 상급의 차이가 없을 것이라고 말합니다. 천국이면 되었지 더 이상 바랄 것이 없다는 것입니다. 성경은 달란트 비유나 므나 비유 등 많은 곳에서 상급을 약속하고 있습니다. 특히 팔복에서 언급하고 있는 상급은 모두 천국과 관련되어 있습니다. 성경은 분명히 선행에 따른 상급을 약속하고 있습니다. 뿐만 아니라 상급에 차등이 있을 것을 말하고 있습니다.

그럼에도 불구하고 상급을 부인하는 사람들도 있습니다. 상급을 부인하는 자들은 일반적으로 마태복음 20장 1-16절을 인용하여 포도원에 들어와 일한 사람 모두에게 똑같이 한 데나리온이 지급된 것처럼 모든 사람이 천국에 들어가면 동등한 대우를 받게 된다고 합니다. 또한 믿음이 은혜이며 선물인 것인데 선행의 결과로 상급을 논하는 것은 개인의 공로로 취급될 우려가 있기 때문이라고 합니다. 그들은 원인과 결과적인 측면에서 선행을 하면 당연히 지상에서 상급이 주어지는 것이기 때문에 천국에서의 상급은 없다는 주장입니다.

그렇지만 성경의 약속대로 상급은 분명히 있습니다. 그리고 상급에도 차등이 있습니다. 그렇지만 구체적인 언급보다 상징적이며 비유적입니다. 하나님은 공의의 심판자이십니다. 구원받은 그리스도인은 천국과 지옥의 심판은 없으나 그리스도의 심판대 앞에서 각각 선악간에 행한 바에 따라 심판을 받게 될 것이며(고후 5:10), 순종의 양과 질에 따른 상급에도 차등이 있을 것입니다.

누가복음 19장 11-27절의 므나 비유는 천국의 상급이 있으며 그 상급에도 차등이 있을 것임을 가르쳐 줍니다. 마태복음 10장 40-42

절에서도 선지자의 상, 의인의 상, 제자의 상에 대해 언급하고 있습니다. 베드로의 질문에 대한 예수님의 답변에서와 같이 상급은 분명히 있습니다(마 19:27-28).

이러한 상급논리는 그리스도인의 인격과 참된 삶의 동기를 부여하며 참된 삶을 촉진시킵니다. 종말론적 인생관을 갖고 살아가게 합니다. 그렇지만 자기의 의와 공로를 내세우는 것은 상급의 참된 의미를 퇴색시키는 것이 될 것입니다. 그것은 하나님의 주권에 속한 일이기 때문입니다.

상급을 바라보며 사는 것은 모세와 바울이 그러했듯이 그리스도인의 당연한 삶의 태도입니다(히 11:26; 빌 3:14). 그러나 자기의 의를 주장한다거나 타인에 대한 비교의식을 갖는다거나 명예와 영광을 탐내거나 자기를 과시하거나 반대급부를 바라지 말아야 합니다. 상급을 공로에 의한 것으로 받아들이는 것 역시 비성경적인 것이라 하겠습니다.

그리스도인은 청지기 의식과 무익한 종이라는 생각을 가져야 합니다. 선행을 하되 은밀하게 할 수 있어야 합니다(마 6:2-18). 그리고 상급에 대한 최종 결정권자는 하나님의 절대주권임을 인정해야 합니다.

선행은 마지막 심판의 기준이 될 것입니다. 신자의 행함과 심판에 대한 연구는 간과되고 무시되는 경향이 있습니다. 그러나 성경은 분명히 심판을 경고하고 있습니다. 사도 바울은 "우리가 다 반드시 그리스도의 심판대 앞에 나타나게 되어 각각 선악간에 그 몸으로 행한 것을 따라 받으려 함이라"(고후 5:10)고 하였습니다.

그리스도의 심판대는 신자의 무죄판결을 위해서와 신자의 충성을 촉진하고 격려하기 위해서 필요합니다. 신자의 구원은 은혜로 인하여 믿음으로 말미암은 것이나 그리스도 안에서 '선한 일'을 위하여 지음을 받은 사실을 간과하지 말아야 할 것입니다(엡 2:8-10).

구원과 관련해서 행함의 문제는 구원 후 어떤 삶을 살았는지에 관계가 있습니다. 참된 그리스도인들에게 그리스도의 심판대는 형벌의 자리가 아니라 칭찬의 자리가 될 것입니다(고전 4:3-5). 거기서 하나님은 신자들의 행위에 따라 상을 주실 것입니다(계 11:18). 상이란 일에 근거합니다. 상급은 분명히 더 아름답고 복된 신앙의 삶을 살아가도록 우리의 열심을 자극하는 작용을 할 것입니다. 그러므로 신자는 장차 상을 받게 된다는 점에서 현재의 삶을 잘 다스려 나가야 합니다. 이때에 그때를 위하여 살 수 있어야 합니다.

심령이 가난한 자가 애통하게 되고, 애통한 자가 온유한 자가 되고, 온유한 자는 의에 주리고 목마른 자가 되고, 의에 주리고 목마른 자는 긍휼히 여기는 자가 되고, 긍휼히 여기는 자는 마음이 청결한 자가 되고, 마음이 청결한 자는 화평하게 하는 자가 되며, 화평하게 하는 자는 의를 위하여 박해를 받는 자가 될지라도 결과적으로 영광의 나라, 천국을 상급으로 받게 된다는 것입니다.

이와 같이 팔복은 각 단계마다 서로 밀접한 연관성을 가지고 있으며 구원받은 자의 신앙과 인격의 성장과 성화의 과정을 보여줍니다. 동시에 그리스도인들의 최고의 상급은 천국(영생)임을 가르쳐줍니다. 천국은 치열한 영적 전쟁터인 이 세상에서의 영적 패잔병들을 거두어들이는 수용소가 아닙니다. 이 세상에서 믿음으로 승리한 자들이 들어가는 영광스러운 나라입니다. 여러분에게도 영광스러운 그날이 있기를 바랍니다.

4) 적용 : 여러분은 의를 위하여 박해를 받는 적이 있습니까?

① 나의 이익과 성취를 위해 주님께서 눈감아 주시기를 바라지는 않았습니까?
② 불신앙의 가족과 친구들 틈에서 당당하게 그리스도인임을 고

백하며 살고 있습니까?
③ 손해와 불이익과 고통과 마찰이 있을지라도 믿음을 지키며 살고 있습니까?
④ 고난과 역경 속에서 살아가는 그리스도인들을 위해 기도하고 있습니까?
⑤ 어떠한 고난이 와도 믿음을 포기하지 않고 순교를 각오할 수 있습니까?

"NO CROSS, NO CROWN!"

9. 또 하나의 복 : 주는 사람

"주 예수께서 친히 말씀하신 바 주는 것이 받는 것보다 복이 있다"(행 20:35).

복음서에는 그 기록이 없지만 사도 바울은 에베소 교회의 장로들에게 권면하는 설교 중에 "주 예수께서 친히 말씀하신 바 주는 것이 받는 것보다 복이 있다"라는 말씀을 기록하고 있습니다. 이 말씀은 제자들 사이에 전승이나 구전(口傳)으로 전해오던 것으로, 축복의 참된 의미를 되새기게 합니다.

인간은 상호의존적인 존재입니다. 아담과 하와에게 가정을 이루게 하신 하나님의 창조목적과 사회공동체를 이루어 더불어 살아가도록 하신 바벨탑 이후의 인류의 변천사에서 그 이치를 발견하게 됩니다.

실제로 개인과 개인의 관계뿐만 아니라 국제관계까지도 상대방을 인정하고 상부상조하는 길만이 모두가 공존, 공생, 공영하는 길인 것을 알아야 합니다. 열강들의 제국주의적이며 일방주의 행태가 성공을 거두지 못하고 결국 소멸의 길을 걷게 된 것도 공존을 위한 하나님의 섭리와 질서를 거스르고 파괴하는 행위였기 때문일 것입니다.

왜 주는 것이 더 복된 행동입니까?

사람들은 선물을 좋아합니다. 주는 것보다 받는 것을 축복으로 인식하며 살아갑니다. 생애 주기에서 사람들은 일정 시기를 살아가면서 부모와 사회, 학교와 선생님 등의 돌봄 속에서 성장합니다. 하지만 성인이 되면 이제는 자기 행동에 대해 책임을 져야 할 뿐만 아니라 타인과의 관계에서 서로를 도와줄 수 있는 관계로 성숙해 가야 합니다. 받기만 하고 베풀 줄 모르는 행동은 개인의 성숙에 역기능을 초래하며, 사회로부터 환영받지 못하는 존재로 전락하게 할 것입니다. 예수님은 왜 주는 것이 더 복되다고 하셨겠습니까?

1) 나눔은 성숙한 그리스도인의 길이기 때문입니다

남에게 베푸는 행동은 자기만을 생각하는 에고이즘(egoism)에서 벗어나 이기심을 극복한 사람으로서 성숙한 그리스도인이라는 증거라 할 수 있습니다. 신자들 중에는 주는 것보다 받기를 더 좋아하는 타락한 본능과 세속적 습성에 젖어 있어 하나님과의 관계에서 계속해서 하나님께 구하면서도 감사를 표현할 줄 모르는 사람들이 많이 있습니다. 물질에 대한 욕심 때문입니다. 그러므로 남에게 줄 줄 안다는 것은 욕심의 늪에 빠져 사는 사람이 아님을 입증하는 것이며, 성령을 따라 살아가는 그리스도인의 모습입니다.

어떤 사람들은 사람들과의 관계에서도 항상 혜택을 받고 집단에서 섬김을 받고 높임을 받는 자리에 서기를 좋아합니다. 이러한 삶의 행태는 미성숙한 증거입니다. 성숙한 삶은 하루아침에 만들어지지 않습니다. 남에게 받는 선물도 기쁨을 주지만 남에게 베푸는 선행은 그와 비교할 수 없는 큰 기쁨을 줍니다.

서기관과 바리새인들은 인사받기, 대접받기, 칭찬받기를 좋아하는 사람들이었습니다. 그들은 이러한 것을 가르치면서도 행동으로 실천하지 못했습니다. 대접받기를 좋아하면서도 대접할 줄 몰랐고, 섬김을 받고자 하였지만 섬길 줄 몰랐습니다. 그러므로 그들의 행동은 위선(僞善)으로 정죄 받게 된 것입니다(마 23:1-36).

2) 나눔은 이웃 사랑을 실천하는 행동이기 때문입니다

창조에서부터 종말과 심판으로 이어질 구속사에서 하나님의 행동은 정의와 함께 사랑과 긍휼로 역사 속에 드러났으며, 이러한 하나님의 디아코니아(Diakonia)는 독생자까지 아낌없이 우리를 위해 주시는 데에 이르게 하였습니다. 그러므로 나눠 주고 베풀고 사는 모습은 하나님을 본받는 행위입니다.

나눔의 삶은 예수님께서 본을 보이셨고 사도들과 교회가 지속적으로 실천해 온 덕목이며, 마태복음 25장의 양과 염소의 비유에서와 같이 마지막 심판에서 상급의 기준이 될 것입니다. 왜냐하면 주님은 지극히 작은 자 한 사람에게 행한 일을 주님께 한 행동과 같은 것으로 인정하시기 때문입니다.

기독교의 나눔과 봉사는 고아와 과부, 나그네로 통칭되는 사회적 약자들의 빈곤문제 해결을 위한 경제적인 부분이 우선시되어 왔습니다. 그렇지만 나눔은 경제적인 영역에 한정될 수 없습니다. 글로벌 경쟁시대에 사회적 양극화는 심화될 수밖에 없으며, 현대사회의 특성상 물질적으로는 풍요롭게 살아가는 현대인들이라 할지라도 정서적으로, 정신직으로, 영적으로 빈곤과 결핍, 질병으로 인해 교회의 도움을 필요로 하는 분야들이 많기 때문입니다.

빈곤의 문제는 어제 오늘의 일이 아니라 역사가 지속되는 한 항상 지속될 것입니다. 가난의 원인은 다양합니다. 홍수나 가뭄 등 천재지변, 전쟁, 질병, 가족의 사별, 개인의 게으름, 방탕한 생활 역시 그 원인이 되기도 하며 사회구조상 기득권층인 부자들의 착취와 부당한 행위, 사회의 부패와 권력남용 등도 가난의 문제에서 벗어나지 못하게 하고 해결하지 못하게 만드는 구조적 요인이기 때문입니다. 그리스도인은 물질뿐만 아니라 신자들에게 주어진 은사나 재능 역시 나눔의 삶을 살도록 하나님께서 맡겨 주신 것이라는 청지기의 정체성을 갖고 살아야 할 것입니다.

3) 나눔은 이웃 사랑이며, 복음 전파와 함께 교회에 부여된 사명이기 때문입니다

교회는 봉사가 하나님으로부터 비롯된 신앙의 본질적인 것이며 교회의 사명이라는 사실에 근거하여 봉사를 실행해 나갈 수 있어야 합니다. 그것은 선택사항이 아니라 역사적 교회가 끊임없이 지속해 왔고 또 지속해 나가야 할 지상과제임을 인식해야 합니다.

교회는 성경을 통해 봉사에 대한 분명한 개념과 정체성을 정립하고, 교회의 역량과 교회 간의 협력을 통해 지역사회의 욕구와 필요를 따라 사회적 섬김을 실행할 수 있어야 합니다. 그것은 교회가 하나님의 손에 들려진 도구로서 교회의 본질과 사명을 회복하는 길이며, 하나님의 나라를 확장해 나가는 일이며, 하나님의 정의를 실현해 나가는 일이기 때문입니다.

교회가 세상(사회)을 섬기는 일(봉사)은 구제나 자선을 통해 자기 존재를 알리고자 함이 아니며 복음을 효율적으로 전파하기 위한 이미지 관리 차원의 전략도 아닙니다. 그것은 하나님의 명령이며, 예수께서 섬김의 삶을 통해 보여주신 바 성경에 입각한 기독교적 신앙과 삶의 내용입니다. 그러므로 역사적으로 교회는 하나님의 명령에 순종하고자 하였고, 교회적으로나 그리스도인 개인적으로 사랑을 실천하는 삶을 이상적인 삶의 모델로 여겨 왔던 것입니다.

교회는 세상을 섬기는 봉사의 가치를 재발견하고 실천함으로써 건강한 교회상을 정립하는 계기를 마련해야 합니다. 그러기 위해서는 먼저 사회(세상)를 보는 시각에 변화가 있어야 합니다. 사회는 죄로 인해 필연적으로 멸망을 향해 가는 교회와 분리된 세속의 영역이 아니라 그리스도인들의 삶의 현장이며 선교의 장이라는 것입니다. 교회는 이러한 세상을 섬기도록 부름 받았다는 인식의 전환이 필요합니다. 교회는 사랑의 실천을 통해서만 교회의 본질을 회복하고 교회의 정체성을 분명히 드러낼 수 있습니다. 그러므로 이웃 사랑의 참된 의미를 발견하고 하나님 사랑과 이웃 사랑을 실천하는 것이 교회의 일상적인 과제가 되어야 할 것입니다.

주는 기쁨은 받는 기쁨보다 더 큰 희열을 가져다줍니다. 작은 어린아이 하나에게 베푼 선행을 주님께 한 행동으로 인정하시고 상급을 주시겠다는 주님의 말씀에 귀를 기울여 봅시다. 달란트 비유에 따르면 당신의 기본 자산은 최소한 10억에 가까운 가치를 지닙니다. 그러므로 먼 훗날 여유 있을 때를 찾기보다 성령 안에서 지금 당신 주변에 사랑의 손길을 펴십시오. 주는 자에게 더 주시는 기적을 경험하게 될 것입니다.

나가는 글

그리스도인의 참된 인격과 영성적 삶은 하나님의 정의와 평등을 실현하여 사랑과 평화가 가득한 하나님 나라를 이 땅에 구현하는 사역입니다. 그러므로 그리스도인은 기독교 정신과 기독교적 특성을 가진 신앙의 정체성을 확립해야 하고 자신을 하나님 앞에서 합당한 자로, 사람들 앞에서 존경받는 자로 세워 나갈 수 있어야 할 것입니다. 한걸음 더 나아가 사회적 약자와 하나님을 등지고 살아가는 인생들의 결핍과 심리적 소외와 열등의식과 상대적 박탈감, 정신적 고뇌와 방황, 육체적 질병과 방탕, 삶의 의미상실 등 인생문제 전반에 대해 기독교적 가치관을 갖고 해결을 모색해 나가는 단계에까지 사역의 범위를 확대해야 할 것입니다.

먼저 하나님 앞에서 참된 그리스도인으로 심령이 가난한 자, 애통하는 자, 온유한 자, 의에 주리고 목마른 자, 마음이 청결한 자가 되고, 사람들을 향하여 긍휼히 여기는 자, 화평하게 하는 자, 진리를 위해 불의와 타협하지 않고 기꺼이 고난을 각오한 자로서 살아갈 때 내 안에, 내가 속한 집단에 하나님 나라가 확장될 것입니다.

하나님 형상의 회복과 그리스도인의 인격적 성숙은 교회의 성숙으로 이어져, 교회적으로 지역사회를 사랑으로 섬기고 봉사하는 교회상을 정립하고 실천해 나간다면, 사회적으로 좋은 이미지를 심고 긍정적인 평가를 얻게 되며 선한 영향력을 갖게 되어 직·간접적으로 교회 성장에도 기여하게 될 것입니다.

사랑을 실천하는 교회는 또한 영적으로 건강한 교회를 이루게 됩니다. 일반적으로 교회에 대한 평가기준이 예배당 건물과 시설 수준,

교인 수 그리고 교회 예산에 따라 이루어지나 진정한 교회 성장은 교회가 어떠한 비전을 가지고 있으며, 그 비전에 충성하고 헌신하는 사람들이 얼마나 있는지, 얼마나 역동적으로 하나님의 일을 수행하고 있는지에 달려 있습니다.

더 나아가 개인적으로나 교회적으로 하나님께 진정으로 복을 받게 될 것입니다. 하나님께 영광을 돌리게 되며, 선한 사역을 성공적으로 할 수 있도록 복을 받게 된다는 것입니다. 성경이 가르치는 참된 복은 어리석은 부자의 실패 사례에서 볼 수 있듯이 재물의 축적에 있는 것이 아니라 물질과 은사와 재능을 보다 더 선한 목적을 위해 활용할 때 위로부터 주어지는 것이기 때문입니다.

참고문헌

* 기도 관련 문헌

E. M. Bounds, Purpose in Prayer, 《내게 구하라》, 유영기 역, 새순출판사, 1981.

John R. Rice, Prayer-Asking & Receiving, 《능력 있는 기도》, 유용규 역, 서울: 생명의말씀사, 1990.

Jessice Penn Lewis, 《능력 있는 기도》, 김춘섭 역, 서울:두란노, 1998.

O. Hallesby, Prayer, 《기도》, 생명의말씀사 역, 서울:생명의 말씀사, 1993.

Richard J. Foster, Prayer, 《기도》, 송준인 역, 서울:도서출판 두란노, 2001.

앤드류 머레이, 《나를 허물고 주님을 세우는 삶》, 박이경 역, 아가페, 2004.

유진 피터슨, 《응답하는 기도》, IVP편집실, IVP, 2003.

존 번연 외, 《완전한 기도》, 임원주 역, 도서출판 누가, 2005.

김성광, 《금식기도》, 서울:강남출판사, 1996.

명성훈, 《중보기도학교》, 교회성장연구소, 1998.

소재열, 《기도의 신비》, 도서출판 대장간, 1995.

정석기, 《기도 응답의 열쇠》, 도서출판 그리인, 1989.

* 영성 관련 문헌

Carl J. Arico, 《집중기도와 관상여행》, 엄성옥 역, 도서출판 은성, 2000.

Dalas Willard, 《영성 훈련》, 엄성옥 역, 도서출판 은성, 1993.

Dean Sherman, 《영적 전쟁》, 이상신 역, 예수전도단, 2001.

Eugene H. Peterson, 《다윗: 현실에 뿌리박은 영성》, 이종태 역, IVP, 2005.

Richard J. Foster, 《영적 훈련과 성장》, 생명의말씀사 역, 서울:생명의 말씀사, 1997.

Jordan Aumann, Spiritual Theology, 《영성신학》, 이홍근 역, 분도출판사, 1994.

Karl Suso Frank, 《기독교 수도원의 역사》, 최형걸 역, 도서출판 은성, 1997.

Kempis, Thomas A., 《그리스도를 본받아》, 오병학 역, 기민사, 1992.

Kenneth D. Boa, 《기독교 영성 그 열두 스펙트럼》, 송원준 역, 도서출판 디모데, 2005.

Macquarrie, John, 《영성에의 길》, 장기천 역, 서울:전망사, 1986.

Majorie j. Thomson, 《소그룹 영성 형성 훈련》, 엄성옥 역, 도서출판 은성, 2003.

U. T. Holmes, 《목회와 영성》, 대한기독교서회, 1992.

노만 러셀 편역, 《사막교부들의 삶》, 이후정, 엄성옥 공역, 도서출판 은성, 1994.

세바스티안 브로크 편역, 《시리아 교부들의 영성》, 이형호 역, 도서출판 은성, 2003.

아고스티노 트라페, 《교부들의 시대영성》, 이상규 역, 분도출판사, 2005.

앨리스터 맥그레스, 《기독교 영성 베이직》, 김덕천 역, 대한기독교서회, 2006.

존 우드브리지, 《세속에 물들지 않는 영성》, 박용규, 김춘섭 역, 생명의말씀사, 2004.

질 라이트 외, 《기독교영성(Ⅱ)》, 엄성옥 역, 은성출판사, 1999.

클레르보의 버나드, 《하나님의 사랑》, 엄성옥 역, 은성, 1988.

피터 C. 어브, 《경건주의자들과 그 사상》, 엄성옥 역, 도서출판 은성, 1991.

하워드 L. 라이스, 《개혁주의 영성》, 황성철 역, 기독교문서선교회, 1995.

가톨릭신문, "교부들로부터 배우는 삶의 지혜", 2002-2003.

이형우, 장인산, 노성기 외, "한국교부학연구회 강의안".

김외식, "기독교영성의 바른 이해", 신앙계, 1986. 4.

박근원, "제 3세계의 교회와 영성", 기독교사상, 1987. 1.

주재용, "성령과 경건운동의 사적고찰", 신학연구, 제20권, 1979. 봄호.

강준민, 《뿌리 깊은 영성》, 도서출판 두란노, 2001.

김경재, 《영성신학서설》, 대한기독교출판사, 1985.

         , 《영성신학》, 서울:대한기독교출판사, 1985.

김광률, 《영성훈련의 실제》, 서울:예장총회출판국, 1992.

김기련, 《기독교영성사》, 도서출판 복음, 2003.

류기종, 《기독교 영성》, 서울:열림, 1995.

류대영, 《초기 미국 선교사 연구》, 한국기독교역사연구소, 2001.

오성춘, 《신학·영성·목회》, 장신대출판부, 1997.

정승훈, 《종교개혁과 칼빈의 영성》, 대한기독교서회, 2000.

한국기독교학회 편, 《오늘의 영성 신학》, 서울:도서출판 양서각, 1988.

한국수도자장상연합회 양성위원회, 《오늘의 수도자들》, 분도출판사, 1983.

황재열, 《교회 성장과 영적 운동》, 서울:도서출판 양문, 1994.

협성신학연구소, 《기독교 신학과 영성》, 서울:솔로몬, 1995.

홍성주, 《21세기 영성신학》, 서울:도서출판 은성, 1995.

부록_기도의 향기

하나님께 위대한 일을 기대하라.
하나님을 위해 위대한 일을 시도하라.
(Expect great things from God.
Attempt great things for God.)

어머니의 기도를
나는 기억한다.
그 기도는 항상
나를 따라다녔다.
내 평생 동안
그 기도는 나에게
꼭 매달려 떨어지지 않았다.
- 에이브러햄 링컨(Abraham Lincoln)

오직 기도의 사람 외에는
어떤 사람도 위대하고 영원한
하나님의 일을 감당할 수 없다.
오직 기도에 많은 시간을 들이지 않고는
어떤 사람도 기도의 사람이 될 수 없다.
- 바운즈(E. M. Bounds)

우리 주님이 가르치실 때
응답 받지 않는 기도를

언급하신 적이 단 한 번도 없다.
우리가 주님의 이름으로,
즉, 주님의 성품에 맞게 기도하면,
응답도 또한
우리가 아닌
주님의 성품에 맞는 응답이 될 것이다.
우리는 이 사실을 잊어버리고
아무 생각 없이
"주님이 항상 기도에 응답하시는 것은 아니야!"
라고 말하기 쉽다.
주님은 항상 응답하신다.
우리가 주님과 가까이
영적으로 교감한다면,
주님의 응답 없이
잘못 인도되지 않았다는 것을
깨닫게 된다.

- 오스왈드 챔버스(Oswald J. Chambers)

기도할 시간을 확보해야 한다.
시간이 날 때까지 기다린다면
결코 기도할 기회를 얻지 못할 것이다.
중보하거나 기도 생활에
진보가 있기를 원하는 사람마다
일정한 기도 시간을 정해야 한다.
이 시간을 방어하고
굳게 지켜 나가자.
기도할 시간을 달라고

주님께 기도하자.
우리는 기도 시간을 보호해 달라고
반드시 기도해야 한다.
기도 시간을 놓치지 않도록 기도하라.
그렇지 않다면 계속해서 기도할 수 없게 된다.

- 워치만 니(Watchman Nee)

우리는 기도 외에는
아무것도 할 수 없다.
기도는
모든 교파를 초월하여
진심으로 그리고
전면적으로 연합하여
하나가 될 수 있는
유일한 방법이다.
그리스도의 몸 전체가
한 영으로
생명력이 넘치게 된다면,
신자들이 성도로서의 모든 의무를
기쁨으로 수행할 것이다.

- 윌리엄 캐리(William Carrey)

주님께 헌신한 대가로
기쁜 감정을 얻지 못하면
아무 소용이 없다고 생각한다.
이것은 중대한 질못이며
하나님을 부당하게 판단하는 것이다.

헌신적인 삶으로부터 얻게 되는 느낌들은

유익이 거의 없기 때문이다.

볼 수 없고, 느낄 수 없는

하나님의 은혜가 더욱 크며,

또한 우리의 이해를 초월한다.

하나님께서 어두운 밤 가운데

우리의 영혼에 침묵하시는 때가 없다면,

영적인 여정에서

어떤 영혼도 깊이 성숙할 수 없다.

- 십자가의 요한(John of the Cross)

당신의 비밀스런 의무를

확실히 실행하라.

무엇을 하든 멈추지 말라.

그것을 소홀히 하면

영혼은 절대 강건하지 못하다.

주님을 떠나는 사람은

대부분 골방 문을 먼저 떠난다.

주님과의 비밀스런 교제를

풍성히 하라.

그것은 성도를 풍요롭게 하는

비밀스런 업무이다.

기도가 당신의

아침을 여는 열쇠와

하루를 마감하는 빗장이 되게 하라.

죄를 대적하여 싸우는

가장 좋은 방법은

무릎을 꿇고 싸우는 것이다.

- 필립 헨리(Philip Henry)

하나님의 말씀은
하나님의 사람들이
성령의 임재를 위해
많이 기도하도록
자극하고 권면하는
가르침과 격려와 본보기로 가득 차 있다.
성령은
모든 영적인 은혜의 총체로서
가장 중요한 선물이다.
다른 어떤 것과도 비교할 수 없이
우리에게 무한히 필요한 분이며,
그 안에 우리의 참되고 영원한 행복이 있다.
주님께서 이를 위해 값을 치르셨고,
성도는 이 은혜를 위해
기도하며 구해야 한다.

- 조너선 에드워즈(Jonathan Edwards)

하나님의 나라는
모두 기적으로 이루어졌다.
치유, 이적, 기사와 같은
분명한 기적이 있는가 하면,
분리와 대립의 세상에서
사랑과 화합으로 사는 삶,
사랑하기 어려운 자를 사랑하며

삶을 바꾸는 놀라운 하나님의 능력을 증거하는 삶,
성령과 동행하는 삶 등과 같이
눈에 띄지는 않지만
더욱 중요하고 일반적인 기적들이 있다.
이러한 삶은 인간적으로는 불가능하다.
그러기에
하나님의 나라를 정확히 보여주고자 한다면,
우리는 기도해야 한다.
기도하지 않으면,
우리는 그저 아무도 구원할 수 없는
신앙의 체계나 삶의 이론을
판매하는 것에 불과하다.

- 피터 와그너(Peter Wagner)

믿음은
우리 힘으로
할 수 있는 영역에서는
역사하지 않습니다.
사람이 할 수 있는 곳에서는
하나님께 돌릴 영광이 없습니다.
믿음은
사람의 능력이
끝나는 곳에서 시작됩니다.

- 조지 뮬러(George Mueller)

최근 누군가 나에게
"충성스럽게 하나님을 섬겼는데

파킨슨병과 여러 질병을
허락하시는 것을 보면
하나님은 불공평하지 않은가?" 하고 물었다.
나는 그런 식으로 보지 않는다고 대답했다.
고통은 인간의 삶의 한 부분으로
누구에게나 온다.
중요한 것은 우리가 그것에
어떻게 대응하느냐 하는 것이다.
분노와 냉소로
하나님으로부터 고개를 돌릴 것인가
아니면 신뢰와 확신 가운데
하나님께 더 가까이 나아갈 것인가.

- 빌리 그레이엄(Billy Graham)

기도는 하나님과의
명확한 상호교통이다.
발생하는 모든 문제를
하나님께 의탁하는 것이다.
한 번 의탁한 것이나 기도한 것은
그분의 뜻대로 처리되기 위해
하나님께로 옮겨진 것이다.
옮겨진 바로 그 순간부터
진실로 의탁한 성도라면
더 이상 관여하지 않는다.
진정 살아 있는 믿음은
하나님의 신실하심을 의지하며
외부 환경에 의해 걱정하거나 방해받지 않는다.

주님 안에 닻을 내린 믿음은 확고하여,

닻에 연결된 밧줄이 출렁이는 배를 안전하게 당기듯이,

보이는 것으로 하여금 영원한 것에게

자리를 양보하도록 압도한다.

- 이반 로버츠(Evan Roberts)

혹시 무시당할까

우리가 하나님께 말할 수 있는 것은

하나님께서 들으시기 때문이다.

우리의 음성은

하늘에서 중요하다.

하나님은 우리 얘기를

매우 진지하게 들으신다.

그분의 임재에 들어가면,

주님은 우리 음성을 듣기 위해

우리에게 얼굴을 향하신다.

혹시 무시당할까

두려워할 필요가 없다.

말을 더듬거리거나 실수하더라도

하나님은 들으신다.

우리가 해야 할 말들이

그 누구에게도 관심을 끌지 않더라도,

하나님께는 깊은 감동을 준다.

- 맥스 루케이도(Max Lucado)

하나님과의 깊은 관계는

하루아침에 이루어지지 않는다.

무심코 혹은 급하게

주님께 방문하곤 하는 자에겐

은사를 주시지 않는다.

홀로 주님과 함께

오랜 시간을 갖는 것이

그분을 알고

그분과 영향력을 함께 가지는

비결이다.

주님은 그분을 아는

끈질긴 믿음에 기꺼이 응하신다.

집요함의 진지함뿐만 아니라

지속성을 가지고

사모함과 감사함을 확신하는

사람들에게 신령한 은사를

충만히 부어 주신다.

- 바운즈(E. M. Bounds)

때로 하나님은

우리가 인내, 신뢰, 오래 참음, 복종과 같은

인격적인 자질들을 갖출 수 있도록

응답을 늦추신다.

이러한 자질들은

우리가 인내하며 기다리고

주님의 때를 신뢰할 때

비로소 주어지는 것들이다.

영적인 성장은 대개

고통, 상처, 몸부림, 혼란과 실망을 통해

얻게 된다.

- 빌 하이벨스(Bill Hybels)

지금은 세계 역사에서 중요한 때입니다.
저는 부흥이 다가오고 있으며,
하나님은 온 세계에 중보자들을 세우는 일에
매우 관심이 많으시다고 믿습니다.
이사야는 "내 집은 만민(열방)을 위해 기도하는 집이라
불리울 것이다"고 말했습니다.
수많은 사람들이 하나님의 나라로 거듭날 것인데,
하나님의 마음에서 나오는
다음과 같은 부르심을 듣게 될 것입니다.
"열방을 위하여 기도하는 '집'이 될
나의 사람들은 어디 있느냐?"
우리가 지금 응답하고
중보자로 훈련받고 세워지지 않는다면,
우리는 많은 영적인 아기들이
믿음으로 태어나긴 해도,
그들이 자라나도록 도와주고
그들의 무너진 데를 막아설 사람들이 없다는
사실을 발견하게 될 것입니다.
우리는 각 열방들이 복음의 영광스런 빛 가운데로
나오기를 원하시는 하나님의 계획을
이루도록 돕는 데 실패하고 말 것입니다.
저는 하나님께서
"성 무너진 데를 막아서서……(중보)할 사람을……찾다가
찾지 못하였으므로……"(겔 22:30)라고

말씀하지 않으시기를 기도합니다.

전쟁을 위해 훈련합시다.

- 신디 제이콥스(Syndy Jacops)

세상에서의 갈등을 풀고
개인적인 상처를 치유받기 위해
우리는 해결책을 찾아다닌다.
많은 사람들은
자신의 소리에 귀기울일
정신과 의사 혹은 전문가나 목회자 등에 문의한다.
그러나 우리의 삶에서
가장 큰 필요가 기도라는 사실을
우리는 깨닫지 못하는 것 같다.
기도는 우리가 가지고 있으면서도
가장 방치되고 있는 자원이다.
기도는 우리가 아무 이유 없이
사용하지 않고 있는 능력이다.

- 버논 맥기(J. Vernon McGee)

찬양 작곡가 프랜시스는
가장 부서지기 쉬운 도자기처럼 연약했다.
그녀는 더 큰 **능력**을 구했지만,
그 가시는 제거되지 않았다.
그러나 누가 그녀의 기도는
응답 받지 못했다고 얘기할 수 있겠는가?
그녀의 연약한 육체의 장막에서 불려졌던
그 부드러운 노래들을 생각해 보라.

바로 그 약함이 그녀에게 섬세한 직관과
영적인 탐험에서의 통찰력을 부여했고,
이를 통해 수많은 사람들의
고귀한 안내자와 선생이 되었던 것이다.
그녀의 능력은 약함 가운데 완전하게 되었다.

　　　　　　　　- 조웨트(J. H. Jowett)

우리는 너무 바빠서
기도할 수 없다.
위로부터 오는
능력을 힘입기엔
너무 바쁘다.
많은 활동을 하지만
성취하는 것은 거의 없다.
많은 조직과 수단이 동원되지만
결과는 거의 없다.

　　　　　　　　- 토레이(R. A. Torrey)

사람을 위해 기도하는 것은
사물을 위해 기도하는 것과
비교할 수 없을 만큼 더 중요하다.
하나님의 뜻과
우리 주님의 일은
사물보다 사람과
더욱 관계가 있기 때문이다.

　　　　　　　　- 바운즈(E. M. Bounds)

우리가

주님을 기다리는 것만

생각하지 않고

주님께서

우리를 기다리신다는 것을

생각한다면

놀라운 일이 아닐 수 없다.

그분이 우리를 기다리신다면,

우리가 그분의 임재 안으로

기꺼이 받아들여지지 않겠는가?

- 앤드류 머레이(Andrew Nurray)

죄를 이기는 실제적인 능력은

골방에서 은밀한 교제를

지속하는 것에 달려 있다.

주님과 홀로

은밀한 곳에 거하는 사람은

악을 정복할 만큼 능력이 있고

하나님을 위해

일하고 싸울 만큼 강하다.

그들은 하나님의 비밀을 읽는 선각자이며,

하나님의 뜻을 안다.

그들은 온유하여

주님께서 진리로 인도하시고

주님의 길을 가르쳐 주신다.

그들은 또한 주님을 위해

다른 사람에게 말하는,

심지어 다가올 것을 예상하는
예언자들이다.
시대의 표징을 주의하며
그분의 상징을 분별하고
그분의 신호를 간파하는 자들이다.

- 피어슨(A. T. Pierson)

규칙적인 묵상과 말씀 암송은
성도의 풍성한 삶을 경험하는 데 있어서
뿌리가 된다.
시편 기자도 하나님의 말씀을
그의 마음에 간직했고
낮에도, 밤에도 묵상했다.
우리가 마음판에
하나님의 말씀을 새긴다면,
우리의 마음이 새롭게 되고
갖은 유혹과 도전,
말씀으로 인한 역경을
맞설 수 있도록 준비된다.
우리에게 자유를 주는 것은 진리이다.
더 많은 말씀을 마음에 비축할 때,
더 많이 주님을 닮게 된다.

- 도슨 트로트맨(Dawson Trotman)

한 문제를 놓고
반복적으로 생각하는 것을
걱정이라고 부른다.

하나님의 말씀을
계속해서 생각하면
그것이 묵상이다.
우리가 걱정하는 방법을 안다면
묵상하는 방법은 이미 터득한 것이다.
단지 우리의 관심을 걱정거리에서
성경 구절로 돌리면 되는 것이다.
하나님의 말씀을 더 묵상할수록
우리의 걱정거리는 더 줄어든다.

- 릭 워렌(Rich Warren)

어떤 교회가
얼마나 유명한지 보기 원하면
주일 아침 예배에 참석해 보라.
어떤 목회자가
얼마나 유명한지 보기 원하면
주일 저녁 예배에 참석해 보라.
하나님이
얼마나 유명한지 보기 원하면
기도 모임에 참석해 보라.

- 아민 게스웨인(Armin Gesswein)

"네 믿음대로 될 것이다"라는 말씀은
주님께서 이 땅에서
치유하시고 축복하실 때의
커다란 원칙이었다.
주님의 광대하심은

우리 믿음의 분량에 의해 제한된다.
하나님은 이러한 영광스러운 통로를 통해
하늘의 보화를 다루시지만,
우리 각자는 우리 자신의 잔을 가져와야 하고
또 그 분량만큼 채움을 받는다.
그러나 우리 믿음의 분량이 작을지라도
주님께서 거룩히 여기신다.
주님의 은혜로 작은 잔이 커지게 되어,
잔의 밑바닥에서부터
큰 바다까지 이르는 통로가 연결되는 것이다.
이러한 연결이 막히지 않고 열려 있기만 하면,
우리의 잔이 큰 바다만큼이나 크고,
결코 바닥까지 메마를 수 없다는 것을
보게 될 것이다.

      - 심슨(Simpson)

교회의 상태는
기도 모임을 보면
매우 정확히 측정될 수 있다.
기도 모임은
사람들 가운데 성령의 역사가
얼마나 이루어지고 있는지를
파악할 수 있는
은혜의 계측기이다.
하나님께서 교회에 임하시면
교회는 반드시 기도하게 된다.
하나님께서 잠잠하시는 교회의

첫 번째 표징은

기도에 있어서의

나태함이 될 것이다!

- 찰스 스펄전(Charles Spurgeon)

내 기도가

사탄의 궤계를 파하는

능력이 있음을

나는 믿는다.

그렇지 않다면

루터는 오래전에 다른 길로 갔을 것이다.

사람들은 하나님께서

나를 위하여 행하시는

놀라운 이적과 기사를

보지도, 인정하지도 않을 것이다.

단 하루라도 기도를 게을리 하면,

나는 엄청난 양의

믿음의 열정을

잃어버릴 것이다.

- 루터(Martin Luther)

쉬지 말고 기도하라는 **말씀**은

말없이 마음으로 되뇌이며

계속해서 묵상해 온 문장이다.

쉬지 말고 기도하는 것은

내 의식이 남아 있는 마지막 순간까지

나의 습관이 될 것이고

또한 되어야 함을 확신한다.

아,

지루하고, 나태하며

죽은 것과 다름없었던 지난 50년을

왜 이런 습관 없이 살아왔던가!

나는 자주

"그런 습관을 가졌더라면

내 삶이 얼마나 달라졌을까"

한탄하게 된다.

지금은……

더 진실하고 효과적인

영적인 삶을 위한

시간이 얼마 남지 않았다.

— 존 플레처(John Fletcher)

그의 기도는 다름 아닌

하나님의 임재에 대한 의식이었다.

기도할 때면

거룩한 사랑 외에는 다른 어떤 것에도

그의 영혼은 무감각했다.

정해 둔 기도시간이 지났을 때라도,

여전히 힘을 다해 주님을 찬양하며

하나님과 동행했기 때문에,

달라진 모습 없이

끊임없는 기쁨 가운데 삶을 보냈다.

그런 가운데서도

더 많이 성장해야 할 때면,

주님께서 고난을 주시기를 소망했다.
주님이 우리를 기만하지 않을 것임을 확신하며
단호하게 온 마음을 쏟아
주님을 온전히 신뢰하고
우리 자신을 완전히 그분께 굴복시켜야 한다.

- 로렌스 형제(Brother Lawrence)

누군가를 만나기 전에
먼저 기도해야 한다.
종종 늦잠을 자거나,
일찍 다른 사람들을 만나게 되면
나는 11시나 12시가 되어서야
은밀한 기도 시간을 가질 수 있게 된다.
이것은 매우 비참한 일이다. 또한 말씀과도 대치된다.
우리 주님은 일찍 일어나셔서 한적한 곳으로 가셨다.
다윗은 "아침에 내가 주님을 찾습니다.
주님은 일찍 내 목소리를 들으십니다"라고 고백했다.
가족과 함께 드리는 기도도 그 능력과 맛을 잃어버리고,
나에게서 도움을 받으러 오는 사람들에게 유익을 끼칠 수도 없다.
양심은 죄책감을 느끼고,
내 영혼은 굶주리고,
등잔은 준비되지 못한다
주님과 기도로 시작하여 먼저 그의 얼굴을 뵙고
다른 어떤 사람을 가까이하기 전에
내 영혼이 주님을 가까이하는 것이,
하루를 기도로 시작하는 것에 실패하여
내 영혼이 혼란해지는 것보다

훨씬 낫다는 것을 절감하게 된다.

- 맥체인(Robert Murray McCheyne)

하나님은
우리가 어느 곳에서든
기도하도록 정하셨지만,
그의 영광이 머무는 곳은
홀로 하나님과 독대(獨對)하는
고독한 곳이다.
그곳에서 우리를
바위틈 속에 숨기시고,
마치 친구와 얘기하듯이
얼굴과 얼굴을 맞대고
우리와 얘기하신다.

- 사무엘 체드윅(Samuel Chadwick)

주여! 우리를 사로잡으소서.
그럴 때 우리는 자유케 될 것입니다.
우리의 검을 내어주라고 강권하소서.
그러면 죄악의 정복자가 될 것입니다.
우리 스스로 서노라면
생명의 경적에 놀라 주저앉나이다.
당신의 굳건한 팔로 잡아 주소서.
그럴 때 우리 손이 강하게 될 것입니다.

주님을 찾기까지
우리 마음은 약하고 비천합니다.

견고한 행위의 원천도 없고

바람이 불 때 마음은 나부낍니다.

주님, 그 사슬로 동이시기까지

자유로 움직일 수 없나이다.

당신의 굳센 사랑으로 종을 삼으소서.

그러면 죽지 않고 다스릴 것입니다.

섬기기를 다 배우기까지

우리 힘은 기진하고 약합니다.

타오를 불길조차 없이 시들어

북돋을 미풍을 원합니다.

몰아침을 당해도

세상을 몰아칠 수도 없습니다.

주님, 주님이 천국의 숨결을 보내셔야

그 깃발이 펄럭일 수 있을 것입니다.

하나님이여!

우리를 당신의 것으로 삼으시기까지

우리의 뜻은 우리의 것이 아닙니다.

그 왕국의 보좌에 이르기까지

우리의 관을 버리렵니다.

당신께 기대어서

주님 안에 그 생명을 찾기까지

요란한 싸움터 한가운데서

다만 휘어지지 않고 서 있겠습니다.

우리를 사로잡아 주소서.

우리의 힘이 되신 예수님 이름으로 아멘.

— 조지 매드슨

눈의 침묵을 지키십시오.
영혼에 방해가 되고 죄가 될 뿐인
타인의 결점 찾기를 그만두고
하나님의 선하심과 아름다우심만을 찾으십시오.

귀의 침묵을 지키십시오.
타인의 험담, 소문을 실어 나름, 무자비한 말들처럼
인간 본성을 타락시키는
일체의 모든 소리에는 귀를 막으십시오.
항상 하나님의 음성에,
그대를 필요로 하는 가난한 이들의 외침에 귀기울이십시오.

혀의 침묵을 지키십시오.
칙칙한 어둠과 괴로움의 원인이 되는 모든 말과
얄팍한 자기 변호를 삼가고,
우리에게 평화, 희망, 기쁨을 가져오고 마음을 밝혀 주는
생명의 말을 함으로써 하나님을 찬양하십시오.

지성의 침묵을 지키십시오.
거짓됨, 산만한 정신, 파괴적인 생각, 타인에 대한 의심과 속단,
복수심과 욕망에 매이지 말고
기도와 묵상 안에서 주님의 지혜와 진리에 마음을 활짝 여십시오.

마음의 침묵을 지키십시오.
온갖 이기심, 미움, 질투, 탐욕을 피하고
온 마음과 영혼과 정성과 힘을 다하여
하나님과 이웃을 사랑하십시오.

—미상

기도

기도는

살아 있다.

하나님의 마음을 움직이는 생명력과 역동성이 있다.

창조의 에너지를 공급받는 영적 충전이다.

에덴에서 아담을 찾아주시듯

나를 찾아와 주시는

영적 숲속에서의 데이트이다.

새 일을 행하시는 하나님과의 동행이며 동역이다.

하나님의 신비를 경험하는 비밀의 열쇠이다.

지성의 자리에서 영성의 자리로 나아가

높으신 분과 독대하는 고귀한 만남이다.

하나님의 하나님 되심을 알게 된다.

하나님의 사랑을 느끼고

하나님의 지혜를 배우고

하나님의 때와

하나님의 목적을 이해하고

하나님의 위대하심을 보고

하나님을 노래하는 감동의 서사시이다.

기도는

입술이 열리고

마음이 열리고

영안이 열리면

영계가 열리고

야곱이 보았던 하늘 사다리를 본다.

전능하신 하나님의 눈을 바라보는 것이다.

하늘세계에 대한 여행이다.

황홀한 바다에 몸을 내던지는 것이다.

세 사람의 제자는 이렇게 말했다.

여기가 좋사오니……

그곳에서 천상의 세계를 본다.

하나님과 독대한다.

천사들과 함께 보좌에 계신 하나님을 향해 찬양한다.

기도는

영적 전쟁에서 살아남기 위한 몸부림이다.

신비한 영적 무기를 지급받는다.

하나님의 권세와 능력을 끌어오는 펌프질이다.

성령을 따라 지상에서 천상으로 가는 오솔길이다.

불가능을 가능으로 바꾸는 대전환이다.

평생토록 필요한 하는 에너지를 공급받는다.

아얄론 골짜기에 해와 달이 멈추고

갈멜 산에 불이 내려온다.

애굽 전역에 무서운 재앙이 휩쓸고 가기도 하고

모세의 지팡이 방향으로 홍해가 갈라진다.

기도는

조화가 아닌 생화이다.

믿음의 꽃을 피우기 위한 씨 뿌리기이다.

성령의 열매를 맺게 하는 싹 틔우기이다.

영적 향기를 발하기 위한 워밍업이다.

어둠을 밝히며

생명을 살리기 위해

나를 비우고 나를 버리는

번데기 허물 벗기이다.

감찰하시는 하나님 앞에서

내 모든 허물을 내려놓는 것이다.

죄에 묶였던 결박이 풀어지고

자유함을 얻는다.

흉악한 질병에

치료의 광선이 쏟아진다.

그리고 나서

후렴을 부른다.

내가 그리스도와 함께 십자가에 못 박혔나니

이제 내 안에 예수께서 사는 것이라……

- 원헌영

기도의 9단계

1. 바라는 것을 마음에 분명히 하라.
2. 바라는 것이 옳은지 그른지를 분별하라.
3. 바라는 것을 종이에 써보라.
4. 마음을 조용히 가져라.
5. 하나님에게가 아니라 하나님과 함께 말하라.
6. 기도에 답하기 위해 무엇을 하겠다고 하나님께 약속하라.
7. 기도에 응답해 주신 것에 감사하라.
8. 하나님의 응답이 무엇이든 받으라.
9. 무엇이나 마음에 떠오르는 사랑스러운 일을 행하라.

- 알렌(C. L. Allen)

기도의 12단계

1. 긴장을 풀고 쉬기와 침묵하기를 계속한다.
2. 믿음으로 하나님의 현존(임재)을 자각한다.
3. 하나님을 열망하면서 나아간다.
4. 하나님의 임재를 의식하면서 인간 존재의 모든 것을 하나님께 드린다.
5. 사람이나 환경이나 사건을 있는 그대로 받아들인다.
6. 마음으로부터 용서한다.
7. 자신의 죄와 잘못을 솔직하게 고백하고 하나님의 용서를 구한다.
8. 간절히 믿음으로 하나님의 도우심을 요청한다.
9. 겸손히 마음을 하나님께로 향한다.
10. 하나님께서 내려주시는 자비와 은총을 받는다.
11. 하나님의 자비하신 응답과 임재에 감사한다.
12. 다른 이들을 위해 기도한다.

- 짐 보스트(Jim Bost)

영성 회복을 위한 일곱 열쇠

1. 의탁 : 하나님께 맡기라.

원하는 것을 얻기 위한 협상이 아니다. 조건을 달고 거래하는 것도 아니다. 하나님께 자신을 드리는 것이다. 조건적, 일회성이 아니다. 하나님의 주도권을 인정하고 날마다 매순간 맡기는 것이다. 자신을 낮추고 주님의 길을 따르는 것이다. 어린아이처럼 순종하는 것이다.

2. 수용 : 진실을 받아들이라.

진실의 눈을 달라고 기도하라.

3. 고백 : 진실을 고백하라.

진실을 진실하게 고백하라(요일 1:9).

주님께 모든 것을 털어놓으라.

4. 소유권 : 자신의 것에 책임지는 자세를 가지라.

자신의 것(감정, 몸)에 책임지라.

5. 용서 : 슬퍼하라, 눈감아주라.

도덕적 채무를 탕감해 주는 마음으로 타인의 잘못된 행동에 대해 슬퍼하라. 그리고 눈감아주라.

십자가의 용서를 받아들이고 그 용서를 타인에게 베풀라.

타인에게 받은 상처를 변명하지 말고 인정하라.

6. 변화 : 삶을 변화시켜라.

삶을 변화시켜라.

친절, 근면, 겸손, 감사

마음(태도), 생각, 관점의 변화

불행을 사명으로, 고통을 기회로 삼으라!

7. 유지 : 영적 성숙을 유지하라.

영적 성숙을 지속적으로 유지하라.

예수님을 따르고 하나님을 사랑하라.

- 스티븐 아터번(Stephen Arterburn)

그분은 아시겠지요

갈 곳 없는 나그네의 서러움

울다 지쳐 버린 사람의 두려움

텅 빈 속의 배고픔과 쓰라림

별로 가진 것 없는 자의 서글픔

힘들어도 견뎌야 하는 그 아픔을

그 누가 알고 있을까요?

그대여! 울지 마세요.

다른 이는 몰라도

당신의 그 서러움

당신의 그 두려움

당신의 그 배고픔

당신의 그 서글픔

당신의 그 아픔을

그분은 다 알고 계실 테니까요.

- 동송(冬松) 김윤흥

감사합니다

누에고치 응어리에서

비단 실을 뽑아내듯

상처 어루만지던 조개가

영롱한 진주를 만들어내듯

슬픔도 아픔도 서글픔도

주께서 필요해서 주셨는데

화내고 짜증내며 불평하며

괴로움의 나날 보냈습니다.

속상해하며 살았습니다.

깨닫지 못하고 살았습니다.

알고 보니 슬픔도 아픔도
괴로움도 주님 주신 것.
번민도 회의도 갈등까지도
주님의 선물이었습니다.
어리석은 생각을 버리고
이제 주님께 감사합니다.
고뇌의 긴 밤 지새우고
고난 없이 영광 없다는
고난의 의미를 깨닫습니다.
주님께 감사합니다.
주님께 감사합니다.

- 동송(冬松) 김윤홍

어느 그리스도인의 고백

주님의 사랑을 받고
주님의 용서를 받고
그 사랑에 눈물 흘렸던 나였습니다.
주님처럼 사랑하기 원했고
주님처럼 용서하기 원했지만
사랑하지 못했습니다.
용서하지 못했습니다.
정의란 이름으로 정죄하고
아픔 주고 상처 주고 괴로움 주며 살았습니다.

사랑을 말하면서도 너그럽지 못했고
진실을 말하면서도 진실하지 못했습니다.
따스함보다 차가움이 가득했고
남보다 높아지기 원하였습니다.
먼저 고개 숙이지 못하고
먼저 손 내밀지 못했습니다.

나의 옹졸함과 어리석음을 탓하기보다
허물과 약함과 모순을 덮으려 했습니다.
자기에 대해서는 너그러우면서도
타인을 용서함에는 인색했습니다.
주님!
이제 나는 어찌해야 하나요?
아픈 가슴으로 당신께 무릎을 꿇습니다.
나를 긍휼히 여기소서!

— 동송(冬松) 김윤홍

하나님 앞에서

나의 나 됨을 알기에
주님 의지하나이다.
의지가 약하여
유혹받고 동화되고
낙심하고 넘어집니다.
나의 주여!
나는 갓난아이입니다.
나를 도와주소서!

강한 의지를 주소서!

나는 당신의 피조물
나는 당신의 청지기
나의 한계를 알기에
오늘도 주님께 무릎을 꿇습니다.
그 무엇과도 견줄 수 없고
그 무엇과도 바꿀 수 없는
나의 주 나의 하나님이여!
유한한 인생이
무한하신 주님을 바라봅니다.
연약한 인생이
전능하신 주님을 바라봅니다.

- 동송(冬松) 김윤홍

숨어 계시는 하나님

하늘 높은 곳에
좌정하여 계시는 하나님!
우주공간 삼라만상
그 어디에나 계시는 하나님!
선하신 하나님!
자비하신 하나님!
구름 속에서라도 보여주시고
바람결에라도 말씀해 주십시오.
오늘밤 꿈속이라도 보여주옵소서.

"내가 여기 있노라"

 말씀해 주십시오.

"내가 너를 아노라"

말씀해 주십시오.

당신의 목소리가 그립습니다.

아브라함의 하나님!

이삭의 하나님!

야곱의 하나님!

엘리야의 하나님!

제가 알아들을 수 있도록

겟세마네 동산의 제자들처럼

졸고 있는 나를 깨워서라도

해맑은 당신의 미소를 보여주십시오.

　　　　　　　　- 동송(冬松) 김윤홍

나를 도와주소서!

산을 넘었습니다.

그런데 또 산이 보입니다.

강을 건넜습니다.

그런데 또 강이 나타났습니다.

내 앞에는

이다지 넘어야 할 산이 많고

그다지 건너야 할 강이 왜 그리 많은지요.

수평선의 끝은 바다의 끝이 아니었습니다.

지평선의 끝은 땅 끝이 아니었습니다.

지금 나는

사막 한가운데 서 있습니다.
바다 안개에 갇혀 있습니다.
첩첩산중에 고립되어 있습니다.
심장은 터질 듯하고
등은 천근(千斤)을 진 듯하고
가슴은 세찬 바람소리 윙윙거리고
두 다리는 돌덩이처럼 무겁습니다.

주여! 당신께선
내 인내를 시험하고 계시는지요?
가끔 실바람이 소리 없이 지날 뿐
불러도 대답해 주지 않으십니다.
기운을 내고 싶어도
남아 있는 힘이 없습니다.
이제라도 날 도와주소서!
욥처럼 빕니다.
날 좀 도와주소서!

- 동송(冬松) 김윤홍

날 인도하소서

믿음의 하나님!
아브라함의 하나님!
아브라함의 믿음과
아브라함의 결단을
나로 하여금 배우게 하소서!
아브라함의 길을 따라

가나안으로 향하게 하소서!

소망의 하나님!
이삭의 하나님!
아버지만 못해도
순종하며 살았던
이삭의 길을 따라
모리아 산으로 향하게 하소서!

사랑의 하나님!
야곱의 하나님!
욕심 따라 살았던
어리석은 문제투성이가
긴 밤 지새우며 부르짖던
야곱의 길을 따라
이제, 벧엘로 향하게 하소서!

- 동송(冬松) 김윤홍

역경이 찾아왔을 때

역경(逆境)이 오면 절망도 함께 찾아옵니다.
질병으로 인한 아픔이 찾아왔을 때
예기치 않은 고난이 찾아왔을 때
정성들여 추구하던 일이 실패로 끝났을 때
고통과 슬픔의 시련의 계절이 오더라도
역경을 새로운 눈으로 바라보십시오.
중요한 것은 우리의 반응입니다.

사람들은 수군거리며 입방아를 찧고
행여 죗값으로 온 것은 아닐까
뒤돌아보기도 하고 후회하기도 하고
왜 하필이면 내가 이런 일을 당하나
원망도 해보고 한숨을 쉬더라도
모든 역경에는 뜻이 있습니다.

역경은 하나님께서 원하시는 바는 아닙니다.
그러나 역경을 원인과 상관없이 사용하십니다.
때로는 겸손하게 하시려고 허용하시기도 합니다.
역경 또한 시작이 있다면 끝이 있습니다.
하나님의 침묵은 계속되는 것이 아닙니다.
그저 바라보고만 계시는 것이 아닙니다.
하나님은 말이 없으시지만
그분의 침묵은 방관을 의미하는 것이 아닙니다.
그러므로 고난 중에도 인내하며 기도해야 합니다.
역경에는 하나님의 목적이 있고
마침내 합력하여 선을 이루게 하십니다.

그러므로 역경이 찾아왔을 때
하나님을 원망하지 말아야 합니다.
자기연민에 빠지지 말아야 합니다.
내 잘못과 내 책임을 인정하고
죄를 고백하고 회개해야 합니다.
내 연약함을 발견하고
주님께 의지해야 합니다.
바울은 역경을 가시로 알고

겸손히 무릎을 꿇었습니다.

그러므로

오히려 영적 성장의 기회 주심을 감사하면서

역경을 이겨내고 견뎌내야 합니다.

십자가를 생각함으로 이겨낼 수 있어야 합니다.

그럴 때

깨닫게 되고 성숙하게 되고 열매 맺게 됩니다.

-저자 김윤홍

| 판 권 |
| 소 유 |

참된 기도 바른 영성

2014년 4월 30일 인쇄
2014년 5월 7일 발행

지은이 | 김윤홍
발행인 | 이형규
발행처 | 쿰란출판사

주소 | 서울시 종로구 이화장길6
TEL | 745-1007, 745-1301~2, 747-1212, 743-1300
영업부 | 747-1004, FAX/745-8490
본사평생전화번호 | 0502-756-1004
홈페이지 | http://www.qumran.co.kr
E-mail | qrbooks@gmail.com
　　　　　qrbooks@daum.net
한글인터넷주소 | 쿰란, 쿰란출판사

등록 | 제1-670호(1988.2.27)

책임교열 | 박은아 · 김영미

값 13,000원

ISBN 978-89-6562-577-3 93230

＊ 이 출판물은 저작권법에 의해 보호를 받는 저작물이므로 무단 복제할 수 없습니다.
＊ 잘못된 책은 교환해 드립니다.